粮食、运河与白银

从经济学角度看中国历史

波音◎著

中国工人出版社

图书在版编目（CIP）数据

粮食、运河与白银：从经济学角度看中国历史 / 波音著. —
北京：中国工人出版社，2022.11
ISBN 978-7-5008-8008-0

Ⅰ.①粮… Ⅱ.①波… Ⅲ.①中国经济史－古代 Ⅳ.①F129.2

中国版本图书馆CIP数据核字（2022）第216108号

粮食、运河与白银：从经济学角度看中国历史

出 版 人 董 宽
责任编辑 葛忠雨
责任校对 赵贵芬
责任印制 黄 丽
出版发行 中国工人出版社
地　　址 北京市东城区鼓楼外大街45号　邮编：100120
网　　址 http：//www.wp-china.com
电　　话 （010）62005043（总编室）　62005039（印制管理中心）
（010）62379038（社科文艺分社）
发行热线 （010）82029051　62383056
经　　销 各地书店
印　　刷 宝蕾元仁浩（天津）印刷有限公司
开　　本 710毫米×1000毫米　1/16
印　　张 16.5
字　　数 203千字
版　　次 2023年4月第1版　2025年12月第13次印刷
定　　价 68.00元

序　言

各位读者手中的这本书，讲述的是中国历史和古代经济之间的有趣互动。重大历史事件如何影响了中国古代经济的发展？经济规律又如何决定了古代历史的走向？

在时间跨度上，本书从史前时代一直讲述到清朝末年，聚焦于几千年的古代中国。在本书的写作过程中，我试图在一定程度上打破朝代的顺序，从经济的角度来整合不同朝代的历史事件，形成一些有趣的主题，比如粮食、食盐、长城、大运河、茶叶、海洋贸易等。

管窥历史，就如同在转动一支万花筒，每转过一个角度，欣赏到的是不一样的绚丽，这正是历史让人沉迷之处。同时，面对同一个角度，即同一个历史事件，不同的人总会有不同的解释。

比如说关于政权的根本，《左传》说道："国之大事，在祀与戎。"祭祀祖先和守土开疆，的确是一个国家非常重要的两件大事，前者让国民拥有共同的信仰，后者给国民带来安全感。而在以孔子为代表的儒家圣贤眼里，礼乐才是国之根本，当礼崩乐坏之日，就是国家将要灭亡之时。

然而，即使是王侯与圣人，也是要吃饭穿衣的。没有衣食的保障，他们所强调的祭祀祖先、攻防军事、礼乐文化都无从谈起。在古代社会，与军事、祭祀和礼乐这些国之大事相比，钱与粮是更为底层、更为本质的国之大事。

粮食的生产受到自然条件，比如气候和土壤的强烈影响，同时耕种者的勤劳进取也会带来更好的收成，比如通过引进和培育新的农作物品种，通过改良农具，达到粮食增产的目的。粮食的消费则与人口数量息息相关，粮食产量的增加促进了人口数量的增加，在古代社会，特别是冷兵器时代，人口数量是衡量国力强弱的重要指标。人口减少和饥民遍野，会让一个曾经强盛的王朝陷入不稳定的危局。

中国古代的钱主要是指铜钱和白银，黄金只在很短的时间里具有货币功能。古代经济的发展受到这些金属货币供应量的强烈影响。当经济总量增加的时候，王朝管理者渴望有与之相匹配的货币供应量，要么想办法提高金属货币的供应量，要么采用其他一些有价证券，比如纸币或者盐引来作为货币等价物。金属货币的短缺会带来通货紧缩，曾经令许多王朝的财政痛苦不堪，有的王朝不惜铤而走险，用劣质货币或泛滥的纸币来渡过危机，最终不过是饮鸩止渴。

本书从钱粮等经济学的视角来观察中国古代历史的发展脉络，希望在历史上的王侯将相、善恶忠奸等视角之外，从经济学的基本规律出发，提供给读者一些关于历史的新颖解读。如果读者在读完本书后，能够对古代王朝的国之大事有新鲜的认识，这将是笔者最大的幸福和快乐。

自工业革命以来，世界范围内许多国家的经济发展模式都与古代不同了，中国也不例外。虽然现代世界已经进入了全球整体上粮食过剩和纸币飞舞的新时代，但古代那些决定国之大事的经济规律并未完全过时。

如果我们把古代的粮食、盐等物资替换成现代的矿产等资源，把古代的铜钱和白银构成的金属货币体系替换成现代以国家信用为依托的复杂的金融系统，那么现代各国政府其实和古代王朝也有共通之处。

所以，本书虽然谈论的是古代历史的经济学故事，并不涉及现代社会，但如果读者能够通过阅读，对理解当今世界经济有所裨益，这会让本书具有一点点现实的意义，笔者深感荣幸。

本书的最早版本，是约十年前出版的《透过钱眼看中国历史》；约五年前又以《王朝的家底》再次出版。前两个版本在章节上有细微的差别。十年来，这本书以经济学视角解读中国历史，受到了广大读者的欢迎，也令才疏学浅的我倍感惶恐。尤其是随着自己对于经济和历史的了解越深，越发感觉这本写作于十年前的书，既有“初生牛犊不怕虎”的新鲜气息，又有“无知者无畏”的粗浅见识。于是，自己一直希望能够有机会对这本书进行增编和改写，让内容更加丰富，观点更加准确。

感谢几位好友的垂爱，让我的这个愿望得以实现，这就是本书的来历。与之前的两个版本相比，在坚持以经济的角度解读历史这个主题不变的前提下，这本书又有了以下两个变化：

其一是比原版增加了50%的新内容。比如新增了“厚葬毁了大汉江山”“千年国脉大运河”“茶叶拴住了高原”“海上丝路：驶向星辰与大海”等章节。其他原有章节，文字上也多有扩充。更多的内容，将使读者对于中国历史和经济有更加全面的了解。

其二是在内容增加的同时，对经济规律的解释加强了，对于影响历史进程的粮食问题、土地问题、货币问题、运输问题、贸易问题、技术问题都有了更充分的阐述，以利于读者能够掌握这些经济规律，并用这些经济规律分析历史与现实的现象。

本书延续了我一直努力追求的写作原则——“史实不恶搞，恶搞不史实”，在面对史实问题时，注重证据和逻辑，严肃认真；对于不涉及史实的部分，用活泼、时尚的语言，让读者在愉悦中阅读历史，感受历史的趣味。希望您能够喜欢我的这种写作风格。

波音

2023年3月

目　录
Contents

第三章 | 长城：外面的人想进来，里面的人想出去

第四章 | 争霸西域的真正目的

第五章 | 厚葬毁了大汉江山

第六章 | 三国群雄的难言之隐

第七章 | 千年国脉大运河

第八章 | 别说宋朝不差钱儿

第十三章 | 郑和下西洋的秘密任务

第十四章 | 白银让明朝不明不白地死去

第十五章 | 大海有多宽广，郑氏海商就有多犀利

第十六章 | 谁偷了康乾盛世的馒头

第十七章 | 鸦片战争背后的经济博弈

后记 | 钱眼里的历史风景 247

第一章｜三千年的粮仓保卫战

只有读懂了中华大地上的粮食，我们才有可能真正读懂中国的古代历史。

有了粮食，才有人口；有了人口，才有税收。古代中国的税收大多来自农民，亿万个自耕农上交的钱粮支撑起了中央王朝。

用狗尾巴草填饱肚子

要读懂中国历史，我们得从了解狗尾巴草开始。狗尾巴草和粮食能扯上什么关系呢？其实人类驯化的各种农作物，不论是麦类、粟类、稻类，还是其他粮食作物，大都属于禾本科，而禾本科植物中还包括了大量的野草。说句玩笑话，我们现在不是在吃饭，而是在吃草。

狗尾巴草是古代中国一种重要的农作物——粟的祖本植物，中国古代人驯化狗尾巴草的历史可以追溯到近万年前。粟，按照我们现在的通俗说法，就是谷子，我们早晨喝的香甜的小米粥就是用粟做的。也就是说，狗尾巴草是粟的野生种，也叫莠，在刚长出来的时候和粟的幼苗很难区分，所以我们的词典里有“良莠不分”的说法。

粟、黍和菽，是先秦时期中国古代最重要的农作物，它们的现代说法分别是谷子、黄米和大豆。从读音上看，这三种作物名称很相近，古人为什么会如此称呼这些农作物，这是件有趣而令人费解的事情。三种作物最重要的相同之处是，它们都是耐旱和耐贫瘠植物，而且生长期比较短，非常适合在中国北方旱地种植。而且，先秦时期农业技术很原始，可谓刀耕火种，所以这三种非常皮实的作物就率先从百草中脱颖而出，被古代中国人筛选出来，作为当时的主要食物。

夏朝和商朝曾被人们称为“粟文化”的王朝，可见这种家养狗尾巴草的重要地位。不过，当时人口还比较少，密度很小，天底下有大片大片的原始森林和沼泽，人们可以获得的食物来源是相当多的。有人统计过先秦的诗歌集《诗经》，在305篇诗歌中，有141篇提到动物492次，144篇提到植物505次，许多动植物都是当时人们的食物。就拿《关雎》一文来说，就有“参差荇菜，左右采之”的句子。

这种田园诗般的时代注定要远逝，就像童年很美好，但终究要流逝一样。随着人口数量的增多，人们必须开垦更多的荒地，专门种植那些产量比较大的作物，以满足大量人口的食物需求。

这其实就是有名的马尔萨斯人口论中的观点，人口数量是以几何级数上升的，1、2、4、8、16……而从环境中获得的粮食和其他生活必需品的数量，是以算术级数上升的，1、2、3、4、5……人口总是增长得更快，英国这位经济学家悲观地认为：只有战争和疾病才能干掉多余的人口，解决人口和资源之间增长速度不一致的矛盾。

但是，如果打不赢别人，就抢不到更多的地盘；又没有暴发瘟疫，非战斗减员80%，人们总不能像北欧的旅鼠那样，在“鼠口”爆炸的压力下纷纷跳海自杀吧?！尤其是土地变成了私人财产之后，人口和资源的矛盾就更加突出了。除非远遁山林之中，否则人们必须琢磨，在自己有限的土地上如何获得更多的粮食，来装满自己的粮仓。

在古代的农业社会中，人口数量的上限其实掌握在农作物的手中，农作物产量的高低，决定着人口数量的多寡。面对一张张嗷嗷待哺的嘴，粟已经越来越力不从心了。

小麦改变了东方的历史

就在这时，小麦横空出世，以其良好的口感和稳定的产量，席卷了中国北方地区，各地农民纷纷扩大小麦的种植面积，减少其他作物的种植面积。

然而，小麦却不是我国人民驯化的作物，它的故乡在遥远的西亚，那里也是人类最早的农业起源地。

小麦诞生于亚洲大陆的西海岸中纬度地区，那里的气候是一种特殊的气候——地中海气候的势力范围，冬季温和多雨，夏季炎热干燥。所以，那里的夏季对于植物生长是严峻的考验。为了熬过夏季，野生小麦进化成了一年生植物，让自己的种子在冬季来临之前萌发，以幼苗的形式过冬，到了春季迅速生长，开花结果，等到夏季到来时，野生小麦已经死掉，留下种子在土壤里休眠，等待秋冬季节的再次来临。

大约在8000年前，西亚的人民获得了普通小麦这个今天栽培范围最广的物种。那时候人们获得一种新的农作物的喜悦之情，不亚于我们今天获得一部新型手机的感觉。所以，普通小麦的种子迅速地从西亚向四周蔓延。由于在俄罗斯、哈萨克斯坦和中国内蒙古等地都发现了早期小麦的遗存，因此植物学家推测，小麦进入中国的路线应该是沿着横贯欧亚大陆的草原带来的。

小麦到达中国的时间不详，不过我国境内最早的小麦遗物，是在新疆孔雀河畔的古墓沟墓地里发现的，在古墓一个草编的小篓中装着小麦作为随葬品，距今已经有3800年的历史。当地遗址中还发现了大型磨麦器。新疆的这个发现提醒我们，小麦也有可能是从西亚传入我国的，走的是史前丝绸之路的路线。史书上也曾经记载，周穆王西巡，与西王母见面的时候，沿途部落纷纷向周穆王进献小麦。与西方世界用小麦粉烘烤面包和发酵酿造啤酒的食用方法不同，小麦进入中国后，形成了馒头、面条、面饼的传统吃法。

不过在商周时期，小麦在人们心目中的地位还不如粟，在宗庙祭祀的时候，以粟为尊贵之物，这很可能是因为小麦当时在中国北方还“水土不服”。让我国古人烦恼的是，小麦是适应地中海气候的农作物，而我国北方却是温带季风气候，春季较为干旱。因此要种植小麦，就需要春季有充足的灌溉。在水分不足的情况下，小麦的产量与粟相比也就没什么优势了，但在水分充足的情况下，小麦的产量立刻把粟远远地甩在后面。

大规模灌溉系统的修建，需要强大的社会组织能力。因此直到战国时期，各国国力才发展到可以动员大量人力兴修水利的程度。也正是在战国时期，小麦逐渐成为各国粮仓中的重要组成部分，特别是秦国。

战国七雄之中，秦国位于西方，从地理上看，靠近西域，所以当地接触小麦这种作物的时间必然很早。而且，秦国拥有渭河冲积形成的关中平原，这里的气候和水文条件非常适宜种植小麦。粟、麦轮种，让秦国四季粮仓充实。所以秦国最后做大，统一天下，是有着雄厚的基础的。正所谓“兵马未动，粮草先行”，无论秦国的军队有多彪悍，让他们饿几天肚子就没有战斗力了。战国后期秦军能够连年作战，相当大的一部分经济基础应该来自关中平原出产的小麦。

我国农学家在战国末期的《吕氏春秋》中找到了一句话：“孟夏之昔，杀三叶而获大麦……日中出，狶首生而麦无叶，而从事于蓄藏。”这里的“孟夏之昔”是指农历四月下旬，“日中出”则是夏至。既然在农历四月下旬已经收获了大麦，那么夏至时才“无叶”的“麦”就肯定不是大麦，而是小麦。这个描述也符合小麦的生长规律。也就是说，战国的人们对小麦是很熟悉的。

西汉的司马迁把秦国与粮食的关系看得很清楚，他在《史记·货殖列传》中谈到，秦国所处的关中地区，土地不过天下的三分之一，民众也大抵如此比例，但其富庶程度，却达到了天下总量的60%。所以到了汉朝，管理者非常重视关中平原，还有关中平原上的小麦。西汉的许多农学家兼官员就力挺在关中平原上大力推广小麦种植。汉代以后，政府大力修建水利工程，改善了离河较远的旱地的灌溉条件，小麦日益普及开来，把麦粒磨成面粉食用的“粉食”法也在中国北方传播开来。因此，面食文化是在西汉以后才在中国北方流行开的。

在经历了秦末的战争和汉初吕后专权的动荡岁月后，到汉文帝和汉景帝期间，西汉迎来了“文景之治”。《汉书》记载，当时国家的粮仓逐渐丰盈，新粮压在旧粮上面，一直堆积到了粮仓的外面；国家的库府里积攒了大量的铜钱，由于多年不用，穿钱的绳子烂掉了，散落在地上的铜钱数不胜数。

后人评价“文景之治”，大多归功于战乱平息后政治稳定、皇帝以身作则勤俭节约、减轻农民的赋税负担等因素。这些解释固然都有道理，但我们应该关注更为主要的一个原因，那就是小麦的广泛种植。中国各王朝的根基是农民，虽然农民也分许多种，有自耕农、佃农、农奴，但就古代中国来说，农民中的主力军是亿万小自耕农。如果这些自耕农土地上的粮食产量很低，仅能糊口，根本交不出皇粮，即使皇帝再勤俭朴素，以德治天下，一分钱掰成两半花，恐怕也没有多少税收能够存留下来。正是因为文景时期，借助和平年代的到来，在全国范围内大力推广产量超过其他作物的小麦，才使得自耕农们秋收的时候能收获更多的粮食，于是可供上交的皇粮也就更多了。

中国史书中所记载的一些“盛世”，在那些以儒家思想为纲领的史官笔下，无一例外都是仁政的产物，是人品问题。但其实，有些“盛世”并不能仅用一句“皇上圣明”就可以概括的。“文景之治”就是一例，两个皇上并没有推行什么出色的政策，小麦才是“文景之治”真正的幕后推手。

力不从心的小麦

自秦国开始，关中平原能够长期稳定高产，得益于古代著名水利工程——郑国渠的贡献。

春秋战国时期是我国历史上思想界的“黄金时代”，当时的思想有：主张“兼爱天下”的墨子、主张“拔一毛而利天下，不为也”的杨朱。郑国渠这个工程，就是韩国策划的一个阴谋。

战国七雄之中，韩国紧邻秦国，实力却最弱，随时有被强秦消灭的危险。走投无路之时，韩国想出来一条“妙计”，派遣本国的水利专家郑国前往秦国，鼓动刚上台的秦王嬴政在渭河流域开凿一条水渠，灌溉关中平原的万亩田地。兴修水利可是大工程，此计如果成功，短时间内秦国就没有财力、物力东进攻打韩国了。

当时秦国虽强，但水利人才匮乏，郑国的到来让秦王喜出望外，立即让他主持这项战国时期的水利工程。秦国的资源和人力被这个工程卷了进去，的确没有力量开战了。没想到5年之后，韩国的阴谋败露，秦王大怒，要杀掉郑国。生死关头，郑国对秦王说：“我的确是间谍，但是如果水渠建成，却对秦国有很大好处。我只不过让韩国多苟延残喘了几年，但是却会让秦国万年受益。”

要说秦王嬴政真是经济学的高手，立刻明白了这个道理。于是依旧让郑国主持修水渠。历时十几年，水渠建成，名叫郑国渠。郑国这个超级大卧底能够名垂千古，完全是因为秦王广阔的胸襟和卓越的远见。

说到郑国渠的事情，其实还是要谈谈小麦。小麦属于耐旱的作物，所需的灌溉水分并不多。修建郑国渠，灌溉农田只是一个目的，另一个目的是用水冲掉田地中积攒的盐卤。黄河流域的农业区都属于季风气候区，季风来的时候雨量充足，但季风不来的时候却很干旱，土壤中的水分蒸发得很快，却把盐卤留在了土壤中，年复一年，农田就出现了盐碱化，肥力大大降低，直到最后无法耕种。

古代中国人选择了种植小麦，同时也就选择了与盐卤做长期的抗争。虽然有郑国渠这样的水利工程来缓解盐碱化的状况，但是土地肥力的下降仍然是不可避免的。另一个补救措施就是休耕，种一季就休耕一段时间，待土地肥力恢复后再种一季。休耕就意味着放弃了一段时间的粮食生产，对于古代中国的小自耕农来说，一段时间没有收成，几乎是不可想象的。

所以种植小麦的地区，不论是关中平原，还是后来华北平原的一些农耕区，农民都不得不连年耕种，最后让土地陷入万劫不复的盐碱化境地。大批农民失去了稳定的粮食收入，揭竿而起就不可避免了。所以我们可以看到，许多次导致王朝衰败甚至覆灭的农民起义，都发源于小麦的种植区，比如西汉末年的绿林赤眉起义爆发于山东莒县，北魏末年的六镇起义爆发于河套地区，隋末的农民起义爆发于山东、河北、河南，唐末的黄巢起义爆发于山东，明末的李自成起义爆发于陕西米脂……这些起义的导火索可能各不相同，但背后都有土地盐碱化的黑影。

小麦种植上的盐碱化缺陷，使得本土的粟在北方地区仍占据一席之地，始终没有被小麦完全取代。北宋的包拯包大人以铁面无私而著称于世，其实他作为一方官员，也十分关心农业生产。包拯做过记录，北宋广平（今河北南部）退牧还农后，随即种粟种麦，并每年向朝廷交纳粟81500余石，小麦31300余石，可见在北方某些地方，粟相对于麦来说仍然处于优势。毕竟粟对环境的适应性强，那些不适于小麦生长的地区，粟却可以正常生长。

唐朝是小麦最后的光辉岁月。在安史之乱前，沿秦岭淮河一线划分，北方地区的人口占了全国人口的60%，南方地区则占了40%，当时北方地区基本上是小麦的种植区。唐朝对耕地的开发几乎达到了当时农业科技的极限，唐朝人口仅为今日中国的4%左右，但耕地面积最高时可能达到了8亿～12亿亩，和今天全国18亿亩左右相比，已达到了今天的50%左右。“贞观之治”其实和“文景之治”类似，都是长期战乱后，王朝利用和平时期扩大了小麦的种植面积，获得了经济的爆发式增长。唐朝用占今天50%的耕地，养活了占今天4%的人口，耕地看着似乎绰绰有余，但北方地区的耕地产量却已经是日薄西山。继粟的第一次粮仓危机之后，小麦的第二次粮仓危机摆在了中国人民面前。

水稻接棒小麦

中华大地上的古人对水稻一点儿都不陌生，早在距今七八千年前，当时生活在太湖流域和杭州湾的古人就砍掉、烧掉湿地中生长的灌木，在湿地中种下水稻类的草本植物。考古学家发现，在距今7500年前后的时候，海平面曾经上升，海水从这些河湖的入海通道倒灌过来，于是我们的先民们筑起堤坝，以阻挡海水侵袭，保卫自己的稻田。

和小麦起源于狗尾巴草类似，稻种也来自先民们对草类的筛选。不过对于江南地区的先民来说，他们当时主要以打鱼为生，每天享用海鲜大餐，多么惬意！而种水稻是非常辛苦的事情，他们其实并不太在意稻米作为食物的充饥功能，而是喜欢把稻米放入陶罐中发酵，获得美味的酒。当时食物来源丰富，人口又少，嘴馋也许是远古先民们种水稻的最初目的。

即使后来江南地区人口增加了，水稻成为一种重要的粮食作物，稻米的产量依然不是很理想。一个主要原因是水稻的种植需要技术，需要在特定的日子栽培、特定的日子插秧，古人要想掌握水稻种植的技术，需要一段时间的摸索；另一个主要原因是我国古代长期没有找到合适的稻种，而且一年只能种一季。当时没有现代的基因技术，培育一个新的稻种全靠一代代地筛选、一代代地尝试，一旦遇到战乱，筛选工作可能就会付之东流。

在小麦无力养活中国人民的关键时刻，古代越南人民向我们伸出了援助之手，他们提供了一种优良的稻种——占城稻。占城稻原产于越南中南部，宋朝时期那里是占婆古国的势力范围。

占城稻的一大优点是早熟，我国原有稻种，从插秧到成熟，要经过150天左右，加上秧苗在苗床还需要1个月左右的时间，历时至少半年，所以一年之中很难收获两次。占城稻从苗床移植到稻田后，只需要100天就能收割，此后经过改良，成熟期更加缩短，甚至两个月就能从种到收。更为可贵的是，早熟的水稻可以摆脱江南地区梅雨、干旱、台风、秋霜等一系列的自然灾害，获得稳产高产，更让促进轮作和一年两熟制农业的发展成为可能。农民们可以一年中种一季水稻，再种一季小麦，亩产量大大增加，休耕的次数也大为减少。而且稻田经常浸泡在几十厘米深的水中，避免了麦田因为水分大量蒸发造成的盐碱化问题，土地肥力可以保持基本稳定。

占城稻的第二大优点是适应能力强、耐旱，也不要求大量施肥。这对于一些山间谷地的农业开发有很大的促进作用，让人们可以在更大的土地面积上种植水稻了。

大约在宋朝初年，占城稻被泉州商人从东南亚带到了福建等地。公元1012年，宋真宗亲自倡导，把占城稻作为青黄不接时期的度荒粮米，推广普及到长江流域的广大地区。在占城稻的助力下，宋朝时期开始出现两熟种植法，单位面积的稻米产量快速增加，直接激发了宋朝时期中国人口的大爆炸，特别是南方地区。

粮食和人口的增加，对于古代农业国家来说，意味着国力的增强，意味着文明的昌盛。唐朝鼎盛时期，中国人口大约5000万人。而到了12世纪初北宋宋徽宗时期，中国人口超过了1亿。北宋时期，如果以秦岭淮河一线划分，南方地区的人口数量已经是北方地区人口数量的二倍。

自古以来，中华大地上人口北多南少的局面彻底被扭转了。这个变化相当重要，因为国家的税收来自自耕农，南方地区人口数量多，就意味着来自南方的税收在国家税收中占的比重就大，国家的经济重心必然转移到了南方地区。从北宋时期开始，经济重心就从黄河流域过渡到了长江流域，农民的粮仓中，稻米取代了小麦，成为粮仓中的主角。

水稻抢占了小麦的地位之后，中国地大物博的优势立刻体现了出来。北方歉收，有南方的水田保障粮食供应；南方歉收，有北方的旱地提供粮食来源。尤其是大运河工程投入运营之后，南北粮食的调动更加方便了，救济灾民的效率提高，国家因此变得更为稳定。关于大运河的作用，本书后面有专门的叙述，此处不再赘言。

小麦“统治”粮仓的时期，如果从公元前221年秦始皇建立大一统的国家开始，到北宋王朝建立时的公元960年，中国一共经历了秦、西汉、东汉、三国、西晋、东晋、南北朝、隋、唐、五代十国十个时期，平均每百年多一点就会改朝换代一次。如果把南北朝和五代十国时期那些短命的小王朝分开计算，朝代更迭的时间就更短了。

当水稻成为粮仓的主角后，北宋和它之后的王朝都因为广种水稻而“延年益寿”了。

农作物的生长有固定的周期，比如北方地区一年一熟，南方地区一年两熟甚至三熟。在经济重心位于北方的时候，游牧民族一旦越过长城南下侵袭，中原王朝就陷入了非常尴尬的局面，自己的农业生产被打断了，而且还要花费精力抗击入侵者，各个王朝都表示压力很大。当水稻“崛起”，经济重心转移到南方后，中原王朝再面对北方游牧民族的时候，就显得从容不迫了，毕竟游牧民族很少能南侵到秦岭淮河一线以南，不会伤及粮食生产的根基。

但是反过来，由于经济重心在南方，中原王朝要北伐塞外，从南方调集人力、物力也十分困难，这也导致北宋之后的中原王朝往往难以北上，比如北宋与辽的对抗、南宋与金的对抗，以及后来明朝与蒙古的对峙，中原王朝都没有力气把疆域扩展到长城北面。

越南人民贡献的占城稻，让中国的人口数量首次突破了1亿大关，然后就进入了缓慢增长的时期，直到明末清初，国土面积虽然扩大了许多，人口数量也不过在1.5亿左右，农耕区的人口基本上还是维持在宋朝的水平。毕竟粮食产量决定人口数量，可以耕种的旱地和水田，在宋朝的时候就已经种上了庄稼，新开垦的农田很有限，占城稻的产量也已经达到极限。中国的人口数量要再创新高，只能期待新的农作物了。

感谢玉米棒子

哥伦布发现美洲大陆，给欧洲的殖民者带来了黄金白银，以及大量有待开发的土地。欧洲人一下子阔了起来，整个社会面貌焕然一新。然而，哥伦布的发现似乎并没有在东方的中国引发激荡，中国甚至很久之后才知道，原来世界上还有一块美洲大陆。

其实，世界是一个整体，美国大平原上的一只蝴蝶扇动翅膀，就可能会引起南美洲的一场风暴，这就是蝴蝶效应。美洲大陆的发现，不仅改变了欧洲，同样也给古代中国带来了深刻的影响，来自美洲的一些农作物/经济作物也改变了中国社会，它们是：玉米、地瓜（番薯）、土豆、花生、向日葵、辣椒、烟草。

在这些农作物/经济作物中，玉米和地瓜对粮仓的贡献最大。明末清初，不论是黄河流域还是长江流域，能够种小麦和水稻的土地，基本上已经开发完毕了，以当时的亩产，也只能支撑1亿多人口生活。就在这时，美洲的玉米和地瓜经过漫长的传播道路，跨越了半个地球来到了中国。

十六七世纪，玉米大概最早传入我国云南。玉米是一种适应能力很强的农作物，北自俄罗斯、加拿大这样的苦寒之地，南到南美洲腹地的原始丛林，都可以种植玉米。所以玉米进入中国后，许多原来无法种植小麦的干旱、贫瘠之地也可以开垦了。相对于小麦，玉米的产量更高，虽然从营养价值看，也许要略逊于小麦，但对于贫苦的农民来说，填饱肚子比营养价值更重要。在清代的一些偏远地区，玉米甚至成为最重要的主粮，比如湖北、湖南、贵州的一些山区。到了19世纪中叶，玉米已经广泛种植在二十多个省份的大地上，玉米播种面积占到耕地总面积的20%左右。

地瓜则最早从福建进入中国。地瓜高产、味美、抗旱，在明朝万历年间的大饥荒时期，很快从福建、广东推广到长江中下游的旱地。而且地瓜对环境的破坏小，房前屋后可以见缝插针地种植，于是在大江南北遍地开花。清代《甘薯录》描述，地瓜“亩可得数千斤，胜种五谷几倍”。清代前期地瓜在某些地区已经成为主粮，比如在山多地少的福建，“地瓜一种，济通省民食之半”，地瓜竟然占据了粮食产量的半壁江山。

明末清初的这段日子里，失去土地的农民纷纷涌向无主的丘陵地带，他们在山坡上种植玉米，在山脚下种植地瓜，粮仓充实了，多要几个孩子也能养活了。

美洲印第安人贡献的农作物不仅填饱了中国人的肚子，还改善了中国人的伙食。古代中国长期是农业社会，畜牧业不发达，因此肉类很少，虽然鸡蛋、鸡肉和猪肉含有丰富的动物蛋白，但贫苦农民却难以享受得到。底层农民的食谱中除主食之外，很少会有富含蛋白质的食物。富含植物蛋白的大豆为古代中国人提供了蛋白质需求，而且相对来说，大豆价格便宜量又足，是广大农民改善伙食的好选择。这就是今天一些中国人喝牛奶会拉肚子的原因，因为中国普通大众经过几千年的素食食谱熏陶，肠道中缺乏分解牛奶成分的酶。

漂洋过海来到中国的花生和向日葵，给底层农民们提供了摄取蛋白质和油脂的其他选择，而且花生和向日葵同样可以在贫瘠的山区种植，这真是古代中国人的福音，于是两者迅速风靡全国，成为人们重要的零食。稍感遗憾的是，这两种作物提供的蛋白质也还是植物蛋白。

辣椒让人涕泪横流还大呼过瘾，古代中国人的饭桌上又多了一种颇为下饭的调味品，而且辣椒巨大的需求量还激发了规模可观的辣椒生意。

从美洲传来的烟草作为嗜好品，在中国同样受到了欢迎，种植烟草让许多底层农民获得了比种庄稼更高的收益。

哥伦布发现美洲的蝴蝶效应，在古代中国推动了耕地和人口的增长。如果我们把清朝开始时中国人口按1.5亿计算，那么仅仅100年后，经过康乾盛世，中国人口轻松地实现了翻番，突破了3亿人。本章前面已经谈到，“文景之治”很大程度上要归功于小麦种植的推广，那么所谓的康乾盛世，是否和玉米、地瓜的推广有关呢？

清朝的康乾时期其实和汉朝的文景时期很相似，都是政局逐渐稳定下来，国民经济开始恢复。更相似的是，农作物品种上有了重大的变化，文景时期是小麦逐渐取代粟成为粮仓中的主力军，而康乾时期是玉米、地瓜进入粮仓，与水稻、小麦一起充实了粮仓。如果没有玉米、地瓜、花生等作物的引入，康熙和乾隆就算是天纵奇才，也没有办法把已经达到极限的中国人口翻一番。

反过来思考，明朝延续了276年，很多时候天下太平，人民安居乐业，能开垦的荒地也很多，但是人口数量却远少于康乾盛世时期。康乾盛世时期农业技术可能并不比明朝时期更加高明，可是人口竟然增加了一倍，所以说还是农作物品种和产量的增加起了作用，玉米、地瓜、花生功不可没。

假如玉米和地瓜早一百年进入中国，在明朝中期就养活了更多的贫苦农民，也许吃饱了肚子的李自成就不会带领流民起兵，后金铁骑也根本没有机会逐鹿中原。历史不能假设，但从逻辑常识上看，康乾盛世是建立在玉米、地瓜的基础之上的。没有3亿多自耕农上缴的皇粮，清朝贵族们哪有提着鸟笼看戏的潇洒呢?

第二章｜爱生命，爱盐巴

和煦的阳光照耀在湖面上，湖水波澜不惊，游客们竟然平躺在湖面上看报纸，除了湖水的浮力，游客身下没有任何支撑物。

我们是在谈论西亚那个有名的死海吗？不，我们说的是山西运城的一个盐湖。这个盐湖在今天虽然号称“中国死海”，但它的名声并不广为人知。可是要深入了解中华文明的五千年历史，我们就很难绕开这个不起眼的盐湖，它为古代中国奉献了白花花的食盐，进而影响了天下大势。

充满咸味的神话时代

中国神话传说中的第一场大战，就是黄帝与蚩尤的战争。根据传说，当时的蚩尤是九黎部落的酋长，势力范围就在今天的山西运城一带，那里有盐池，而黄帝的势力范围则在南面的河南境内。

人毕竟是一种动物，贪恋口舌之欲，所以一旦尝到了盐的味道，就欲罢不能了。盐添加到食物之中，会让食物更加美味。而且摄入一定量的盐，对于人体的生理健康来讲，也是至关重要的。人体细胞需要食盐中的钠元素来协助完成新陈代谢的功能，盐的摄入量过少，人就会四肢乏力，想干活也是有心无力了。这使得盐成了仅次于粮食的远古战略物资。偏偏粮食作物中所含的无机盐非常少，人要想品尝咸味，就得在自然界中另谋他路。

中国的远古先民在黄河的东岸找到了一片乐土，这就是所谓的“河东盐池”，也就是今天“中国死海”的位置。这个盐池位于中条山的北麓，夏季刮东南风，而且风速很大，偏巧夏季温度高，盐池中水分蒸发量大，狂风会加快水分的蒸发速度，水分蒸发掉，盐池中就会析出结晶的盐粒。盐池里产出的食盐不仅可以自用，还可以卖给周边的部落，换来自己需要的粮食、矿产、手工艺品等。

这片盐池肯定也会让周边的部落分外眼红，于是黄帝大战蚩尤的一幕就发生了。根据传说推测，刚开始黄帝并没有占到便宜，因为他手下都是手持棍棒和石头武器的部队，而蚩尤领土内不仅有盐池，还有中条山的铜矿，所以蚩尤部落很可能配备了一定的青铜武器。装备的落后让黄帝“九战九不胜”“三年城不下”。不得已，黄帝和昔日的对手炎帝结盟，合力进攻蚩尤部落。此前，黄帝和炎帝也曾经三次大打出手。

蚩尤终于不敌，被黄帝杀死，黄帝和炎帝如愿以偿地打败了蚩尤，拿到了河东盐池。然后，黄帝部落、炎帝部落以及剩余的蚩尤部落融合在一起，成为华夏民族的始祖。不仅地盘更加广阔，而且还拥有了重要的资源——食盐。毫不夸张地说，食盐是华夏民族诞生的催化剂。

黄帝之后，尧、舜、禹都是传说中的上古王者，他们的都城在什么地方，至今并无定论。不过根据史书记载，尧的都城在平阳（今山西临汾），舜的都城在蒲坂（今山西永济西蒲州镇），而大禹的都城在安邑

（今山西夏县），这三个地点都和河东盐池的距离很近。如果传说属实，那么在当时社会已经从部落联盟向王国过渡，疆域面积更加广大的情况下，这些王者依然把都城设在盐池之旁，足见盐在人们生活中的地位之高。

除史书中记载的上古传说外，近年来的一些考古发现也佐证了河东盐池在中国早期历史上的重要地位。比如在山西省临汾市有一处陶寺遗址，这座古代城市遗址的总面积达300万平方米以上，存在的大致年代为距今4500年到3900年间，恰好是史书中尧的时代。考古学家在该遗址发掘出了大量的陶器、石器、骨器、玉器等，还有象征王权的龙盘、陶鼓、彩陶。当时的城市包含了宫城、外城、观象祭祀台、作坊、仓储等建筑。许多考古学家把陶寺视为尧时代都城级别的城市。

可以想见，如此巨大的古代城市，必然容纳了相当多的人口。人都是要吃饭的，需要足够多的粮食。仅靠陶寺大城周边的农田产出，很难满足该城市人口的需要，他们肯定要与遥远的地区交换大量粮食。拿什么与别人交换珍贵的粮食呢？盐是那个时代的硬通货，陶寺古人很可能是用河东盐池的盐来换粮食的。

陶寺出土的文物显示，这里是中国早期各种文化混杂的地方。这样的文化状况，说明该城市很可能是商业中心，才吸引了不同文化的人们来此逐利。以物易物其实是很麻烦的，交易的时候有一方不喜欢对方的商品，交易就无法达成。只有人们都认同一种等同于货币的商品，愿意与之交换，交易才会很顺利。盐就起到了通用货币的作用，陶寺的繁荣，很可能是由于以河东盐池的盐作为货币，与周边做交易而发达起来的。

从考古发现来看，后来商朝的都城在河南境内，周朝的都城在陕西境内，虽然远离了河东盐池，但在当时华夏民族的控制区内，食盐的供应依然基本上要靠河东盐池。只是当时国家形成，王权强大了，不需要把都城建在盐池旁边，昼夜提防着旁边部落过来打劫。不过，当王权衰微、诸侯并起时，盐掌握在谁的手里，就成为影响国家兴亡的大事。

春秋战国的幕后导演

春秋战国时期，王权衰微，诸侯并起，谁手里握有更多的盐，谁就等于有了更多的财富。

各个诸侯中，晋国可谓得天独厚，因为天下闻名的河东盐池就在晋国境内。当时中原地区人口渐多，可食盐的产出量却并没有明显提高。前面谈到了，河东盐池中的食盐几乎就是天然形成的，在晒盐技术还未发展起来的春秋时期，食盐产量的增加显然无法满足人口数量的增加。根据经济学中基本的供给和需求关系，供给上升得慢，而需求上升得快，于是供不应求，导致食盐价格上涨。当时周天子吃的食盐，也都依赖晋国的供给，所以晋国在春秋早期成为首屈一指的大国，在很大程度上是因为掌握了河东盐池。

但是春秋五霸中的第一个霸主，却并非晋国国君，而是齐桓公，这是因为齐国人率先打破了晋国对食盐市场的垄断，他们找到了提高海盐产量的技术。

海水中本来就含有食盐成分，古代人很早就知道，煮海水可以获得食盐。可是海水中还有其他的一些成分，会在煮的过程中与食盐一道析出，这样简单制作出来的盐因为杂质太多，口味苦涩，难以享用。本来食盐是用来调味的，可是早期的海盐口感极差，没人愿意在煮野味的时候，向锅里添加这样糟糕的盐巴。

但盐的利润太大了，刺激着沿海的居民不断探索精炼海盐的技术。渐渐地，海盐中的杂质越来越少，口感逐渐提高了。接下来的事情就是如何大规模生产海盐了。这时，齐国出了一个经济学家，他就是管仲，其是让齐桓公称霸的重臣。管仲在齐国当政期间，大力发展各种经济，其中就包括海盐制造业。

说起管仲管盐，可谓双管齐下，一方面是支持官营，大批量生产海盐，除满足自用之外，剩余的海盐还可以进行买卖。另一方面是打击私盐，制造和买卖海盐利润巨大，齐国民间也制售私盐，这对官盐来说是一种竞争，如果不对私盐进行打击，任由私盐冲击市场，官盐就卖不上高价。于是管仲出台政策，要求民众在春天播种庄稼期间，禁止私自生产海盐。播种期间，也是民众开始制造海盐的好时期，管仲没有明令禁止私盐制造业，但实际效果却达到了打击私盐生产的目的。

民众也不是傻瓜，他们在其他季节生产海盐，仍然可以把私盐卖到别国，与齐国的官盐竞争。于是管仲不惜血本，竟然在齐国边境上修建了一道长城，这道长城的目的不是抵御他国进攻，而是为了阻挡私盐流失!

齐国本来就是春秋战国时期的东方大国，除被燕国攻入国境和秦国统一天下灭齐国这两次事件之外，从来只有它攻打别人的份儿，没有别人来打它的份儿，因此修建长城抵御外敌对于齐国根本毫无必要。但天下闻名的齐长城还是修建了，而且修建在齐国南部边境，与鲁国和宋国交界的地方，目的就是设置关卡。民众如果要贩卖私盐到别国，必须在关卡处向官府交税，而齐国北部边境则是黄河和济水，同样也利于官府在渡口设点征税。这就等于抬高了私盐的成本，让私盐交易到别国无利可图，只好低价卖给官府。

站在今天的经济学角度，我们会说，管仲这种打击行为并不明智。因为官营垄断行业不如民营那样高效和有活力。

但是在春秋时期，盐业即使不是暴利行业，也是高利润行业，管仲代表的齐国官府垄断海盐生产，即使有经营效率不高的弊病，仍然可以聚敛大量的财富。这从修建齐长城就可以看出来，花费巨大的人力、物力修建长城阻挡私盐交易，如果没有更巨大的潜在利润，以管仲的智慧，是根本不会做的。

齐国国君尝到了盐业的甜头后，一发而不可收，到了齐景公的时候，终于酿成大祸。齐景公大幅度提高国内食盐的价格，希望能攫取更多的财富。由于食盐是所有人的日常所需，每个人消耗的食盐量差别也不大，不可能富人一顿饭吃10克食盐，穷人一顿饭只吃1克食盐，提高盐价等于征全民税。这样的做法，对于民众的生活影响是非常大的。于是齐国权臣田氏的机会来了，他们用自家的大斗向外借出食盐，而收债的时候，则是用小斗来收回食盐。看上去田氏吃亏了，但却收获了齐国的人心。不久以后，齐国的王位就归了姓田的。

有了齐国海盐的竞争，晋国河东盐池的地位就有所下降了。不过在古代，盐的运输是件让人头疼的事情，盐自身很重，还容易受潮变质，再加上当时天下大乱，道路上车匪路霸、小偷小摸横行，食盐买卖必须要有足够的人保护。所以，长距离贩卖食盐并不划算，河东盐池与齐国海盐各自供给周边各国，竞争并不激烈。当时周天子平时用距离近的河东盐池出产的盐，在祭祀和招待客人这种重要场合，才会拿出质量更好、来自远方的齐国海盐，食盐运输成本随距离而增加，由此可见一斑。

晋国依靠河东盐池，雄霸中原几百年，没想到天有不测风云，好端端的大国被赵、魏、韩三家瓜分了。分家就分家，但河东盐池归谁，却是个大问题。最终，这块天下瑰宝归属了魏国。

本来魏国四周都是强敌，北有赵，南有楚，东有齐，西有秦，哪个都不是省油的灯。可是魏国硬是凭借河东盐池的巨大财富，在强敌环伺下站稳了脚跟，甚至还能四处出击。历史上著名的“信陵君窃符救赵”，就是信陵君调动了魏国的大军，解救了几乎被秦军攻克的赵国都城；还有“围魏救赵”的桂陵之战，魏国8万主力部队被齐国的孙膑率军全歼，但只用了10年时间，魏国就又恢复元气，集结了10万兵马。即使到了战国的尾声，拥有河东盐池的魏国依然可以独立对抗凶悍的秦国大军，以10万魏卒对60万秦军，竟然还支撑了许多年。直到秦军夺取了河东盐池之后，魏国连自己吃盐都发生了困难，再也没有了经济实力与秦国抗衡，很快就被秦国消灭了。

齐国、魏国都因食盐而强大，其实南方霸主楚国和最终统一六国的秦国，他们的强盛同样和食盐分不开。秦国原本除关中平原产粮外，并无太多的自然资源，因此长期被魏国阻挡在西方。但是后来，秦国向南进军，攻克了当时中华大地上另一个重要的产盐国——巴国，局势立刻扭转了。

说起神秘的巴国，其国土在鼎盛的时期，地跨今天的四川、重庆、湖北、湖南、贵州和陕西六省市，论国土面积丝毫不逊色于战国七雄，只是不在中原，比较低调罢了。巴国能够强盛，就得益于巴东地区出产的岩盐和井盐，当地含咸水的泉眼很多，可以从中提炼出盐。一种说法认为，人们常说的“盐巴”中的“巴”字，其实指的就是产地——巴国。

如果巴国国君能够励精图治，再依托优越的食盐资源，未必就不能与战国七雄逐鹿中原。可惜后来巴国国君无道，把国内搞得一团糟，有一次盐工暴动，巴国将军巴蔓子镇压不住，不得已向楚国借兵平叛，许诺事成之后割让巴东三城给楚国。楚王看到能获得盐业重镇，于是出师帮巴蔓子摆平了巴国的内乱。当楚王要求获得巴东三城时，巴蔓子回答，可以把他的头颅拿去作为答谢，想要城池办不到。然后巴蔓子拔剑自刎，这就是要盐不给，要命一条。在巴蔓子眼中，巴东盐泉比自己的命还要珍贵。

但是此时，巴国的衰落已经不可避免，于是向楚国借兵，楚军来了可就不走了，很快蚕食了巴国的大片土地，当然也包括一些重要的盐泉。就在楚国快要占领巴国全部盐泉的时候，西方的秦国感受到了强烈的威胁，如果任由楚国夺取巴国全境，楚国会因为掌握了食盐产地而暴富，而秦国吃饭的时候可能就会没有味道了。

这绝不是危言耸听，当时楚国已经开始阻止巴国的人们向秦国卖盐，秦国立刻陷入了盐荒的恐惧之中。忍无可忍之下，秦国挥师10万，远征伐楚。为了食盐，双方展开殊死搏斗，巴国也几经易手，最终还是秦国笑到了最后。

秦国在巴地争夺战中非常惊险地获胜了。这场巴地盐泉争夺战，不仅让秦国和楚国的实力此消彼长，同时对中国未来的历史产生深远的影响。想想看，假如巴地之争楚国获胜，秦国失去了巴地盐泉的财富，恐怕很难实现统一六国的伟业，甚至由强大的楚国最后一统天下也未可知。

历史不能假设，但历史有时候确实是被偶然因素改变的。

私盐终结了大唐

秦国统一六国，不仅奠定了中国的根基，也改变了盐业的经营模式。原本春秋战国时期，天下大乱，民间制盐、贩盐在许多地方都是合法的，比如有个叫猗顿的商人就因为贩卖河东盐池出产的食盐发了大财，富比诸侯。但是在有些地方，比如管仲管理的齐国，私盐必须卖给国家。再如秦国，在商鞅管理的时候，采取了官方经营盐业的模式，所有的盐池、盐泉、盐井都归官府所有，由官府开采，只是在销售环节，商鞅允许一些商人介入，但是可以销售食盐的商人的资格被严格控制，而且这些商人还要缴纳很重的税。这种模式随着秦国变成秦朝而得到了延续，进而成为后来各个朝代的盐业经营范本之一。

白花花的盐巴，是官营还是民营，可以检验一个政府是否与民争利。前面已经谈到，官营盐业实际上是对全体国民征税，把民间的财富聚敛到国家的库府中。对于古代的君王或皇帝来说，盐不是咸的，而是像蜜一样甜，一旦他们尝到了食盐带来的财富甘露，就欲罢不能了。商鞅和管仲开了这个先例，于是各朝各代纷纷效法。

只是官营具有天生的弊病，一个是经营效率低，容易滋生腐败，前面已经谈到了；另一个是刺激了私盐买卖。由于盐业垄断，导致食盐的市场价格高，而制盐成本却很低，这之间的差价足以让一些人铤而走险，把国家的严刑峻法放在一边，博取一场富贵。

而国家要想打击私盐买卖，往往要付出很大的代价，比如管仲修建齐长城就是一例，这些巨额的监管费用直接抵消掉了盐业官营带来的一部分利润。站在今天市场经济的角度来看，国家对市场进行监管，而民营的食盐公司从事食盐生产和销售，并按照经营情况依法纳税，各个公司在规则公平的市场中自由竞争，这才是最有效率的盐业模式。

但是古人毕竟没有这么高的经济智慧，而且在普天之下莫非王土的环境下，皇帝不会允许底下的臣民掌控江山社稷的命脉，而食盐恰好是社稷命脉之一。哪怕是修长城阻止私盐买卖，古代中国的统治者也是干得出来的。

秦朝二世而灭，汉朝初年百废待兴，当时食盐的制售还比较开放，私人也可以经营，当时上层人士还讨论过盐铁资源是该官营还是民营的问题。但是自汉武帝之后，国家彻底垄断了盐业，也就长期地面临着私盐贩子的竞争。

汉武帝执意要搞“盐铁官营”，由国家垄断盐和铁的生产、销售，目的是获得更多的财政税收，来与草原上的强敌匈奴作战。这种与民争利的方式虽然把更多的财富集中到了汉朝中央政府手中，但是却压制了整个社会的商品经济发展，从长远看对于整个国家的经济是有伤害的。于是在汉武帝死后，汉朝一度罢免了很多盐、铁官，取消了一些盐铁官营政策，来恢复民间的经济活力。但是后来，一旦财政收入吃紧，汉朝皇帝就又会走上盐铁官营的老路，饮鸩止渴。

只有很短暂的时期，皇帝们或者是灵光一现，或者是歪打正着，会取消官营，让民营盐业自由地发展。比如中国历史上另一个二世而亡的朝代——隋朝，官方放开了盐业让百姓经营，并通过对盐业收税来获得税收收入，有时候甚至干脆取消税收。这其实是把收取全民税的模式转变成了收取商业税的模式，对于广大的民众或者消费者来说，食盐上的支出显然是下降了，但官方的收入却未必就变少了。因为官方不再需要花力气打击私盐了，民营盐业高效运营也给国家创造了更多的税收。于是，隋朝虽然不再垄断盐业经营，但却并未因此缺钱，隋朝的灭亡另有原因，将在后面的篇章中详述。

这段民营盐业的黄金岁月一直持续到唐朝安史之乱前。公元755年，安禄山起兵叛唐，并进攻中原地区，当时的平原太守，也就是中国著名的大书法家颜真卿，为了抵抗安禄山的叛军，需要筹措大量军饷，于是他用官府资金垄断了当地的盐业市场，把所有的食盐全部收购，然后加价卖出，赚取了足够的军费。

颜真卿的做法是战时不得已而为之的，但安史之乱后，却被庸官们奉为至宝，认为是官府发财的真经，唐朝的盐业制度立刻转向了官营，而且官盐的出售价格还节节攀升。原本民营期间，食盐的价格每斗不过10钱，官方垄断之后，食盐的销售价格提高到了每斗110钱，暴涨了10倍有余！而且盐价没有最高，只有更高，到了唐德宗时期，官方盐价甚至高达每斗300钱以上。

唐朝后期，官营盐业给政府带来了巨额财富吗？无须多言，读者也可以推测出来，过去10钱1斗的盐变成了300钱1斗，这不是明摆着给冒险家们一个获取暴利的机会吗？当时只要是产盐的地区，就少不了私盐贩子的身影，私盐大批入市，强烈地冲击着官盐市场。唐德宗把食盐价格推上了高峰，但税收却不升反降，因为百姓都去买私盐了。

面对蜂拥而起的私盐贩子，唐朝皇帝们高高地举起了屠刀，想用杀无赦的办法来维护自己的盐业垄断地位。当时对走私食盐的法律严酷到什么程度，问一个十余岁的孩子就清楚了。

当时一位管理河东盐池的官员史牟视察盐田，偏巧自己一个十余岁的外甥也跟着看热闹，看到盐晶粒很是好玩，于是这个小孩子就拾了一颗盐粒回家。史牟得知此事后，竟然“立杖杀之”。

一个小孩子仅仅为了满足好奇心私拿了一粒盐，就被杀死，说明当时的刑法太严酷了。

严刑峻法可以恐吓老实人，但对于亡命徒却根本没有用处。而且，在人们的基本日用品食盐上横征暴敛，直接把底层民众推向了穷困的深渊，既然活不下去，干脆就亡命一搏好了。唐朝后期，严酷的法律并没有挡住私盐扩张的脚步，这一切其实都是错误的盐业政策造成的恶果，而不完全是私盐贩子的错。

曾经辉煌的大唐王朝摇摇欲坠，如果此时官府能够和私盐贩子们和解，也许这个王朝还有救。但是唐王朝的统治者又犯了一个严重的错误，最终让唐朝灭亡，也成就了黄巢。

黄巢的老家是山东菏泽，大家还记得齐国依靠海盐称霸吧？那里从春秋战国时期就已经是重要的产盐区。唐朝末年，黄巢家中三代都是私盐贩子，贩卖私盐是死罪，黄巢家能把这个营生做成家族企业，可见对于老练的私盐贩子来说，当时严厉的法律不过是减少了自己的一些潜在竞争者而已。

贩卖私盐利润极高，所以黄巢在唐朝末年犯上作乱，颇有点儿古怪。一般人都是吃不饱肚子，不得已暴动抢东西，给自己找条活路。而黄巢家中殷实，而且还去参加过科举考试，只可惜名落孙山。

落第后的黄巢心中不甘，写下了那首有名的诗句：“待到秋来九月八，我花开后百花杀。冲天香阵透长安，满城尽带黄金甲。”黄巢借菊花比喻自己将来一定会在长安无限风光。通过这首诗我们可以看出，黄巢是个狂热追求功名的人。想想也是，家里钱多得是，如果黄巢能够为官，那么绝对算是有成就了。可惜应试总是通不过，这该如何是好？

这时，另一个私盐贩子王仙芝揭竿而起，引发了唐末的大动荡。当王仙芝带领造反的队伍攻城拔寨的时候，他的私盐贸易合伙人黄巢看到了一条通往仕途的另类道路，于是拉起一票人马与王仙芝响应。后来两伙私盐贩子武装会师一处，实力壮大了，但他们却不像其他的农民武装那样，攻占城池、扩大地盘，而是四处流窜，打下一城抢劫后，弃城而走，转战另一城。

这帮私盐贩子怎么连造反都如此另类呢？

我们要明确，黄巢和王仙芝造反，是为了功名，而不是地盘。所以他们打了胜仗后，立刻派人和唐朝官府商量，要求朝廷接受招安，给自己个官职当当；而吃了败仗后，就先夹起尾巴做人，伺机再战。

在唐朝官府眼中，这股私盐贩子武装简直是拿法律乱开玩笑，要是满足他们的要求，岂不要天下大乱。黄巢和王仙芝第一次兵谏求官，被官府毫无通融地拒绝了。此后，两人分道扬镳，各自闯天下。王仙芝在战败被杀的前一年，曾经7次向朝廷要求投降求官，都遭到了拒绝。黄巢在流窜过程中，也是屡屡求官，都未能如愿。

最后，黄巢怒了，既然皇帝不给自己官职，干脆杀入长安，自己当皇帝算了。黄巢的武装在流窜过程中，收编了大量穷苦民众，实力已经今非昔比。当黄巢带领自己的队伍攻向长安的门户潼关时，几十万大军竟然把潼关守军吓得屁滚尿流，弃关而逃了。攻陷了潼关，长安也唾手可得，黄巢终于实现了“冲天香阵透长安”的夙愿，在长安登基，自封大齐皇帝。

后来，唐朝终于平定了黄巢的暴乱，但唐朝遭此重创，已经奄奄一息，没过多久就灭亡了。这样糟糕的结局，在很大程度上要归罪于唐朝后期执行的糟糕的盐业政策。

有趣的是，在镇压黄巢的官军阵营中，竟然也有许多私盐贩子出身的军人，比如王建、钱镠、朱瑄等人。王建少年时代贩卖私盐，在黄巢起义爆发后，他没有选择站在同行一边，而是投奔了逃难到成都的唐朝皇帝，加入队伍与黄巢为敌。钱镠年轻时也以贩卖私盐为生，后来加入了官军，在镇压黄巢武装的战斗中壮大了自己的力量。朱瑄的父亲也是私盐贩子，还曾受朝廷的刑罚，朱瑄却加入了唐军镇压黄巢武装。

黄巢叛乱失败后，这些私盐贩子摇身一变，官运亨通，有的还成为割据一方的藩镇节度使，不仅拥兵自重，不向唐王朝纳税，还积极参与唐朝末年的权力争夺战，成为唐朝垮台的重要推力。早知最后还是断送在私盐贩子手中，当初唐朝皇帝又何必拒绝黄巢的求官呢?

食盐可以让一个王朝兴起，也真的可以让一个王朝覆灭。

第三章｜长城：外面的人想进来，里面的人想出去

任何人第一次看到长城，都会惊叹那绵延在山脊之上的人间奇迹。历代中原王朝耗费大量的人力、物力，修建起这座举世闻名的防御工事，抵御北方游牧民族南下的铁蹄。

万里长城已经成为中国的重要象征。

马可·波罗见过长城吗？

马可·波罗，这个13世纪的意大利旅行家年轻时跟随自己的叔叔穿越广袤的亚欧大陆，历尽艰辛，抵达了东方的中国，那时统治中国的是元朝的忽必烈大汗。马可·波罗在自己的游记中，详细地描述了自己在中国的各种见闻，尤其是一些让他惊讶的事物，比如中国人居然用纸币作为交易货币，任何一个老板都不能拒绝接收顾客的纸币；再如他看到北方中国人用黑色的石头替代木柴作为燃料，而且取暖效果比木柴还好，这种黑色的石头显然是煤，那时在欧洲还很少使用。

但是在马可·波罗的游记中，却偏偏没有提到那道“伟大的墙”

（The Great Wall）。这一度成为否定他到过中国的重要证据。雄伟的长城是那么醒目，在古代世界中，只有埃及金字塔的宏伟可以与之媲美，马可·波罗又不是瞎子，会看不到长城吗？如果他真的见到过长城，不可能不记录在案。

其实，他也许真的看到过长城，但那时的长城也许不过是一些断壁残垣。

实际上，秦朝修建的万里长城在汉代得到了加强，汉长城总长甚至达到了2万余里。但是自汉以后，长城逐渐被废弃，到了元朝忽必烈时期，秦汉长城早已没有了当年的风采，倒塌的倒塌，被拆的被拆，许多城砖都成了老百姓盖房子、垒猪圈的好材料。

想想看，秦朝时期的工程留到今天的有哪些？兵马俑是因为被埋藏地下而得到了保存，都江堰和灵渠由于在水利方面的重要意义，被后人精心地维护。除此之外，秦朝的建筑全部灰飞烟灭了。秦朝的长城建于公元前，到忽必烈时期已经存在1500多年了，年复一年的风吹日晒，秦长城早就不是原来的样子了。

也怪马可·波罗在游记中多次吹嘘自己在元朝屡建功勋，比如向忽必烈敬献巨石炮攻打襄阳城之类的事迹，导致后人对他是否真的到过中国产生了怀疑。再加上明朝中叶开始，西方传教士纷纷东来，发现一道雄伟的大墙赫然屹立在中国的北方，更加怀疑马可·波罗根本就没来过中国，更没见到过长城。其实这些西方传教士看到的长城，已经不是秦汉时期的长城了，而是明朝前期为了抵御北方瓦剌等部的入侵，几乎是在原来秦汉长城的原址上重新修建起来的。

现在让我们把马可·波罗放在一边，关注一个与长城有关的位置问题：为什么时隔一千六七百年，明朝长城会与秦朝长城修建的位置基本重合呢？难道这只是一次巧合吗？

神奇的400毫米等降水量线

中原王朝基本上是农耕民族的国家，它们与北方游牧民族之间经常发生冲突，时而游牧民族南下劫掠财物，时而农耕民族北上驱逐敌人，双方在长城一线来回拉锯，从周朝一直对抗到了明朝末年。在这三千年左右的对抗中，中原王朝的北方边界在大多数时间里都位于长城附近，难道长城真能起到如此大的作用，可以限制两边的扩张吗？

长城是死的，而人是活的，从表面上看是长城限制了两边民众的活动，实际上背后还有更重要的因素，那就是降水量。

如果能够找到一张中国年降水量图，再与长城的位置图对比一下，我们就会发现，长城几乎与横穿中国北方的400毫米等降水量线重合。从华北北面的燕山山脉向西，经过今天山西境内的太行山北段、内蒙古境内的阴山山脉，再折向西南，长城的走向与400毫米等降水量线正好吻合。

为什么长城偏巧建在400毫米等降水量线上呢？

降水量的多少，对于地表植物的生长至关重要。如果年降水量少于400毫米，地表植被就会以耐干旱的草为主，那么在这些地区生活的人们就必须采取放牧牛羊的方式养活自己。虽然开垦草原生产粮食也并非不可以，但没有降水量的配合，产量低不说，几年下来，土地就会沙化，无法继续种庄稼。所以，在400毫米等降水量线以北的地区，成为游牧民族的理想家园。

反之，当年降水量大于400毫米时，人们就可以开垦农田，比如在华北地区种植小麦等作物，可以获得不错的收成。于是，在400毫米等降水量线以南，古代人大多选择当个农民。

在中国古代，中原的农耕生产方式向北最远只能扩展到这条降水线附近，而北方的草原游牧民族如果向南突破了这条老天爷划定的界线，也会感到自己的牛羊没有足够的草场，畜牧生产不合时宜。于是400毫米等降水量线就成为农耕民族和游牧民族的分界线。

但是，等降水量线是死的，人是活的。中原文化是以农田为基础的农耕文化，更提倡安居乐业，能够自给自足，不需要对外劫掠。可是游牧民族的情况却不太妙，在某些严寒的年份，或者畜疫流行时节，他们的牲口大批死亡，整个部落就会陷入生死存亡的绝境。在得不到南方农耕民族救济的时候，游牧民族就只好兵戎相见，南下劫掠钱粮。此外，游牧民族为了获得中原文明的一些财物，比如布料和茶叶等，也会时不时地骚扰中原王朝的边疆。

于是，一个严峻的课题摆在了农耕民族面前，如何对付北方这帮人呢？

秦始皇算了一笔经济账

公元前215年，在今天内蒙古的河套地区，秦朝大将蒙恬率领以步兵为主的秦军，与凶狠的匈奴骑兵展开了一场殊死之战，刚刚统一天下的秦军士气正旺，一举拿下了河套地区。匈奴残部望风而逃，远遁大漠。

然而，凯旋的秦军得到的命令却不是再接再厉，攻占漠北，而是转攻为守，30万大军以战国时期燕、赵、秦三国的北方长城为基础，就地修筑长城，从西北的临洮一带一直延伸到辽东，横贯东西的万里长城第一次出现在人们的面前。

究竟是什么原因导致了秦始皇停止北伐，耗尽全国的财力、人力去修筑长城的呢？因为秦始皇不仅是我国古代一位杰出的政治家，还是一位卓越的经济学家，他肯定算过一笔经济账。

让我们站在秦始皇的角度来思考对付匈奴的难题。首先，秦始皇统治的民众基本上都是农民，如果要深入大漠与匈奴作战，就需要相当数量的骑兵。把平时基本不骑马的农夫转变为强大的骑兵，不仅要花费大量的时间、金钱，同时由于这些农民当了兵，不能再从事农耕了，还要蒙受生产上的损失。

其次，即使有了强大的骑兵，要送他们到北方草原深处作战，粮草的运输和损耗也是一笔很可怕的开销，古代没有高速公路和铁路，粮食运输十分不便。就拿秦朝对匈奴的战争来说，秦始皇二十二年（前225年），“使蒙恬将兵而攻胡”，在黄河河套以南地区设置了24个县，依靠黄河河湾天险进行防御，派兵驻守，又迁徙百姓去充实当地，“发天下丁男以守北河”。然而当地多沼津而咸卤，不生五谷！军粮和民粮都是迫在眉睫的问题，由于临近的关中地区粮食有限，大量军民的口粮要从关东地区调运，“又使天下飞刍挽粟”，连山东滨海地区的粮食都要调集过来，运输线长达数千里，损耗惊人，“率三十钟而致一石”。当时1钟相当于6石4斗，30钟等于192石，也就是说，把粮食从山东运送到河套地区，有效输送量只有可怜的0.5%！就算从其他近一点的地区输送，有效输送量也不过1%~2%。中原王朝每一次大规模对外作战，都是民脂民膏的巨大消耗，老百姓的负担十分沉重。

反观草原族群，匈奴骑兵的作战成本却很低，游牧民族从小在马背上长大，既是放牧者，又是战士，角色转换很容易，甚至可以一边放牧，一边作战，后勤保障比农耕民族好多了。

农耕民族作战的成本比游牧民族要高，而作战的收益却少得可怜。即使占领了广袤的草原，也无法耕种。中原王朝的税收是从农民的头上获取的，没有了农民，要那么大的草原有什么用处？即使打赢了对游牧民族的战争，也要被高昂的战争成本压垮。

汉武帝雄才大略，曾经在对匈奴的战争中取得了辉煌的胜利，可是劳民伤财，大大削弱了国家的经济实力，直接导致了汉朝的衰落；明成祖朱棣的大军五出漠北，苦战多年，把蒙古各部赶得四处奔逃，但仗打到最后，先吃不消的却是自己。

反观游牧民族，他们来去如风，掠夺农耕民族积累的财富轻而易举，收益惊人。成本低，收益高，游牧民族怎么会不热衷于劫掠战呢？

得想个招儿，改变成本和收益上的巨大反差。秦始皇借鉴战国时期的策略，想到了修筑长城。有了长城这种防御工事，流动的战场将会变为固定的战线。游牧民族无法重演来了就抢、抢了就跑的闹剧，必须先在长城一线与守军打一仗。

如此一来，成本和收益就改变了。防守的农耕民族可以从附近的农田中获得粮食，进攻的游牧民族却远离了放牧的草场。而且长城一线多群山，重要的道路上又修建了坚固的关隘，游牧民族往往还没有抢到东西，就先挨了一顿打。

依托长城打防御战，农耕民族不用训练骑兵部队，训练成本得以降低，又因为士兵原本就是农民，有了固定的根据地，熟悉农活的士兵们在闲时完全可以就地屯垦，后勤的负担也小多了。

说句实话，农耕民族的杰出代表秦始皇虽然没有读过现代《经济学原理》之类的著作，但他大规模修筑长城的举动，的确与经济学最基本的成本、收益规律是相符合的。修筑长城固然要耗费大量的人力、物力，在短期内经济压力很大，但从长远来看，秦始皇的这笔账算得很精明。

此后的各朝各代，只要有条件、有需要，也都尽量采取修筑长城的方式防御北方的游牧民族。比如明朝成化年间，蒙古鞑靼部常常进犯陕北、甘肃一带，皇帝于是召集大臣讨论防御事宜。大臣们算了一笔账，如果征集5万名劳工，用两个月的时间修葺长城，耗银不过100万两，而派出8万大军征讨鞑靼入侵者，每年粮草、运费折合银两，总计耗银近1000万两。成本高低一目了然。而且，军人可以在长城内屯田耕种，获得一定的粮食，这就节省了从中原调粮食到前线的巨额成本。于是，明朝的皇帝们选择了修建长城，我们今天看到的雄伟长城就是在那个时期完工的，在元朝初年就来到中国的马可·波罗自然是看不到明朝长城的。

长城为啥长久不修葺

秦始皇的经济账算得很精明，理念很先进，愿景很美好，但事情是人办的，长城能否发挥经济效益，还要看办事的人执行力如何。

越是规模巨大的工程，就越需要精确的管理。像长城这种绵延万里的防御工事，需要有完善、系统的管理制度作保障，还要有能够严格遵守制度的管理人员。偏偏中原王朝的根基是亿万个自耕农，各家各户耕种自己的一亩三分地，然后上交皇粮，养活贵族和皇帝。除了按时按量交皇粮之外，自耕农往往各自为战，并不会产生出更高效的组织，比如农业公司之类的企业，中原王朝也不愿意看到民间兴起一些挑战皇权的组织，威胁到皇上的龙椅。

总之，中原王朝在管理上具有先天的弊病，没有培养出有能力的管理人员，很难精细地管理长城这样的大工程。王朝初兴的时候还好说，没有那么多吃闲饭的贵族要养活，开国之君往往管理能力也不错，此时长城可以御敌。但是到了一个王朝的中后期，由于朝纲松弛，管理的弊病就显现出来，于是长城防线从一根紧绷的弓弦变成了松软的橡皮绳，有外敌压力的时候紧一下，没有外敌压力的时候就松下来。当强敌大兵压境，橡皮绳被挣断的时候，长城就被攻破了。

更为要命的是，游牧民族同样具有学习能力，他们也一直在努力！

中国历史上早期的一些游牧民族，比如匈奴、柔然之类，基本上把长城以南当作自己的“财物牧场”，劫掠一番后就北归，不会定居下来。但是后来的一些游牧民族，比如建立了辽的契丹和建立了金的女真，随着和农耕民族接触的增多，对农耕民族的农业技术并不陌生，当他们侵入长城以南后，往往能入乡随俗，定居下来，或者自己弃牧从农，或者继续让当地自耕农耕种农田，通过向自耕农收税来维持政权的运转，这就和中原王朝没有什么区别了。

这就是在汉朝之后、明朝之前这么长的时间中，长城的修葺始终小打小闹的原因。游牧民族既然学会了入主中原的农业技术，一旦突入长城以南后，很容易安营扎寨，长期控制农耕地区。如果我们还从成本和收益的角度分析，就会发现无论是前期的匈奴人、鲜卑人，还是后来的契丹人、女真人，由于可以从长城以南的占领区获得足够的粮食，成本降低了，再仰仗比中原民族步兵更强悍的骑兵打拼天下，收益很大，因此他们基本上都能扎根在长城以南，此后的蒙古人甚至先灭掉了北方的金，后灭掉了南方的南宋，把长城南北完全统一了起来。

所以，随着游牧民族的技术进步，长城带来的经济效益在不断下降，长城两侧的拉锯战，明显地倾向了游牧民族一边。近代学者王国维曾经评价金利用长城抵御蒙古人，说如果金实力处于比较强盛的时候，蒙古人也没有铁木真那样强悍的首领，守卫长城沿线的女真将领不太笨的话，那么长城的防御效果还算差强人意，有些作用。这段话道出了金的无奈，那时的长城就如同是鸡肋，修建要浪费银子，不修会被劫掠银子，翻译成经济学的说法就是，成本和收益差不多相等，这买卖可干可不干。

如果放弃了长城，任由游牧民族寇边，显然行不通。该到了农耕民族出新招的时候了。

长城被经济学打败了

先让我们来看一个“农夫与牧民”的故事。一个农夫和一个牧民做邻居，他的庄稼总是被牧民的牛啃吃。农夫有以下几个方案可以选择：第一是把牧民告上法庭，要求牧民赔偿自己的损失，不过打官司也要搭上钱财和时间，还要和邻居反目成仇，为了一点庄稼也许不值得。第二是在农田和牧场之间修建一道篱笆，防止牛进入农田。不过修筑篱笆需要花钱买木料、钉子，还得吭哧吭哧地忙活好多天。

有没有成本更低的解决方法呢？有！农夫可以直接给牧民一点钱，买根绳子把牛拴住，不让牛乱跑。这笔钱显然比打官司和修篱笆的成本低多了。

等一等，等一等！牛把农夫的庄稼吃了，农夫没得到赔偿，凭什么还要倒贴给牧民一笔钱？听上去太不公平了，在此强调一下，本书讨论的不是公平和道德问题，而是经济和历史问题。对于农夫来说，他要解决和牧民的纠纷，不论是支付给法庭的诉讼费、修篱笆的人工和材料费，还是给牧民买牛绳的钱，都属于经济学上的“交易费用”，是为了达成交易（比如让牛不再啃庄稼）而支付的费用。

站在纯粹的经济学角度来看，只要这笔费用能够降低，就相当于农夫和牧民赚钱了，获得了收益。既然给牧民买牛绳的钱是最低廉的，那么农民就应当采用这个方案！对于牧民来说，肯定不愿意和农民打官司，也不愿意让农民修筑篱笆，这都不如农民给自己一笔钱的收益大。

现代经济学家管这叫什么来着？对，双赢！

中原王朝经过了漫长的摸索，付出了血的代价后，才逐渐明白了交易费用的道理。汉武帝对付匈奴的策略，是打出卫青和霍去病两张王牌，准备一举消灭掉匈奴。这就类似于农夫和牧民在法庭上较量，两败俱伤，无法弥补自己的损失。其实秦始皇早就看清楚了这一点，所以即使手中有强悍的秦军，但他采取的方案却是在自己中原大农田的北边修建一道巨大的篱笆墙——万里长城，来阻挡北方匈奴。

秦始皇的方案并不是最省钱的，最先真正理解并应用了交易费用原理的中原王朝，是宋朝。无论是北宋还是南宋，都靠向辽、金、西夏馈赠岁贡的方式，换取了长期的太平。本书在后面章节中对宋朝这段花钱买和平的历史有具体的介绍，此处先按下不表。

除花钱消灾之外，在实力允许的条件下，中原王朝其实还有更好的策略，那就是和游牧民族做生意，也就是所谓的互市。史书上总是把游牧民族描述得野蛮粗鲁，其实长城内外的人智力相差无几，更愿意明智地做生意的人其实并不是中原王朝，而是游牧民族！

明朝时期，蒙古的俺答汗就曾经向明朝说过掏心窝子的话，他说蒙古人南下劫掠，无非是想得到草原上没有的锦帛、茶叶等商品，可是越过长城动手去抢，很多时候抢不到多少锦帛、茶叶，只能抢一些人口和牲口，偏偏人口和牲口并不是草原上缺乏的。而且，就算是抢劫计划顺利实施，依然难免有伤亡和损失，算来算去，还不如双方和和气气地互市，彼此做买卖合算。于是，俺答汗恳请大明皇帝和自己做边境贸易。

从经济上看，如果能够彼此做生意，获得的收益比单纯的花钱消灾要更好，买卖双方获得的利益更大。对于草原上的游牧民族来说，奶茶是一种重要的饮品，可以抵消牛羊肉的油腻，偏偏制作奶茶的原料之一茶叶却产自江南地区；对于中原王朝来说，动物毛皮是高档的奢侈品，但自己的疆土内产出的毛皮量却无法满足需要。用茶叶换毛皮，双方的生活质量都会提高，何乐而不为呢?

面子！面子是人们心中的大墙，它经常阻碍长城内外的民族做贸易。长城内的汉民族往往自诩天朝上国、文明开化，对四周的民族往往用“蛮夷”相称。加上古代中国重农轻商，商人地位低下，更不用说游牧民族的商人了，所以一个朝代要和周边民族做贸易，可谓屈尊了，往往要在朝廷上争执很久，压下儒生们的那通大道理后才能实现。偏偏长城外的游牧民族生性彪悍，脾气也大，遇到汉民族对其不尊重，面子上过不去时，往往拔刀相向。

好在长城内外有时也能达成贸易协定。1570年前后，明朝与蒙古各部达成了和平协议，并在边境上开展互市贸易。从此，大明王朝的北方边疆稳定了许多，据估计，仅仅是军费明朝就节省了70%，如果算上互市带来的价值，那就更可观了。在明清两代叱咤风云的山西晋商，就是在互市开展后，利用自己靠近边境的地理优势，大做贸易而发家致富的。

到了清朝，皇族本来就是游牧民族出身，自然明白游牧民族的心思。

清朝皇帝册封了许多蒙古王爷，还让皇族与蒙古贵族联姻，并赐予许多蒙古贵族草场、领地和俸禄，至于贸易，清朝的疆域已经囊括了长城内外，游牧民族和农耕民族的交易完全变成了内部的生意，畅通无阻。

当农夫和牧民已经融洽为一家人的时候，还需要长城做什么呢？整个清朝时期，政府再也没有修筑过长城。

两边人诅咒的围墙

清朝以及更早的元朝其实是特例，两个朝代都疆域辽阔，把长城变成了自己家庭院内的一道花圃篱笆，自然不会琢磨着加固篱笆，给自己在家里溜达时凭空制造障碍。但在其他的朝代，当长城一线是边境的时候，即使游牧民族不跃马扬鞭南下，愿意与中原王朝老老实实做贸易，中原王朝依然会严密地守卫着长城和关隘，只是守军冷面相对的方向不是北方，而是南方。

难道他们都叛变了本朝，去为游牧民族镇守边关吗？

非也！我们永远不要忘记，古代中国是一个自耕农的社会，社会税收源于自耕农。这些农民处于社会的底层，每年上交了皇粮之后，已经所剩无几，一有天灾人祸，难免陷入困顿。如果国家不能及时救济灾民，为了生存，民众就会背井离乡去逃难，包括逃向长城之外。此外，长城附近靠南一侧，原本就有许多人熟悉北方草原，甚至有些人在北方还有亲属。一旦中原地区局势不稳，他们就会考虑去关外。

中国的皇帝是靠农民的税收养活的，走掉一部分农民，就等于走掉了一部分税收。所以有些时候，中原王朝最担心的事情不是游牧民族扰边，而是子民外逃。汉元帝时期，匈奴威胁减弱，许多大臣主张停止修筑劳民伤财的长城，只有郎中侯应上书，很明白地告诉皇帝，长城不仅是防御北方游牧民族入侵中原的屏障，也是防止关内各类人等外逃的藩篱。这位曾经把王昭君送给匈奴人的汉元帝立刻明白了此中玄机，长城防务万万不可废止，它全心全意地保卫人民（别外逃）。

秦汉时期，不要说远行到长城之外，就是在境内迁徙，也得层层上报，得到批准后才可以动身。在一块出土的汉简上曾经记载，一个叫崔自当的人要到居延去采买家中用具，乡里的负责人向县衙官员出具了这个人没有犯罪前科的证明，于是县衙颁发了通行证，通行证上写着此人没有犯罪前科，各关卡可以按照律令规定，给他办理过关手续。

中原王朝把老百姓尽量地束缚在自己的土地旁边，束缚在家乡，并不只是为了治安管理的需要，更重要的是人口管理和税收的需要。如果老百姓可以到处迁徙，收税的时候找不到人，官员们交不了差，他们的麻烦就大了。

所以，面对绵延万里的大墙，游牧民族自然是会诅咒它早点儿倒掉的。而中原的穷苦百姓也会诅咒这堵大墙。面子对于穷苦百姓来说是次要的，生存却是必需的。如果长城威胁到了百姓的迁徙，进而威胁到他们的生存，要它何用呢？

幸亏明朝的长城修筑得十分坚固，而且距今不过500年左右，许多墙段风采依旧，比如八达岭长城，如今变成了世界闻名的旅游景点，成为当地旅游产业的支柱之一。长城在当时的经济贡献还未可知，在后世却有如此喜人的经济贡献，两相对比，令人慨叹。

第四章｜
争霸西域的真正目的

貌似滑稽的“天马战争”

在李广利的带领下，三万汉军围攻大宛都城贵山城的战斗已经持续了40余日，贵山城外城已破，大宛王毋寡率领贵族退入内城负隅顽抗。城内贵族哗变，杀死毋寡，派人带着毋寡的首级赴汉军大营求降。李广利答应了贵族们的请求，停止进攻内城。大宛方面也赶出马匹供汉军挑选。李广利又选择了亲汉一派的贵族，将之立为大宛王，双方盟誓后，汉军得胜东归。这就是被后人津津乐道的“天马战争”。

大宛国在今天的中亚乌兹别克斯坦一带，到西汉都城长安的直线距离接近4000千米，距离西汉的西界敦煌一带也有3000千米。汉武帝聚集大军劳师袭远，越过今天广袤的新疆大地，去攻打大宛，战争的理由略有一些滑稽——大宛不卖马给汉朝。

为了改良中原大地的战马品种，汉武帝曾派出使团，带着黄金千斤和一个黄金马匹塑像，购买养马名国大宛视为国宝的汗血宝马，也就是金庸在《射雕英雄传》里描述的郭靖骑的那种马。

大宛的汗血宝马在当时受到各国的追捧，岂可轻易送人？大宛当然知道汉朝很强大，不过由于相距遥远，中间隔着雪山大漠，大宛真没把汉朝的要求放在眼里，非常干脆地拒绝了这笔交易，不但没有卖马，还把汉使杀掉，夺走了黄金。这才引来了震惊整个西域的“天马战争”。

为了几匹好马就兴师动众去攻打几千千米以外的国家，这种疯狂的事情不像是雄才大略的汉武帝做出来的。毫无疑问，貌似荒唐的“天马战争”是汉武帝经营汉朝的巨大棋局中的一步险招，而与强盛的汉朝对弈的，就是称霸草原的强大游牧民族——匈奴。

匈奴是中原王朝的宿敌，汉高祖刘邦曾携统一天下的余威征讨匈奴，却被匈奴围困在白登，即今天的山西大同一带，差点儿全军覆没。此后匈奴对垒汉朝一直不落下风，直到汉武帝登基后，养精蓄锐多年的汉朝终于在汉武帝的带领下，开始主动出击。

可是汉朝与匈奴在长城沿线直接肉搏，地处西面的西域诸国不过是路人甲、路人乙，在旁边围观而已，和这场争霸战有什么关系呢？

汉朝对卖丝绸没兴趣

撇开匈奴不论，西域这块地方对于汉朝来说，还真是没有什么油水可捞。

对于汉朝向西域扩张的理由，历史学家曾经提出过两个解释，其中之一就是对外贸易特别是丝绸贸易的需要。

我们都知道张骞出使西域的壮举和丝绸之路的兴起。自从汉武帝派张骞历尽艰辛出使西域，打通了西汉与西域乃至更西方国家的联系后，从中国北方一直延伸到古罗马帝国的丝绸之路上的贸易就繁荣起来，丝绸成为这条贸易路线上的标志性商品，它是古代中国非常重要的输出商品。

能够吐丝的蚕，几乎是古代人完全驯化的唯一一类昆虫。科学家曾经收集了世界各地现存的100多个品种的家蚕，分析它们的基因信息，发现所有家蚕的共同祖先可以追溯到5000年前中国的野桑蚕，因此中国是家蚕和丝绸毫无争议的故乡。在秦汉时期，山东地区的丝织品已经举世闻名，《史记》里就描述齐鲁之地的丝织业，“齐带山海，膏壤千里，宜桑麻，人民多文采布帛鱼盐……邹、鲁滨洙、泗……颇有桑麻之业”。《汉书》里还不吝赞美之词地说：“织作冰纨绮绣纯丽之物，号为冠带衣履天下。”在很长的一段时间里，古代中国是丝绸的唯一产区，因此外国人要想获得绚丽夺目的丝绸，只能到中国采购。

从汉朝到罗马的丝绸之路上，西域是跨越整个亚洲的必经之地。丝绸之路在西域大体上有三条线路，沿着天山南北各有一条，沿着昆仑山山麓也有一条。这几条道路分别连接了一些绿洲王国。从经济角度看，如果能够控制西域的这些绿洲王国，贯通丝绸之路，中原王朝如汉朝就可以利用这几条贸易线路赚大钱。

但事实却并非如此。按照一般的说法，汉朝向西方特别是古罗马帝国输出了大量的丝绸，当时古罗马帝国的流通货币主要是金币和银币，按说汉朝应该赚到了大量的古罗马金银币。可是多年来的考古发现却表明，在中国境内发现的古罗马金银币屈指可数，还都主要在新疆地区出土，中原地区几乎看不到古罗马货币的踪影。

丝绸贸易赚的钱没有落到汉朝人的口袋里，这是为何？

汉朝的丝绸远销到欧洲的古罗马地区，主要不是中原商人把丝绸运输出去的，绝大部分的丝绸都是由外国商人从中国采购，然后运输到西方的。古罗马的博物学家普林尼曾经记载，中国人自己并不主动卖丝绸，他们的贸易都是由外国人来中国成交的。司马迁的《史记》也记载，西北各国使者成批到来，络绎不绝，很多都是来做贸易的。甚至欧洲马其顿的商人也曾穿越西亚不远万里来到中国，采购丝绸卖到西方去。

古罗马人的丝绸进口记载也表明，他们得到的丝绸几乎都是从中亚的安息（位于今伊朗附近）、贵霜（位于今帕米尔高原、巴基斯坦和印度北部一带）和其他地区的中间商那里获得的，因此罗马支付的金银币主要被中间商赚到了，中间商截留了相当可观的贸易利润，而作为产地的中国得到的贸易利润并不太多。

而且古罗马购买丝绸等东方商品，也不会只依靠金币、银币来支付。古罗马也有自己的“高科技产品”，比如吹制玻璃。当时罗马帝国治下的叙利亚是吹制玻璃的生产基地，对于同时代的其他古代国家来说，晶莹剔透且色泽鲜艳的玻璃等同于自然界的那些稀有的宝石，是人们竞相购买的奢侈品。古罗马人依靠玻璃出口，缓解了本国贵金属货币的外流。有些古罗马玻璃制品一路辗转，甚至来到了东方的汉朝境内，就好似丝绸最终被销售到了古罗马境内那样。

汉朝以外地区的人的确很喜欢丝绸，但是汉朝从政府层面上却对输出丝绸赚大钱没什么兴趣。从官方记载来看，丝绸主要是用来当作赏赐之用的，皇帝会向一些绿洲王国的国王、贵族赏赐一些丝绸，以奖励或者拉拢他们站在汉朝的阵营里。那个时候的丝绸是昂贵的奢侈品，绿洲王国的国王、贵族接受了赏赐后，如果自己消费不完，就会把一部分丝绸转手卖到离汉朝更远的国家去。但这并不是汉朝自己想做这样的贸易。

真正的丝绸贸易在民间是存在的，特别是一些西域的商人为了牟取高额利润，会想方设法从汉朝搞到丝绸，然后通过丝绸之路贩卖给别人。汉朝并不鼓励自己的民众从事这样的贸易。因此，丝绸之路不过是民间商人，特别是西域和其他西方国家商人，自发形成的贸易路线，与汉朝经营西域无关。

脆弱的绿洲压力大

关于汉朝控制西域的另一个解释是，汉朝需要一些附属国获得丰厚的收入。然而如果我们真正了解了这些绿洲王国的社会经济状况，就会知道这个解释也是站不住脚的。

虽然西域的绿洲文明看上去异域色彩浓郁，和中原面貌不一样，但其实从社会经济基础角度讲，每一个绿洲王国就好像是中原王朝的缩影。说起来有点难以置信，绿洲王国的经济基础其实也是农业，具体来说是利用高山雪融水进行灌溉的精耕农业。考古发现表明，绿洲王国里有一些生活奢华的富人，他们要么是权贵，要么是商人，但是大多数人还是贫穷的农民，他们的购买力很低，不过他们的劳动仍然给绿洲王国的统治者提供了一些赋税，支撑起了脆弱的绿洲政权。

西域也出产美玉、名马和地毯一类的奢侈品，颇受汉朝上流社会的喜爱。在班固写给他远在西域的弟弟班超将军的好几封信中，谈到有一位窦先生（可能是皇帝的姻亲），从西域购买了各种奢侈品。其中一封信说，窦先生曾经寄送80万钱到那里去，购买了10多张地毯。另一封信是通知他的弟弟，窦先生正在运输700匹杂彩（彩色的丝织物）和300匹白素（白色的丝绸）到西域，打算购买诸如月氏马、苏合香以及羊毛纺织品等奢侈品。

如果汉朝出兵征服西域，当然可以获得这些奢侈品，满足一部分富裕阶层的需要。但是对于汉朝这样庞大的帝国来说，西域的一点点奢侈品不会给整个国家的财富带来实质性的增加。很多时候，西域国家上贡的这些珍稀物品，对于汉朝皇帝来说只是具有荣誉性的价值，贡品代表了那些国家对汉朝表面上的臣服，如此而已。

攻占绿洲对于强大的汉朝来说并不难，每个绿洲王国的人口通常只有几万到十几万人，军事力量孱弱，汉朝的军队只要到达绿洲，就很容易占领那里。军队甚至还可以利用当地的农业基础，获得一些粮食等方面的给养。但是真要从绿洲榨取足够多的经济利益，基本上是没戏的。

而且西域的绿洲王国国力很有限，他们甚至在给汉朝的往来使团提供后勤保障上都很勉强。实际上，从汉朝向西域扩张的早期，一些西域的小国家就已经抱怨他们不得不给汉朝使者提供大量的物资。而且，食物等的供应不仅要提供给派往西域的汉朝使者，还要提供给途经本国的各个国家的赴汉使团。在汉武帝时期，汉朝使者必经的楼兰、车师等国，就因此而陷入非常穷困的境地。前往西域的汉朝使团规模大的有好几百人，较小的使团人数也超过了一百人。一年之中，经常会有五六个甚至十多个使团到西域去。

公元10年，王莽决定派遣一个外交使团到西域去，得到这个消息后，车师国国王非常不安，甚至打算逃到匈奴去，以躲避沉重的财政负担。因为此前该国接待了一个使团，花费了一些财物，还没缓过劲来，如果再接待一个使团，这个国家的财政就要崩溃了。绿洲王国连使团接待都勉为其难，更不用说养活汉朝在西域的驻军，以及给汉朝提供赋税收入了。

匈奴被一记勾拳打蒙了

那么，汉朝为什么还要苦心经营西域呢？这主要是很单纯地为战略考虑。

汉武帝最初派遣张骞通西域，是想联合匈奴的宿敌大月氏共同对付匈奴。月氏这个民族原本活跃于我国现在的河西走廊一带，甚至还曾经一度压制了强大的匈奴，更是把同样活跃在河西走廊一带的其他民族赶得到处跑，比如乌孙。可惜好景不长，匈奴在冒顿单于的带领下强大起来，并联合乌孙等民族一举击败了月氏，一部分月氏人逃往昆仑山、阿尔金山一带，形成了小月氏。另一部分人向西迁移，在天山中的伊犁河谷抢到了地盘，这就是大月氏。此后乌孙人乘胜追击，又把大月氏赶到了更西面，自己占据了伊犁河谷。

敌人的敌人就是朋友。匈奴是汉朝和大月氏的共同敌人，那么大月氏就有可能成为汉朝的朋友，为汉朝打击匈奴助一臂之力。汉武帝想得很美好，但是张骞和遥远的大月氏接触后发现，远遁而走的大月氏早已没有了要复仇匈奴的念头。其实就算是大月氏有心复仇，中间也隔着乌孙和其他西域绿洲国家，八竿子也打不到匈奴了。

联合大月氏抗匈奴的战略设想虽然破灭了，但是张骞推开了西域的大门，让汉朝立刻看到了西域的真正价值，这价值不是赚钱、地盘，也不是感觉拥有西域对汉朝有多重要，而是体现在一旦匈奴没有了西域，会有多糟糕。

西域的绿洲王国主要是灌溉农业经济，而匈奴是游牧经济，两者其实可以互补，如果匈奴控制了西域，最起码可以获得一定的粮食，西域的那点余粮对于以农业立国、人口众多的汉朝来说，连塞牙缝都不够。但对于在草原上游牧，人口本来就不多的匈奴人来说很宝贵，能够在大灾之年牲畜大减的时候有口粮吃。西域的许多国家，尤其是邻接匈奴和汉朝的车师，已经有比较发达的农业经济。在汉朝控制这一地区之前，匈奴的食品供应在很大程度上依赖于这些国家生产的谷物。

此外，西域还能向匈奴提供一些军需物资，比如铁制兵器，必要的时候，匈奴还可以征集西域的属国士兵参战。匈奴在西域征收赋税，这笔收入对于匈奴来说是相当可观的。再说，如果匈奴控制了西域，就多了一条攻击汉朝的西北路线，这对于汉朝的防御十分不利，因此控制西域还有掐断匈奴进攻路线的价值，当然也可以对绿洲王国的对抗行为防患未然。

说白了，没有西域，汉朝的日子也照样过，但是匈奴的日子就不太好过了。因此汉朝要打击匈奴，就要控制西域，让匈奴得不到粮食和军需，这能够有效地削弱匈奴的力量。这才是汉朝经营西域的真正战略价值。

“天马战争”就是一次杀鸡骇猴的军事行动，经此一役，汉朝在西域打出了威风。李广利还屯田开渠，使得天山南麓一线，也就是现在的新疆吐鲁番到阿克苏一带，成为西汉军队的重要粮仓和基地。西域最重要的通道和大量的绿洲控制在了汉朝的手中。

汉朝在西域还找到了一个重要的帮手，说起来有些怪异，它就是曾经与匈奴并肩战斗的乌孙。乌孙曾经借助匈奴的力量，一路把大月氏赶跑，盘踞了西域水草丰美的伊犁河谷，按说应该与匈奴关系不错。不过此一时彼一时，乌孙在伊犁河谷逐渐强大起来后，自然不愿意对匈奴俯首帖耳，上贡称臣。正是这个时候，汉朝在西域闪亮登场，乌孙为了寻求更大的利益，开始在匈奴和汉朝之间寻找平衡，甚至很多时候还完全倒向汉朝一边。乌孙人不怎么务农，主要以放牧为生，乌孙的战马也颇为有名。汉朝想要好马，根本没必要去大宛，找乌孙也可以解决问题。这也从一个侧面反映了只为几匹马进行“天马战争”的理由是不成立的。

西汉与东汉朝代更迭期间，汉朝在西域的实力一度削弱。自汉光武帝统治末期开始，有好几个国家在西域崛起，第一个在西域成为霸主的国家是莎车，这个地处塔里木盆地西缘的国家趁东汉忙于安顿内政、匈奴因干旱和瘟疫而实力削弱之机，企图征服整个西域。公元45年，包括车师、鄯善、焉耆在内的18个西域国家将人质和贡品送到东汉朝廷，要求获得军事保护，以抵抗莎车的步步紧逼。他们甚至坦率地告诉光武帝，如果东汉不能保护他们逃脱莎车的吞并，他们唯一的选择就是转向匈奴，当时已经是北匈奴。光武帝并没有实力保护这些西域国家，于是他们倒向了匈奴，北匈奴在西域重新建立起他们的势力根基。

此后，莎车的实力迅速下降，其他国家比如于阗、鄯善和车师群起争夺西域霸权。然而西域注定难以通过内部“整合、并购”，形成一个统一的国家，在于阗击败莎车后不久，北匈奴就组成一支超过3万人的联军袭击于阗，结果于阗王向北匈奴投降。西域又落入了匈奴人手中。

如果不能重新夺回西域，匈奴人又会卷土重来，重新威胁汉朝的基业。形势的风云变幻成就了班超的旷世奇功。公元73年，班超作为汉朝特使前往西域，沟通汉朝与西域各个绿洲王国的关系，希望能够与这些国家建立同盟，共同对抗凶悍的匈奴。班超在西域大展神威，“不入虎穴，焉得虎子”，凭借高超的外交手腕和卓越的军事才能，他成功地切断了几个主要的绿洲国家比如鄯善、于阗、疏勒与匈奴的联系。短短十几年的时间，塔里木盆地边缘的绿洲王国几乎都依附在东汉王朝的控制之下。

班超的功绩对北匈奴的打击是巨大的。绿洲王国集体倒戈，再加上内乱，让北匈奴一蹶不振。公元87年，崛起的鲜卑民族偷袭匈奴，杀死了优留单于。这次袭击给匈奴带来了一场浩劫，竟然有58个部落、20万平民和8000名士兵来到东汉的边郡，希望东汉能够接纳他们，结果他们被安置在了东汉边境。几年后，残存的匈奴势力不得不向西迁移，挤占乌孙人的地盘，将他们的王庭迁往伊犁河谷，而蒙古高原则被鲜卑所占据。

匈奴，这个与中原王朝缠斗了几百年的游牧帝国，终于日薄西山了。匈奴帝国的没落固然有自身内部争斗和多民族共同打击等原因，但是汉朝夺取了西域的控制权，一记凶狠的勾拳打蒙了匈奴，这也是匈奴衰落的重要原因。

西域是中原王朝的一杯苦酒

此时西域的形势对于东汉真是一片大好。然而没过多久，公元107年，东汉就宣布全面撤出西域地区，结果残存的匈奴从伊犁河谷杀出，回光返照般地又一次在西域绿洲之间称雄。

为什么东汉会如此轻易地就放弃了几代人辛苦打下的西域基业？

汉朝之所以要控制西域，是为了削弱强大的北方游牧民族。此时，匈奴已经跑到了西面，而北面的几个游牧民族还不能威胁汉朝的安全。既然北方边关的压力减轻了，东汉还有必要拉拢西域各国吗？这时候东汉的皇帝突然发现，要维持西域的控制权，太费钱了。

公元91年，一个大臣给皇帝算了一笔账，认为每年用于经营西域的费用高达7500万钱，这个数字很可能只是对绿洲王国的常规援助费用，并不包括驻扎在西域的汉朝军队的开支，以及时不时出现的战争的开支。所以从国家财政的角度看，把广大的西域纳入汉朝的版图之内，并在那里屯田驻军，都是赔钱的买卖。

西域的战略价值下降了，于是巨额的代价就成为令东汉皇帝头疼的一件事。最终，东汉决定从西域全面撤离，甩掉西域这个得不偿失的包袱。虽然后来偏安在伊犁河谷的匈奴余部再次出击，侵扰各个绿洲王国时，东汉由于担心匈奴翻身，又派遣班超的儿子班勇去平定西域，一度收复了许多西域绿洲，但最终东汉在西域的控制力还是逐渐消失了。

难道汉朝不能像拥有黄河流域、长江流域那样，拥有塔里木河流域浇灌的那些绿洲，把绿洲文明与农耕文明融合在一起吗？

从根源上说，西域的绿洲文明看似与中原的农耕文明体系有相似之处，但在古代的地理、科技和经济条件下，两种文明板块很难真正实现“无缝对接”。

与中原王朝境内大片的良田不同，西域的这些绿洲王国就好像是“原子社会”，绿洲的特点是在比较狭小的水源地区集中了大量的人口，而周围广袤的地区是荒无人烟的沙漠，或者人烟稀少的草原。虽然绿洲王国的社会和经济模式都差不多，基本上都是灌溉农业，加上一点丝路贸易，但是它们很难联合起来组成大的帝国，因为每个绿洲都是自给自足的，彼此井水不犯河水。绿洲王国之间除了互相保持丝路的畅通外，彼此再没什么交流的需要了。

绿洲土地之小也阻碍了其政治发展。某个绿洲中所产生的剩余人口、粮食、器具及财富使它偶尔可以发达一下，出兵攻占附近几个其他的绿洲王国，但是这个崛起的“绿洲帝国”立刻就会饱受国家分裂的折磨。西域各个绿洲王国彼此都有相当远的距离，两个邻近的绿洲王国相距几百千米是司空见惯的事情，而且这几百千米可不是柏油马路，而是黄沙滚滚的恶劣地带。因此就算是几个绿洲勉强形成一个大国，内部仍然是比较松散的，控制边远绿洲非常不容易，就是派驻到边远绿洲的将领和军队，时间一长也容易在当地做大，拥兵自重，轻易就能叛乱自立。所以西域本身难以形成较大的强国。

于是，我们纵观这些绿洲王国的历史，就会看到当周围出现强有力的入侵者时，西域各国自身实力有限，只能是随风而倒，一个强大的入侵者往往能够横扫西域几十个绿洲王国，至少也能让大部分降服。要么是一个强大的入侵者一举拿下整个西域，要么几个外来势力在西域争雄，一个绿洲一个绿洲地争夺。

但是这些入侵者拿下西域的同时就会发现，他们喝下的不是甘甜的葡萄酒，而是一杯苦酒。地域版图的合并很容易，但经济的整合和文化的整合却很难。打下绿洲王国不难，但要长久地控制绝非易事。在不能用现代公路和强大的经济把这些绿洲联系起来的时候，统治者只能寄希望于在西域的许多地方驻军，依靠军事强力来维持西域的长期稳定。可是绿洲的经济又难以承受大规模驻军的生活需求。

于是当这些绿洲王国具有很高的战略价值时，中原王朝就会硬着头皮把这杯苦酒喝下去。而在北方游牧民族或是高原上的民族威胁不大时，中原王朝总会忙不迭地甩掉西域的这些绿洲王国，减轻自身的经济压力。

反观西域的这些绿洲王国，它们不仅曾受到中原王朝比如汉朝、唐朝和草原帝国比如匈奴的威胁，甚至也曾受到西面山地崛起的一些势力的入侵。它们的命运很难掌握在自己手里，几千年来，西域绿洲文明的历史都是一段段血泪史。

第五章｜
厚葬毁了大汉江山

揭开棺盖的那一瞬间，整个实验室里变得出奇的安静，发掘人员、文保人员和专家组几十号人都屏住了呼吸。然后，棺材中金光闪闪的画面引发了大家的一阵惊呼！

2015年，海昏侯墓墓主的棺材被打开，大量的黄金、财宝重见天日，向世人显露了昔日的大汉王朝是多么豪华，也解开了汉代巨量黄金消失的谜团。

西汉黄金消失之谜

其实，在揭开棺盖之前，考古学家已经基本确定这个墓葬属于汉朝第一代海昏侯刘贺，那个曾经短暂当上皇帝又被废黜的倒霉蛋。因为他们在墓葬中发现了大型的真车马陪葬坑，在汉代只有皇帝和诸侯王可以用车马陪葬，其他海昏侯没有这个待遇，只有特殊的刘贺有资格使用。此外，墓葬里还有三架乐悬，根据当时的礼乐制度，“四堵为帝，三堵为王”，因此墓主待遇明显高于侯这个级别的享用标准，也只有刘贺这个废帝有资格用三架乐悬。

果不其然，考古学家在墓主遗骸旁发现了一枚玉印，印的正面清清楚楚篆刻着两个字——刘贺。

由于有之前的发现和推理，所以墓主人身份的确定，并没有让人们有多惊讶。但是，刘贺墓里发现的大量黄金，真是令人咋舌！在内棺的包金丝缕琉璃席上，放置着多排金饼，每排4枚，至少有6排。除了大量金饼外，墓里还发现了马蹄金、麟趾金、金板等。简单统计，整个墓葬中出土了378枚、总重达100千克的金器！

按说刘贺墓中有大量的黄金，并不奇怪，史料记载，西汉时期黄金确实很多。比如楚汉争雄的时候，刘邦给了陈平黄金四万斤，让他去项羽的楚国行使反间计，这笔巨款随便用，只要能策反对方将领就行。等到刘邦平定天下后，为了孝敬自己老爸，赏赐了黄金五百斤。刘邦的老婆吕后临死前，遗诏赏赐各个诸侯王黄金各千斤。汉文帝即位后，赏赐几位诛灭吕氏一族的大臣，其中赏赐周勃黄金五千斤，陈平、灌婴各黄金两千斤。到了汉武帝的时候，由于大将卫青出击匈奴有功，受赐黄金竟高达二十万斤！为了激励将领打败匈奴，汉武帝真是豪放大气。到了汉朝末年，王莽府邸里藏有的黄金，如果以一万斤为一匮，还剩有六十匮，其他场所还藏有十几匮。

整个西汉王朝，真是金光闪闪的二百年，让世人瞠目。

然而到了东汉，风气骤变，朝廷立刻吝啬了很多，不仅黄金已经退出了货币流通领域，而且赏赐往往用布帛、粟米等实物来充当，只是偶尔有黄金，数量上比起西汉少得可怜。那个金光闪耀的时代已经落幕。

从货币流通常理上来说，西汉皇帝赏赐给下属的那些黄金，会被下属们继续拿到市场上去购买商品和服务，因此黄金不会凭空消失，仍然处于市场流通之中，黄金的总量应该不会有多大变化。可是为什么到了东汉，巨量的黄金却突然消失了呢?

一开始，有学者根据佛教在东汉初年传入中国的事实，以及佛教寺庙大量使用黄金来给塑像包金，并用泥金书写经文的现象，提出西汉黄金的消失可能是由于佛教传播而消耗的结果。但是，另有学者立即反驳说，东汉时期佛教寺庙还没有大规模兴建，当时佛教活动的黄金消耗量很小，而黄金消失的现象在东汉初年就发生了。因此，黄金消失与佛教兴起关系不大。

还有学者从丝绸之路兴起角度来分析，认为黄金消失与西汉的对外贸易活动有关。应该说，西汉时期的确是陆上丝绸之路开始繁荣的时代，汉朝与周边国家的商贸往来越来越频繁了。但是，丝绸之路上的主要商人并不是汉朝人，而是来自西域的商人。这些商人来到汉朝，交换的商品主要是丝绸、陶器、铁器等，这些商品算是汉朝的出口商品，出口量较大。而汉朝进口的商品主要是奇珍异宝，进口量并不大。换成现在的贸易术语就是，汉朝的进口总额小于出口总额，这叫“出超”或“贸易顺差”，从货币的角度讲，汉朝是赚钱的。因此，把黄金消失归结于丝绸之路的开拓，并不符合当时的经济情况。

还有一种说法认为，西汉赏赐的黄金其实是“黄铜”，所以数量才如此巨大。这种说法就太小看西汉人民的金属知识了。西汉时期黄金和黄铜都被作为货币流通，黄金为上币，铜钱为下币；黄金以斤为单位，铜钱以铢为单位；黄金主要用于馈赠、赏赐和贿赂，而铜主要用于铸钱；黄金由金官管理，黄铜由铜官负责。汉朝人是绝对不会把金和铜搞混淆的。

最终，考古学家在汉朝的墓葬中找到了答案，西汉的大量黄金，被死者带入了地下，退出了流通领域。

这就要说到西汉上层贵族们的厚葬风气了。中国古代厚葬的风气至少在战国时期就很兴盛，到了秦始皇时达到了一个高峰。今天陕西西安仅仅挖掘了秦始皇陵的一部分区域，包括非常壮观的几个兵马俑坑。按照《史记》的说法，秦始皇征调了70余万劳力来为自己修建陵寝，并把大量的奇珍异宝带入了地下。

汉朝完全继承了战国和秦朝的厚葬风气。比如考古发掘的长沙马王堆汉墓，墓主不过是西汉初年一个仅有七百户封邑的贵族，出土的随葬品就多达三千多件，墓室土方量巨大。这说明，即使在经济还不富裕的西汉初年，贵族们的墓葬就已经十分豪华了。汉武帝时是西汉国力最强的时候，因此汉武帝的墓葬之豪华也登峰造极。汉朝的皇帝一般在登基的时候，就开始筹备给自己修建陵寝。汉武帝在位50多年，等到死时，他的陵墓即茂陵已经“不复容物，其树皆已可拱”，就是说巨大的陵墓已经装不下东西了。根据《汉书》记载，汉武帝下葬时，大量的金银财宝甚至动物飞禽都一起埋葬到了地下。

根据汉朝的礼制，天子诸侯在田野打猎得到的猎物，三分之一敬献给宗庙里的祖宗，三分之一供奉给宾客，三分之一留下自己享用。其实，汉朝从老百姓那里收缴的赋税，往往也是这样的使用方法。晋朝人曾经描述说，汉朝是“天下贡赋三分之，一供宗庙，一供宾客，一充山陵”，意思就是一部分用于祭祀祖先，另一部分用于赏赐百官和外宾，还有一部分就是用于修建和装填自己的陵寝，给自己营造富丽堂皇的地下世界。如此奢靡的丧葬风气，必然会年复一年地把大量的黄金带入地下陵墓之中，长久地不为人知。

海昏侯刘贺墓里出土的大量黄金，就是一例。在墓葬中出土的金饼上，墨书的字迹清晰可见，比如有的金饼上面写着“南海海昏侯臣贺，元康三年，酎金一斤”。西汉实行一种“酎金”制度，朝廷要求，每年八月祭祖时，有封地的诸侯王和侯们都要按照规定敬献黄金。刘贺墓中的金饼是他为祭祖所准备的酬金。

可是根据史书，海昏侯刘贺其实并没有资格向宗庙敬献礼金。刘贺是在当了27天皇帝后被权臣废黜的。朝中有人向汉宣帝谏言，刘贺是被上天抛弃的，因此不能参与祭祀祖先的活动。于是，每年各路诸侯去宗庙祭祖的时候，就没有了刘贺的身影。这对于他来说是一种身份和心灵的打击，他幻想着有朝一日自己能够逆天改命，重新获得祭祖的身份。所以，为了迎接这一天的到来，他仍然按照酎金制度准备黄金，直到他自己一命归天，把这批黄金带入坟墓之中。

厚葬成风，包括黄金在内的社会财富被大量地浪费在了死人和墓葬上面，活人的生活质量必然会受到损害。普通人即便没有多少经济学知识，也能想明白这个道理。因此，即使是热衷厚葬的汉朝皇帝，也煞有其事地表示，大家还是应该薄葬啊！比如汉文帝、汉成帝以及建立了东汉的汉光武帝，都曾经语重心长地如此表态。然而，看看他们自己的陵墓，仍然是那么豪华奢侈，就可以想见下面的贵族会不会听命了。

正所谓“江山易改，禀性难移”，西汉变成了东汉，这奢侈的厚葬之风却依然没有改变。在汉朝人的思想中，信奉人死之后另有一个生活的世界，因此那些陪葬品将会在另外一个世界用得上，那自然是多多益善。而且，厚葬是一种“炫耀性消费”，是彰显身份的行为，大小贵族竞相攀比，也推高了丧葬的成本。

西汉巨量黄金消失之谜揭开了，在长达几百年的大汉王朝期间，以皇帝为首的大小贵族们纷纷把黄金带入了地下墓葬之中，市场上的黄金量自然就越来越少了。

厚葬引发通货紧缩

丧事要大办、葬礼要隆重，汉朝人沉迷在厚葬风气中不能自拔。他们到死都想不到的是，自己的厚葬不仅是浪费了一些社会财富那么简单，可能也要为大汉王朝的衰败负责！

前面的篇章我们已经提到，从汉朝开始，国家对一些重要商品比如盐、铁进行专营，更多地把民间的财富集中到朝廷的手中，自然也就把作为货币的黄金、铜钱更多地集中在了以皇帝为首的大小贵族的口袋里。如何花掉这些货币，对国家的经济影响很大。

如果这些货币用于对外作战和对内建设，以及用于购买各种商品，那么这些货币仍然可以在市场上流通，发挥着货币促进经济发展的良好作用。而当这些货币中的一部分被贵族们带入了坟墓时，就等于一部分货币退出了流通市场。根据供给和需求的一般原理，当市场上的商品数量不变时，减少了市场上的货币，就会带来经济学家所说的“通货紧缩”。汉朝大小贵族们不断地把黄金和其他财富埋入地下，就不断地在制造通货紧缩。就海昏侯刘贺来说，他的墓内就发掘出西汉五铢钱400多万枚，重量高达10余吨！这些货币随着他的下葬，永久性地退出了流通市场。

甚至于这些贵族还活着的时候，就已经在制造通货紧缩了！他们在自己还很年轻的时候，就开始为自己准备随葬品，包括黄金，他们把这些东西囤积在自己的家里，以备自己和家人去世的时候厚葬之用。囤积的货币和埋入地下的货币类似，也等于退出了市场流通领域，加剧了通货紧缩。

汉朝的皇帝为了给自己将来厚葬准备更多随葬品，就会不断地利用税收从市场和民众身上“吸血”。他们的囤积量很大，足以引发社会上出现严重的通货紧缩。

正是在不断积累的通货紧缩影响下，当西汉覆灭东汉建立后，市场上的黄金已经很少了，稀少的黄金自然无法再作为货币来使用，于是它退出了货币领域。但是东汉并没有因为黄金稀少就改变厚葬的习俗，大小贵族们仍然会把大量的社会财富囤积起来，带入地下。更要命的是，即使已经没有多少黄金可以供这些贵族带往另一个世界，但他们还是搜集了大量的钱币——铜钱，带入地下。

于是，通货紧缩在东汉仍然在不可遏制地加剧。物以稀为贵，既然货币相对于各种商品是缺乏的，那么汉朝的货币就变得“更值钱”了，一枚五铢钱能够买到的商品就越多。或者说，商品相对于货币就越来越廉价了。

对于手中握有大量黄金、铜钱的贵族来说，通货紧缩并不是坏事。理论上，他们只要愿意花钱，就能买到更多商品。但是，对于手中没钱的广大汉朝农民来说，通货紧缩却是非常可怕的事情，他们用自己生产的粮食和手工产品能够换到的钱变少了。而汉朝是建立在广大农民提供赋税和劳役上的政权，当广大农民因为通货紧缩而日益贫困时，汉朝的经济基础就动摇了。

有没有方法来对抗通货紧缩呢？最容易想到的方式，就是向市场投放更多的货币。

抛开黄金不论，汉朝的货币体系主要是建立在铜钱上的。而铸造更多的铜钱，就需要有更多的铜矿和冶炼出来的铜，但这并不是说有就能有的。每年开采和冶炼出来的铜是很有限的，因此汉朝的铜钱不可能被迅速地大量制造出来，无法填补贵族们囤积和埋藏掉的那些铜钱量。市场上的铜钱还是处于紧缩的状态。

于是，有人就开始动“歪脑筋”了。东汉后期汉桓帝的时候，有人提出“改铸大钱”的主张。所谓“大钱”并不是铸造更大的铜钱，而是制造更大面额的铜钱，说白了就是提高铜钱的面值。这是一种让货币贬值，人为制造通货膨胀，来对抗通货紧缩的方式。

听上去“改铸大钱”还不错，既不需要大量的铜料，又应对了通货紧缩。但是，由于东汉的铸币权握在皇帝手中，改铸大钱等于让皇帝向全体民众征收全民税，皇帝手里的钱会大量增加，社会财富会更多地集中到他的口袋里。但是，他不能不考虑后果！

一个后果就是“劣币驱逐良币”。过去流通的旧铜钱，相同面值含有一定量的铜；现在改铸大钱后制造的新铜钱，相同面值含有的铜量下降了。老百姓不是傻子，他们会立刻想到，我手里的旧铜钱价值更大，因此尽量把旧铜钱收藏起来，而把新铜钱尽快花出去！从经济学上讲，旧铜钱是“良币”，新铜钱是“劣币”，市场上旧铜钱迅速减少，只剩下新铜钱在流通，这就叫作“劣币驱逐良币”。

原本就是因为铜料不足，不能提供更多铜钱，所以试图“改铸大钱”，结果却驱逐了旧铜钱，这样市场上的铜钱不仅不会增多，说不定还会加速减少！

另一个后果来自手握旧铜钱的大小贵族的反对。前面已经讲过，通货紧缩有利于他们手中的钱增值。如果推行改铸大钱政策，物价上涨，他们手中的钱肯定会贬值，这是他们不愿意的，因此会想方设法阻挠皇帝实施新政策。实际上，改铸大钱的主张一提出，就有人坚决反对，反对的理由当然很冠冕堂皇，认为货币贬值不仅不会挽救东汉衰落的经济基础，甚至还可能造成货币流通的混乱。

西汉末年，王莽乱发钱币被贵族们群起攻击，那是不太远的前车之鉴。最后，汉桓帝投鼠忌器，打消了改铸大钱的念头。但是厚葬之风却依然劲吹，东汉就在钱紧的日子中逐渐沉沦下去，直到走向大乱局。

小钱杀死了董卓

东汉末年的乱局中，手握西凉大军的董卓成为风云人物，他带兵杀入洛阳城，控制了东汉朝廷，把皇帝变成了自己的傀儡。董卓在都城里和朝廷上的倒行逆施，激起了天下各方势力的联合讨伐。董卓烧毁洛阳，迁都长安。不久之后，司徒王允和战神吕布刺杀了董卓。但汉朝的江山已经不可收拾，自此中国历史上的三国时代开启了。

我们无意重复《三国演义》或者《三国志》的历史情节。我们的问题是，董卓控制朝纲，必然也要面对东汉遗留下来的钱紧的难题。他是怎么解决的呢？

董卓很缺钱。他控制的朝廷就没什么钱，大小贵族们也看不起他这个残暴的军阀，不会资助他。董卓要想搞到钱，只能依靠军士大肆劫掠，但这显然不是长久之计。于是，董卓也想到了制造货币。可是他自己手里也没有铜，只好到处搜刮铜器，把一切含铜的物品，比如装饰用的铜人、祭祀用的钟鼎等，都打碎熔化，用来造钱。

这还不够，董卓终于选择了汉桓帝想干却没敢干的方式。汉桓帝想改铸大钱，而董卓则是另铸小钱。他宣布，废除汉朝几百年来使用广泛的五铢钱，另外铸造了体积小的钱币用于流通。当然，董卓的小钱面值是不会小的。

汉代五铢钱制作精良，含铜量稳定，所以长期受到社会的认可，促进了汉代经济的发展。可是董卓的小钱重量轻、质量差，上面连纹饰都懒得雕刻，还没流通就开始锈蚀了。小钱刚一上市，就变成了劣币，老百姓宁可以物易物，也不愿意用劣质的小钱，避之唯恐不及。董卓的如意算盘落空了。

有趣的是，以董卓这个戎马一生的大老粗的知识水平，应该想不出铸币这一系列操作，肯定是背后有人指点他。那么这个人是谁呢?

历史学家猜测，推行另铸小钱政策的人不是旁人，正是最后杀死董卓的王允！王允在董卓控制朝廷时，不管是真心还是假意，归顺了董卓，并被董卓委以重任，权倾朝野，只有他有权力和能力进行一系列的货币操作。当小钱在市场上的推行失败后，一个很可能的原因是，王允惧怕暴躁的董卓迁怒于自己，于是先下手为强，联合吕布干掉了董卓，客观上成就了自己忍辱负重的汉代忠臣的伟大形象。看看王允杀掉董卓后刚愎自用、一意孤行，最终招致杀身之祸的行为，绝对不像是一个贤臣能吏的样子。

董卓、王允都死了，但汉朝开启的货币烂摊子依然没有得到改善。接下来，该轮到一代枭雄魏武王曹操登场了。雄才大略的曹孟德能解决钱紧的难题吗?

曹孟德的另类生意

曹操毕竟比董卓高明很多，他万万不敢玩铸币引发通货膨胀的游戏。但他同样需要货币，需要钱来充实自己的力量，来发展社会经济。情急之下，曹操把目光盯在了汉朝大墓上。既然汉朝几百年间把大量的黄金铜钱都带到了地下，那么现在汉朝已经名存实亡了，那些地下的钱要不要“借”出来花花呢?

在曹操的势力还没有冠绝中原时，他就正式地任命了几十个“发丘中郎将”“摸金校尉”。在汉代官职中，中郎将和校尉的级别不低，但是“发丘”“摸金”可就不是什么好名号了，说白了就是盗墓的，挖开墓葬，拿走里面的钱。任命这些官职，表明曹操是很认真地要靠盗墓来发财致富。

曹操的军队在北方中原地区南征北战，所到之处，掘墓破棺，掠取金钱，其中收获最多的一次盗墓活动，就是对西汉梁孝王墓的劫掠。梁孝王刘武是汉景帝的弟弟，母亲窦太后曾经一度想让汉景帝传位给他。不过刘武到死也没当上皇帝，仿佛是为了弥补自己的遗憾，刘武把自己的陵墓修建得如皇帝的一样豪华，并在墓道设置了巨大的塞石封门，一般的盗墓贼无力挖掘。但这些障碍难不倒一心求财的曹操，他让士兵们集体上阵开凿，终于挖开大墓，“得金万余，珍宝无数”。史料记载，这一次盗墓所获的金钱，竟然支撑了曹军三年的开支，可见汉墓内财富之多。

三国时期，像曹操这样的盗墓贼可不是个例。董卓、吕布都曾挖掘汉代帝陵及贵族家墓，劫取宝物；孙权也曾挖走别人的棺材板子修建祖庙，甚至派遣将军吕瑜带上几千名士兵，千里迢迢跑到岭南，盗掘南越王赵婴齐的墓穴。

抛开道德因素不谈，以曹操为代表的盗墓大军，在客观上起到了把“死钱”变成“活钱”的作用，给市场上提供了更多的货币，在一定程度上缓解了通货紧缩的状态。

而曹操对于打破通货紧缩最大的贡献，可能要算他以身作则，提倡薄葬了。也许是自己干盗墓的事情太多了，觉得厚葬容易招人挖坟，还不如薄葬能给自己死后留个安宁。于是公元218年，曹操颁布了一道《终令》，提出自己死后不要厚葬，要将自己埋葬在贫瘠的土地上，“因高为基，不封不树”，陵上不封土，不植树，“无藏金玉珍宝”，贵重随葬品就免了吧。

2009年，经过对安阳高陵的挖掘，考古学家最终确定墓主是曹操无疑。曹操墓被盗墓贼光顾过很多次，这算是对他曾经盗掘前人墓穴的报应吧。在曹操墓中挖掘出了一块长28.9厘米、宽7.4厘米的石圭。从圭的尺寸看，肯定是魏武王曹操这样级别的人物才可使用的。但是与其他王侯用玉圭不同，曹操使用了石圭，墓葬中的各种礼器也都是石质而非玉质，显然是曹操专门为自己的葬礼“定制”的，完全符合曹操生前确定的薄葬程序。

不仅自己倡导薄葬，曹操还曾多次下令，民间禁止厚葬，官员不可因丧葬离职，官员自己下葬时只穿丧服，不可以同时下葬金玉珠宝。曹魏时期，过去秦汉时盛行的庞大陵园、神道、寝殿、树木，甚至封土等都被禁止了，因此从表面很难看出陵墓所在。

“烈士暮年，壮心不已”的曹操不屑于用厚葬来安排身后事，但三国时期的另一位君主孙权就没这么洒脱了。东吴政权延续了汉朝厚葬的传统，墓葬极尽奢华。吴国大将陈武死后，孙权曾为爱将大办丧事，不仅用金银珠宝来陪葬，甚至还让陈武的爱妾和200个门客一起为他殉葬！可惜厚葬并不能让国家富强，在三国的末期，提倡厚葬的东吴被倡导薄葬的曹魏接替者西晋灭掉了。

提倡薄葬，就意味着更多的社会财富留给了活着的人们使用，而不是被埋入地下。对于金属货币而言，意味着它们仍然流通在市场中，为社会的经济发展助力。曹操盗墓窃钱也好，提倡薄葬也罢，都在客观上削弱了通货紧缩的威胁。

曹操一生节俭，到了他儿子曹丕的时代，曾经试图恢复被董卓废除的汉朝的五铢钱。只不过当时社会上的货币量仍然不足，因此在收税的时候，还是以实物税为主，向老百姓收取粮食和纺织品。老百姓的日常交易，也是五铢钱和物物交易并用。到了曹操的孙子曹叡当政的时候，终于有条件重新铸造铜钱了，新钱仿造汉朝的五铢钱，因此被人称为“魏五铢”。魏五铢轮廓清晰，钱形厚重，边廓压金，铜钱质量得到了老百姓的认可，从而流通开来。曹魏政权被西晋取代后，五铢钱仍然得到了沿用。

虽然屡有波折，但铜钱在古代中国却总能逢凶化吉，长期担当国家的第一币种甚至唯一币种。而在秦汉早期一度风光无限的黄金，则在经济领域逐渐暗淡下来，退出了货币的行列，再也没能“王者归来”。

第六章｜
三国群雄的难言之隐

为什么杨修参透了曹操所说的“鸡肋”的含义，提前收拾铺盖卷儿准备撤退，却被曹操杀掉了？因为杨修姓杨。

为什么陆逊火烧连营八百里，拯救了东吴政权，仅仅因为在立太子的问题上说了几句闲话，就被孙权逼迫而死？因为陆逊姓陆。

为什么诸葛亮能够年纪轻轻，就得到皇上的叔叔刘备礼贤下士的待遇？因为诸葛亮的老婆姓黄。

一谈到三国，中国人就有了无数的话题，就像西方人说一千个人就有一千个哈姆雷特那样，一千个人就有一千种对三国故事的见解。“任凭弱水三千，我只取一瓢饮”，撇去浮在三国故事上的善恶、忠奸、谋略，让我们从经济的角度揭示三国群雄们的难言之隐。

东汉王朝的财政困局

要真正理解三国时期的天下大势，我们得一直向上追溯到东汉的建立。西汉末年王莽篡位，建立了新朝，推行了一系列糟糕的改革，一时间天下大乱（关于王莽的改革，本书后面篇章有专门的介绍），汉光武帝刘秀在南阳豪强地主的支持下，歼灭各路起义军，复兴了汉室，史称东汉。

东汉既然是依靠豪强地主上台的，自然要维护这些“后援团”的根本利益，不仅对他们自建坞堡、铸造钱币、组建武装等行为睁一只眼，闭一只眼，遇到豪强地主兼并小自耕农土地的事情，更是少有过问。

此外，东汉在选用官员的时候，采取了一种叫作“察举”的制度，就是由地方上推荐才能出众、孝顺廉洁之士，比如每二十万人中可以每年举荐孝廉一人，不足二十万则每两年举一人，不足十万，每三年举一人。这本来是国家从下层的布衣寒士中选拔人才的方案，但由于察举的权力掌握在各郡的太守手中，察举又不像现在的高考，有客观的分数可以参考，就很容易营私舞弊。各郡太守往往与地方上的豪强地主有关联，自然会更多地举荐圈内人士，长此以往，一些所谓的名门望族就垄断了东汉时期的仕途，不仅平民百姓无法参与政治，就是一些中小地主的优秀子弟，也很难谋得一官半职。

这样的政权注定是不稳定的。前面各篇中我们已经说过，中国社会的底层是大量的自耕农，国家的税收来自向这些自耕农直接收税。可是豪强地主做大后，不断兼并土地，把自耕农变成自己的“农奴”，国家又无法从豪强地主那里获得什么税收，这样国家就损失了许多收入。东汉王朝无心也无力打击那些豪强地主，于是就只能看着自己的税收不断地减少下去。到了东汉末年，朝廷甚至依靠卖官鬻爵来获得足够的收入。

土地兼并还让许多自耕农破产，而中小地主的日子同样不好过。东汉王朝的大厦已经处于风雨飘摇之中，只要有人朝柱子上踢上一脚，大厦就会崩塌。

“苍天已死，黄天当立。岁在甲子，天下大吉。”公元184年，张角率领他的太平道教众终于发难，几十万头裹黄巾的农民起义军如烽火燎原，让缺钱的东汉朝廷疲于应付，一时间天下大乱，都城里宦官一派和外戚一派杀得血流成河，各地豪强地主或拥兵自保，或彼此攻伐……

黄巾军并没有直接推翻东汉王朝，但却掀翻了东汉末年的政治牌局，各方力量此消彼长，一些新的政治力量开始崭露头角。一场昔日的名门望族与新兴力量的对局开始了。

曹阿瞒：唯才是举，大兴屯田

先来看看曹魏这条主线任务。曹操的出身并不好，据说他的老爸本来姓夏侯，因为后来做了有权有势的一位曹姓宦官的养子，所以才改姓曹，于是曹操也就不叫夏侯操，而是叫曹操了。曹操显然也不是两手空空打天下的，他20岁就被举为孝廉，在当时，曹操很可能是得到了家庭力量的襄助才走上仕途。才干出众的曹操获得了洛阳北部尉的官职，但由于执法严格，触怒了一些权贵，被明升暗降调离了洛阳。

黄巾起义给了曹操崭露头角的机会。曹操起兵之初，“散家财，合义兵”，没有足够的家财，不可能立刻组织出5000人的武装。再看看曹操手下的战将，许多都是曹姓或夏侯姓，比如曹仁、曹洪、夏侯惇、夏侯渊……显然都是一个家族的子弟，这都说明曹操有一定的事业基础。

但是，曹操不是名门望族。东汉末年宦官势力虽大，却被名门望族所不齿，连带着曹操也被名门望族鄙视。十八路诸侯讨伐董卓的时候，曹操是联军中的积极分子。但是在誓师大会上，曹操不得不和众人一道，推举“四世三公”的袁绍做盟主。袁绍本身就是名门望族，而且代表了河北诸多豪强地主的利益，由他出任盟主，天下的名门望族都会支持这次行动，更有利于讨伐逆贼董卓。十八路诸侯讨伐董卓的结局让曹操失望，初战告捷后各路诸侯拥兵不前，让曹操单独率领自己弱小的子弟兵追击董卓，结果被打败，如果不是曹洪死命保护，曹操就命丧疆场了。

曹操终于明白了，这些名门望族根本就无法与自己做朋友，无法与自己一起并肩作战，匡扶汉室。要成就自己的事业，就必须抛开豪强地主，依靠中小地主和下层的民众。机敏的曹操立刻在用人上宣布“唯才是举”，只要有真本事，不论出身贵贱，都可以在曹操手下得到重用，这与名门望族互相提携亲信的做法针锋相对。

乱世之中，谁有粮食，谁就有力量，智勇过人的曹操当然明白这一点。面对“白骨露于野，千里无鸡鸣”的局面，他启动了大规模的屯田制，由官府提供土地给民众，收获的谷物按比例官民分成。用官牛耕种的田地收成，按照官六民四分；不用官牛耕种的田地收成，官民五五分成。曹操的屯田制一方面把乱世中的流民和荒地都利用起来，恢复了生产，积蓄了力量；另一方面他也在名门望族把持的东汉经济体制之外，建立了一套支撑自己政治和军事的经济体制。靠别人不如靠自己。

曹操对汉末社会各阶层的分析是正确的，但名门望族的实力之大，还是超出了他的想象。曹操早期的地盘兖州有一个豪强地主叫边让，总是看曹操不顺眼，认为他是个乱世奸臣，经常在不同的场合诋毁曹操。曹操那时也年轻，心想你小子在老子的地盘上还敢骂我，好了，我的地盘我做主，曹操一怒之下杀了边让的全家。

这下可捅了马蜂窝，兖州所有的豪强地主全部视曹操为仇敌，发动了叛乱，一时间曹操的地盘大大缩水，只剩下3个小县城，若不是家族的子弟兵浴血奋战，曹操已经死无葬身之地了。

这个教训太深刻了，曹操明白了，即使这些名门望族看不起自己，自己也得借助他们的力量，至少不能让这帮眼高于顶的家伙和自己作对。这场与豪强地主的牌局该怎么打呢？曹操不愧是天才的政治家，在汉献帝落魄、其他地方豪强不闻不问的时候，曹操抢先下手，把汉献帝接到了自己的身边。汉朝皇室虽然早已衰落，但毕竟在名义上还是名门望族的上司，曹操此举等于摸到了王牌，其他的任何一张牌（名门望族）实力再强、名声再大，也强不过、大不过汉献帝这张王牌吧？！

这就是挟天子以令诸侯，汉献帝是所有名门望族的共主，现在曹操和汉献帝站在了一起，这帮名门望族就算看不起曹操，也得给汉朝皇帝一个面子，不能公开反对曹操。在没有获得汉献帝这张王牌之前，曹操数次邀请名门望族之一的司马懿出山辅佐自己，司马懿都拒绝了，但当汉献帝站在曹操身边后，司马懿不得不出来支持曹操。再如那个4岁就懂得让梨、名望盖天下的孔融，自始至终都反对曹操，却也不得不来到许都，名义上为曹操办事。

那些不在曹操势力范围内的名门望族，大多依附在各个诸侯那里，其中许多人都投靠了袁绍，把袁绍视为消灭曹操、维护名门望族利益的希望。曹操和袁绍之间，或者说曹操和名门望族之间，注定要做个了断，一决雌雄。

官渡之战就是在这样的背景下展开的。名门望族把赌注压在袁绍身上，除了跟随袁绍直接对抗曹操的人之外，曹操地盘上的名门望族也蠢蠢欲动，孔融在许都四处煽风点火，宣传曹操必败、袁绍必胜，豪强地主首领之一的刘表则在曹操背后随时准备捅一刀……

最终，低调的曹操战胜了高调的袁绍，袁绍势力在所有方面都胜过曹操势力，经济实力、军事实力、外交实力等，只有一点是讲究门第和名望的袁绍势力的弱项，他们注定在人才上要略逊于曹操势力，包括袁绍自己的能力也无法和曹操相比。我们可以这样说，这场战争是唯才是举的政治模式对任人唯亲的政治模式的一次险胜。

此战之后，名门望族被迫接受了无法扳倒曹操的事实，转而希望曹操能够改弦易辙，放弃唯才是举的用人标准，恢复东汉时期的察举制，也就是官员还是由名门望族来当，作为妥协，他们承认曹操势力在朝廷中的地位。

可惜的是，名门望族的算盘打错了。消灭了袁绍的曹操正处于人生中最得意的时期，怎么会向昔日鄙视自己的名门望族妥协呢？即使后来遭受赤壁之战的挫折，曹操的势力依然天下无敌。曹操继续坚持自己唯才是举的政策，并且对那些敢于挑战自己权威的名门望族祭出杀威棒。就这样，孔子后裔孔融、南阳名士许攸都成了曹操的刀下之鬼，祢衡击鼓骂曹，被曹操借黄祖之手杀掉。至于杨修，这人出身关西望族，和袁绍一样是四世三公的名门之后，也被曹操找个鸡肋的借口除掉了。

寄希望于曹操转变观点，恐怕是竹篮打水一场空了；与曹操正面为敌，又不是这个乱世枭雄的对手，名门望族们开始打起曹操继承人的主意。在曹操的儿子们中，曹昂早死，曹熊多病，曹彰不过一介武夫，只有曹丕和曹植可堪大用。虽然曹植因为那首七步诗“煮豆燃豆萁，豆在釜中泣。本是同根生，相煎何太急”而千古留名，但曹丕的文学水平也相当高，诗句中透露着苍凉大气，与曹操相似。三人并称“三曹”，并非因为政治贡献，而是因为文学贡献。如果论到武功政治，曹植与曹丕相比就差很多了。

更重要的是，曹丕这个人还喜好结交名士，这等于公开向名门望族示好，他的行为举止也和许多名士相似。比如曹丕与当时的“建安七子”关系非常好，七子之一王粲突然死于瘟疫，曹丕率领朋友在王粲坟前祭奠时说道：“仲宣（王粲的字）平日爱听驴叫，让我们学一次驴叫，送他入土为安吧！”然后竟然学起驴叫来。一帮前来吊唁的才子们纷纷跟着曹丕学起了驴叫，于是，王粲墓前响起了一片驴叫声。

曹丕这样的秉性颇受名士们的推崇，名门望族大多支持曹丕继承曹操的权位。曹操死后，曹丕果然当上了魏王，立即对支持他的名门望族投桃报李，实施“九品官人法”，说白了就是根据声望的高低、门第的上下、势力的大小，分级别地授予官职，名门望族可以获得高职位，那些寒门下士最多也就混个地方上的小职位。

至此，曹魏政权的牌局基本打完了，所有的牌重新排列整齐了。曹操通过唯才是举获得的势力在曹丕之手，变成了另一个名门望族，接下来的事情只是要不要更换大王了。在名门望族的支持下，曹丕废掉汉献帝，自己登上了皇位，变成了另一张大王。再后来，司马懿领衔的北方望族司马氏在魏国的势力一步步加强，最后取代了魏国，建立了晋，大王又开始姓司马了。

魏代汉和晋代魏，名门望族经过汉末的混乱和失落之后，终于又重新掌握了国家政治和经济的控制权，他们依旧是政治牌局的主人，曹魏政权只是一个插曲，名门望族的风光还有几百年呢！

刘玄德：出身名门又奈何

接下来，我们来看看蜀汉这个分支任务。刘备算得上出身名门，他是“汉景帝子中山靖王之后”。可是到了他这一辈，已经衰落到要靠卖草席为生了，沦落为一个小商贩。这样的境遇既有好的一面，又有坏的一面。好的一面是，刘备可以同时接触到名门和寒门的人，对两类力量有更清楚的认识，也容易获得来自名门和寒门的共同支持。不好的一面是，自身没有什么实力，除了桃园三结义的结拜兄弟关羽和张飞外，几乎没有任何资本了。

黄巾起义掀翻了东汉政坛的“牌桌”，给了刘备起兵的机会。凭借自己皇叔的名声，以及几个忠心耿耿的兄弟，刘备也算有了一支队伍，但是不论和传统的地方豪强相比，还是和新兴的曹操、孙策相比，刘备的势力都不值一提。

和曹操一样，刘备也面临着对社会各阶层的分析与选择，他必须明确自己要借助哪个阶层的力量。

既然宣称要复兴汉室，刘备就要向东汉的制度靠拢，因此和名门望族站在一起，就成为他明智的选择。接下来的问题是，首先和哪部分名门望族联手呢？北方名门都归于袁绍旗下，或者违心地跟着曹操，江东的名门距离刘备的活动区域太远，双方不熟，刘备的选择余地并不多。

好在有这么一群人，他们是从北方流亡到荆州的一些名门望族，对荆州能力一般的地方官刘表又比较失望，需要寻找一位“带头大哥”。刘备看准了形势，迈出了事业上至关重要的一步，力邀诸葛亮出山。

为什么是诸葛亮呢？诸葛亮虽然在《出师表》中自称“臣本布衣，躬耕于南阳”，其实他根本就不是农民兄弟。他原本是官宦人家，东汉末年动乱中，从北方迁到荆州，也算名门之后。而且，他广泛结交荆州的名门望族，周围一干朋友都是名门中的青年才俊，自己还娶了当地名士黄承彦的女儿。作为荆州名门的上门女婿，诸葛亮才干出众，仪表堂堂，还未出山，已经算是荆州名门的形象代言人了。

虽然荆州名门比不上汉献帝这张王牌，但论实力也是响当当的。刘备得了诸葛亮之后，荆州人才纷纷投奔过来，名声响亮的就有庞统、马良、马谡、向朗、杨仪、廖化等人，这些人的背后往往还有宗族的支持，刘备集团立刻从一支业余武装变成了当时能够左右天下大势的一股力量。

赤壁之战后，刘备势力趁机进军益州，终于实现了三分天下有其一的战略目标。不过，由于取益州的时候欺骗了益州牧刘璋，益州本地的名门望族对刘备这个皇叔并不拥戴，而是充满了疑虑。此时对于刘备来说，最理想的局面是得到荆州和益州两地名门望族的双重支持，再和曹操、孙权对抗的时候，就不落下风了。

遗憾的是，刘备始终没能让荆州名门和益州名门这两方势力组合到一起，更不用说让天下名门都齐集自己麾下，一统天下了。

追根溯源，这事儿关羽关云长得负责。这位刘备的二弟负责主持荆州工作期间，犯了冒进的错误，擅自对曹魏发动战事，虽然初战告捷，水淹七军，但等到曹操调集了大队人马抵抗后，关羽为这次冒进付出了代价：攻，攻不上去；撤，心有不甘。就在犹豫之时，东吴的吕蒙白衣渡江，袭击了关羽的大后方，导致关羽败走麦城，自己送了命不说，还把荆州也丢了。刘备和张飞为了给关羽报仇，起兵讨伐东吴，前后脚地到阎王爷那里报到去了。

荆州名门是刘备集团的根基，丢掉了荆州，就等于丢掉了根据地。那么集团的运营经费从哪里来呢？只能从益州名门那里筹措了。这下子益州名门不干了，凭什么你们荆州人跑到我们这里来称王称霸，还要我们益州人出钱出粮养活你们？

刘备死后，诸葛亮主持蜀汉工作的时候，始终没有处理好与益州名门望族的关系。诸葛亮就和荆州名门有着千丝万缕的联系，总是特别照顾荆州名门的利益，即使迫于形势，给益州名门一些官职和权力，也不过是虚与委蛇，要钱要粮的时候却一点不含糊。

诸葛亮自己也清楚，在经济上依赖益州名门，早晚得受制于人。于是，诸葛亮坚持北伐曹魏，名义上是为了复兴汉室，其实是为了打出一片新的天地来，不必像现在这样只能依靠益州势力。可惜他六出祁山都无功而返，劳民伤财，更激起了益州名门的愤怒。

当曹丕开始推行他的九品官人法后，益州名门立刻看到了曙光，原来能够保护他们利益的人在敌国！于是，益州名门更没有与蜀汉政权合作的动力了。到了蜀汉政权后期，有一句著名的评语“蜀中无大将，廖化作先锋”，这是荆州外来帮人才匮乏造成的，但也和益州帮不愿意合作有关。

蜀汉的政治牌局也该到结束的时候了，公元262年，当魏国将领邓艾克服了蜀道之难，率一支人马突然出现在成都平原上时，益州名门根本没有考虑要帮助后主刘禅抵御外敌，而是拥兵自保，坐山观虎斗。孤军深入的邓艾一路畅通，直达成都。蜀汉政权朝中的益州势力开始宣扬曹魏取代汉室是天命如此的言论，后主刘禅却毫无办法，只能开城门投降。

蜀汉复兴汉室的理念不错，然而除了荆州名门之外，却无法团结更多的势力，最终的结局让荆州名门很失落。

孙仲谋：坐断东南靠平衡

接下来我们到江东去，看看孙吴政权的牌局是怎么打的。

同曹操和刘备相比，孙策、孙权兄弟的家底更薄。曹操虽然出身不算好，但至少也算混入了东汉高层，自己也是当时的旷世奇才；刘备虽然一开始穷困潦倒，但毕竟皇上都得叫他一声叔叔，有皇亲国戚的身份。孙氏兄弟的出身更加低微，虽然他们的老爸孙坚对外宣称自己是兵圣孙武的后代，但恐怕连他们自己都不把这个当成真事，更不用说那些眼高于顶的名门望族了。

幸亏黄巾起义，让孙氏兄弟有了露脸的机会。孙坚依靠镇压黄巾军的功绩，当上了长沙太守，手下除了和自己一样出身低微的军人程普、黄盖之外，没有任何名门望族的支持。不过到了孙策、孙权这一代，情况有了变化。两人频频结交那些从北方迁移到南方来的名门望族，与其建立了非常好的关系。这些名门望族中的一些杰出人才，比如周瑜、张昭等人，逐渐集中到了孙氏兄弟旗下。这些南迁的名门望族有经济实力和影响力，迫切需要另起炉灶，开创一片自己的天地，孙氏兄弟则拥有一定的军事实力，正准备打下一片江山来，两方势力一拍即合，联手攻入江东，把地方割据势力一一铲平，建立了一个新的政权。

江东地区，也就是今天的长江下游及往南的大片区域，其实和后来富庶的江南地区并不一样。汉朝时期，全国的经济中心依然在北方，南方的经济并不发达，民风也很彪悍，根本不是后来江南人才儒雅婉约的风格。“把吴钩看了，栏杆拍遍”，出现在古诗词中的吴钩，反映了当时江南吴地曾经尚武的民风。

所以，孙氏兄弟在征服江东的过程中，遭遇了当地势力的强烈抵抗，生性彪悍的孙策依靠武力才完成了开疆拓土的任务，江东势力面服心不服，这就为后来治理江东留下了祸患。

孙策被刺杀，是这帮外来户和本地豪强矛盾激化的一次总爆发。此时，摆在继任者孙权面前的是两条痛苦的道路，一条是为兄报仇，继续镇压江东豪强势力，双方拼个鱼死网破；另一条是忘记家仇，让江东豪强和自己分享权力，和平共处。

年轻的孙权选择了妥协，因为他明白，仅仅依靠周瑜、张昭这些北方来的名门望族，力量太单薄了，是不可能成气候的，必须让江东本地的豪强也支持自己。虽然江东本地豪强同北方的名门望族相比，门第似乎要稍逊一筹，但是孙氏政权的起点太低，强龙难压地头蛇啊！

于是，所谓的“吴中四姓”，即顾、陆、朱、张四大家族，“会稽四姓”，即虞、魏、孔、谢四大家族的代表人物纷纷出现在了东吴的朝廷里，如果说孙氏兄弟的靠山北方名门是他们的根基，是“红花”，那么这些江东豪强的襄助就是“红花”配上了“绿叶”。不论是孙吴政权中南迁的北方名门还是江东豪强，单独掂量掂量都挺寒酸的，但硬是让孙权组合出了一手好牌。

在这一点上，孙权比刘备和诸葛亮都要高明。蜀汉政权一直没有让荆州名门和益州名门劲儿往一处使，而孙权却做到了让南迁的北方名门与江东本地豪强站在了同一条战壕里，把东吴政权当成了他们自己的政权。能让雄才大略的曹操说出“生子当如孙仲谋”，孙权的确是有两把刷子的。

然而，东吴政权还是雨打风吹去了。探究东吴政权的兴衰，我们从一个人身上就可以得到答案，这个人就是陆逊。陆家是江东的大族，陆逊年仅21岁就被孙权招入幕府，步入政权的高层。在随后的几年中，陆逊曾经消灭了会稽等地的山贼，也帮助孙权平息了一些叛乱，军事才能已经展现出来，只是这些功绩并没有给陆逊带来人气，所以蜀汉和曹魏都不熟悉他。

真正让陆逊扬名立万的事件是夺荆州和夷陵之战。陆逊先是扮猪吃老虎，让关羽放松了警惕，然后与吕蒙联手夺取了荆州。在刘备从益州发兵，气势汹汹地杀向荆州之时，陆逊作为东吴方面的战前总指挥，火烧连营七百里，杀得刘备狼狈地逃到了白帝城，病死在那里。这一年，陆逊刚满40岁。

然而就是这样一位为东吴做出了杰出贡献的将领，最终却被孙权逼死了。孙权为什么要自毁长城呢？

因为孙权竭力维持的北方名门和江东豪强之间的平衡，正在一点点被打破。随着北方名门步入二代接班的时期，人才必然逐渐稀少了，本地豪强却始终人才辈出，陆逊就是其中的翘楚，权力的天平逐渐向本地豪强倾斜。孙权这个外来户虽然不得不重用陆逊这些人，但焦虑越来越重，对江东豪强充满了警惕。

东吴的夺位之争，终于把一把好牌打成废牌。在孙权的接班人问题上，江东豪强多数支持太子孙和，北方名门则拥护鲁王孙霸。孙权在处理这件事情时，充分暴露了他的焦虑和警惕之心。表面上看，他对双方都各打五十大板，但实际上，他逼死了江东豪强的代言人陆逊，又杀掉了这一方的几个重要人物；而对于北方名门一方，只杀掉了几个无关紧要的小角色，重要人物毫发无损，甚至有的还被升了官。

孙权希望通过打击江东豪强，来维持自己政权的权力平衡，让孙氏的王朝不要变成别的什么姓氏。从短期看，他的确做到了。但是看看陆逊之后，东吴再无可堪大用的人才，我们就知道孙权的做法已经让江东豪强寒心了。东吴的最后一位掌门人孙皓完全是个混世魔王，视杀戮为游戏。江东豪强也努力过，上书孙皓劝其改邪归正，但是孙皓置若罔闻。

于是，江东豪强采取了非暴力不合作的态度，不再为东吴政权贡献人、财、物。这和蜀汉后期益州名门抛弃蜀汉政权如出一辙。东吴政权的结局也与蜀汉惊人地相似，已经取代了曹魏的西晋大军顺江而下，没有遇到过一次像样的抵抗，就兵临建业（今南京）城下。孙皓也学习了刘禅的“经验”，开门投降了。东吴曾经凑出了一手好牌，却又自己毁掉了这手好牌。

三国，从黄巾起义开始到三家归晋结束。在这段纷乱的历史背后，是东汉旧的经济体系遭到了破坏，不仅皇室倒台，许多名门望族也失去了土地，连带着失去了税收权。整个社会需要建立一个新的经济体系。无论是曹操、刘备还是孙权，他们都不是昔日的名门望族，恰逢这个纷乱的时世，于是各自起兵，目标其实都一样，那就是建立一个新的政权和一个新的经济体系。但最终，他们和他们的继承者都没能斗过昔日的名门望族和豪强地主，三家都归了司马氏这个名门望族的代表。

但是，东汉留下的那个问题，地方豪强挤占国家税收的难题依旧没有得到解决。名门望族把持国家政治和经济命脉的局面，一直延续到唐朝初年，门阀的衰落和科举制度的诞生，才根本性地改变了中国，此乃后话。

而西晋时期，青山依旧在，豪强正当红。

第七章 | 千年国脉大运河

愚公移山的故事老幼皆知，将近九十岁的老头愚公觉得门口的太行、王屋两座大山挡路，非常不爽，于是发动全家要把山搬走，把土石扔到渤海里去。天帝知道此事后，非常感动，派天神直接用神力把山移开，满足了愚公的心愿。

客观地说，要把方圆七百里、高万仞的两座山搬走，愚公一家精神可嘉，但以他们每年的那一点点搬运量，能否赶在地球毁灭之前完成移山重任，令人深表怀疑。要是再赶上板块运动，那两座山偏巧处于上升期，就有得愚公郁闷了。

在科技落后的古代，人们对自然界的改造能力相当有限，移山填海都是不可能完成的任务。不过话说回来，人们也不是一点成就都没有，比如说自然界有许多大大小小的河流，古人们也依样画葫芦，根据自己运输的需要，开挖出长短不一的运河。在这些运河之中，中国的京杭大运河无疑算是人间奇迹，这条运河在隋朝横空出世，彻底改变了此后千年中国历史的走向。

大河向东流的负面作用

打开中国地形图我们会发现，中国地势西高东低，大江大河流淌的大方向是东流到海，这其实对于古代中国的经济发展非常不利。在人类刚刚跨入文明的时候，古人们的产品主要是各种粮食、一些调味品比如盐，还有一些畜牧产品比如毛皮、肉类。这些产品都是和产地的气候条件紧密相关的，比如黄河流域种植小麦，长江流域种植水稻，而蒙古高原出产毛皮和肉类，如果有人非要把水稻种到蒙古高原上，他可能立刻就得破产。

中国东部大陆上的气候带从北到南，从寒温带一直到亚热带，不同的气候带有不同的物产。当古代中国人试图和自己的邻居互通有无、交换一些产品的时候，麻烦来了。古代交通十分不便，没有高速公路，甚至连沥青马路都没有，能够有一条土路已经不错了。古代中国人通过陆路运输货物，成本极其高昂，因此他们不可能与相距太远的人做生意。而周边的物产和自己生产的东西又没有什么区别，算了，还是过自给自足的生活吧。

幸亏陆地上还有一些河流，可以让人们借助舟楫运输货物，而且水路的运输成本也比陆路低廉得多，船的载货量也比人们肩扛手拎大得多。但是古代中国人悲哀地发现，自己身边的河流都是从西向东流淌，而气候带也是沿着纬度分布的，这决定了某类物产的产地也是沿着纬度分布，与河流的流向是一致的。

也就是说，人们如果通过水路交换物产，会发现自己还是没什么生意可做！黄河流域的人都种植小麦，彼此没有必要互换小麦；长江流域的人都种植水稻，彼此也没有必要互换大米。除非南北方向上跨流域进行商品交换。古代中国人不是没这么想过，但又是河流让他们烦恼。这些东西流向的河流成为南北方向运输商品的天然阻碍，本来陆路运输成本就已经很高了，现在还要跨越河流，更是难上加难。

地理上的麻烦让早期的中国人知难而退，放弃了许多经商的打算，专心致志地耕耘自己的一亩三分地。所以有一些学者认为，中国人“重农抑商”的思维并不是文化的影响，而是地理环境造成的，这个见解颇有几分道理。

只是在公元前，古代中国就已经形成了大一统的中央王朝，秦朝和汉朝都控制了大片的领土，国土包含了黄河流域、长江流域，甚至扩展到南方的珠江流域。不过在秦汉时期，黄河流域是国家的经济中心，南方地区虽然有所发展，但经济总量无法与黄河流域相提并论，长江流域和珠江流域只是黄河流域的小跟班而已。可是汉朝末年天下大乱，黄河流域因为战乱，人口锐减，经济遭到破坏，而流亡到长江流域的人们却促进了南方地区经济的发展。此消彼长之下，长江流域的经济实力升级到可以与黄河流域抗衡的程度。

这对于古代国家的大一统反而是个不好的消息，即使勉强形成了统一的国家，地方经济接近甚至超过了都城附近的经济，地方大员的势力就很容易膨胀到中央政权无法控制的地步。看看从汉末一直到隋朝之前的历史，我们依稀可以看到长江流域崛起后中央王朝的麻烦。

三国时期，北方的曹魏与南方的孙吴、西南的蜀汉长期对峙，西晋暂时统一天下后没有多久，国家又进入了南北朝时期。这期间，南方依次出现了宋、齐、梁、陈，北方则出现了北魏、东魏、西魏、北齐和北周五朝。

这期间的大动荡、大分裂固然有北方民族入侵中原的原因，但南方地区经济实力已经足以支撑起强有力的割据政权，能够和北方凶悍的入侵者长期划江而治，这也是不争的事实。西晋曾经短暂地一统天下，但却没能消弭北方和南方之间的经济对立。

到了公元589年，杨坚建立的隋朝攻破了南方的陈朝，结束了南北朝，一个统一的大帝国又一次出现在了中华大地上。

可是南北分裂造成的政治、经济隔阂，并没有随着军事征服而消失。江南大族面服心不服，随时都有可能滋事反叛。更为棘手的是，北方的游牧民族此时依旧虎视眈眈，凶悍的突厥铁骑自不必说，东北方向，高句丽又在长白山崛起，而且还积极策划联手突厥，企图逐鹿中原。

西晋曾经面临的大难题，这一次摆在了隋朝皇帝的案几上。不在沉默中爆发，就在沉默中消亡，隋朝皇帝选择了爆发。

隋炀帝的另一面

提到隋朝的第二个皇帝隋炀帝杨广，许多人的脑海中就会浮现出一个阴险狡诈、荒淫无耻、胡作非为的形象，在许多小说甚至正史中，描写杨广在没有当上皇帝前故意装朴素，当上皇帝后穷奢极欲，到处吃喝玩乐；没当上皇帝时装纯洁，生活检点，父皇快死的时候原形毕露，甚至霸占父皇的妃子；做皇帝无德无能，好大喜功，搞得天下大乱……

如果杨广真是这种人神共愤的混世魔王，那么他被宇文化及勒死时的一幕就难以解释了。当隋炀帝的死讯传到各地反王的耳朵里时，这些反王无不伤心欲绝：长安城的李渊放声大哭，遥祭隋炀帝的亡魂；正在攻打隋军镇守的河间郡的反王窦建德立刻停止进攻，派使者进城，吊唁“先帝”；洛阳的反王王世充更加夸张，哭得几次用头撞地，弄得满脸是血。

然后，这些反王似乎忘记了他们自己就是隋朝的反叛者，纷纷以杀害隋炀帝的宇文化及为仇敌，李密率领瓦岗军不惜一切代价地攻打宇文化及部，自己身负重伤，手下也伤亡惨重；李渊的唐军在山东袭击败退的宇文化及，最后窦建德抓住了宇文化及并将其斩首，以告慰隋炀帝在天之灵。

到底哪个是真实的隋炀帝？这里先按下不表，我们先看看隋炀帝杨广的生平……

杨坚建立隋朝时，封自己十三岁的二儿子杨广为晋王。这位晋王在二十岁的时候，就统率了50万隋军南下，攻灭了陈朝，亲手帮自己的父亲统一了天下。我们不要以为灭掉陈朝是件很容易的事情，前面已经讲过，江南地区的经济已然做大了，依托繁荣的经济支持，南朝已经负隅顽抗很久了，所以杨广即使在军事上不是天才，但也绝对不是笨蛋。

第二年，江南地区爆发了叛乱，杨广立即发挥了自己天才的交际能力，广泛收编江南名士为自己所用，还拉拢江南佛教界的领袖站在自己一边。“南朝四百八十寺，多少楼台烟雨中”，当时佛教界在江南地区乃至全中国都有着很大的影响力。江南的各派人士看到杨广如此宽宏仁义，纷纷归顺到晋王麾下，这次叛乱以不流血的方式平息了。

杨广卓越的领导才能征服了自己老爸的心，杨坚废掉了太子，也就是杨广的大哥，立杨广为太子。三年之后，杨坚驾崩，杨广顺利地登上了皇位。至于他那位倒霉的大哥，据说是被他杀掉了。

新皇帝上台，总要有个年号，杨广大笔一挥，起了一个大气磅礴的年号：大业。杨广是打算干一番大事业的，甚至要干出一番千秋伟业来。

富二代皇帝杨广上台后，先是大赦天下，免去天下全年的租税。此后的十几年中，杨广多次减免老百姓的租税，并且不断降低征收的税率。即便如此，财富仍然如滔滔江水涌入杨广的腰包。这其实并不奇怪，天下初定，和平时期人们安居乐业，产出自然会大幅增加。而且，杨广降低税率，老百姓做许多生意就有利可图，生意不断扩大，缴纳的税款也就增多，形成了正反馈。所以只要把握得当，减税同样可以增加政府的收入。

杨广还对文化十分重视，上台不久就扩编国家最高教育机构国子监，还兴办了各类专门学校，培养算学、天文历法、法律和医学等方面的各种人才。全国在校生数目近20万人，平均每6户人家就有1人在政府开办的学校就学。如此大规模普及教育，这在古代中国是史无前例的。

大业三年（607年），杨广做了一件具有深远意义的大事，他下令建立“进士科”，也就是创立了科举考试制度，根据科举考试的成绩，来选拔国家公务员和领导干部。这项制度被唐朝继承，此后各朝各代几乎都原样照搬隋朝的科举制度，只是考试的内容会有所调整。

我们在上一篇已经谈到，汉朝开始，中国社会进入了名门望族控制国家经济命脉的时期，他们不仅掌握了地方税收大权，甚至还能够举荐自己的圈内人做官，成为自己势力在官场上的代言人，而平民百姓是根本无望进入高层干部队伍的。经过断断续续400年的大动荡，这些地方上的名门望族的势力大受打击。如果这些名门望族能够在新兴的统一王朝隋朝中恢复自己举荐官员的权力，过不了多久，名门望族即将东山再起。

可是，隋炀帝杨广没有给他们垄断仕途的机会。科举制度的创立，给平民百姓提供了鲤鱼跃龙门的做官渠道，只要他们有才能，学习用功，门第很低也可以做官。汉朝的官员举荐制度被废止了，昔日望族重新控制国家的企图也就破产了，属于他们的时代翻过去了。

短短几年时间，年轻的皇帝就把国家治理得井井有条。如果杨广就此收手，啥事也不做，他也将在中国史书中位列明君之列。

但是，大业皇帝的视野和雄心此时已经超越了国境和时代，他要做古往今来最伟大的皇帝，他试图一劳永逸地消除隋朝面临的大难题——南北对立和边关威胁。

杨广能做到吗？他该怎么做呢？

大运河：一个文艺青年的惊天力作

老爸杨坚显然不是杨广的偶像和追求者，如果非要给杨广找一个偶像，那只能是古代中国第一帝——秦始皇。我们无法知晓杨广是不是嬴政的粉丝，但看看杨广当上皇帝后的所作所为，有许多嬴政经营天下的影子。

比如，秦始皇统一六国之后并未故步自封，而是努力把国土扩张到岭南地区，也就是今天的广东、广西、福建一带。为了运输物资的方便，秦始皇下令在长江的支流——湘江和珠江的支流——漓江之间开凿一条运河，一举沟通长江流域和珠江流域。这条30多千米长的运河只用了4年时间就建成了，秦军凭借水运的便利，迅速控制了岭南地区，秦王朝疆土又向南大大扩展了。

对，运河！只要有了运河，就能一劳永逸地解决问题！嬴政是这么想的，杨广也是这么想的。年轻的皇帝在地图上大笔一挥，画出了两条线，一条从洛阳出发，往东北方向直抵北部边陲的涿郡；另一条从洛阳出发，往东南方向直抵钱塘江流域的重镇——余杭。

看到这个蓝图，大家就能知道杨广心里打的什么算盘，东北方向的运河，那是为了将军队、武器、粮食等物资运往北方，对付东北强敌高句丽；东南方向的运河，则是为了将南北方的物产方便地双向运输，一旦南方有变，也可以及时派兵镇压。

其实在隋朝以前，中国东部地区已经有若干条运河通航。公元前486年，为北上争霸，吴王夫差在今天扬州附近开挖邗沟，沟通长江与淮河水系，这是中国历史文献中记载的第一条有确切开凿年代的运河。早期的运河以军事目的为主，但越到后来，运输粮食等物资的用途就越发凸显。春秋战国时期是开挖运河的高潮期，齐国在临淄城附近用运河沟通济水和淄水；魏国迁都大梁后，用开凿的鸿沟连接了黄河流域和淮河流域。

即便有了前人的基础，隋炀帝的大运河工程也极其浩大，作为全国建设工程的总设计师，杨广按下了搭载了好几颗卫星的火箭的点火按钮。一场轰轰烈烈的建设运动展开了，从朝廷官员到黎民百姓，全体动员起来，不管愿意不愿意，都必须跟随着热血沸腾的皇帝向前，向前，再向前。

公元605年，为了保证南方的赋税和物资能够源源不断地运往北方，隋炀帝在前代汴渠的基础上下令开凿通济渠，沟通黄河与淮河。同时，隋炀帝下令重新疏浚邗沟以及疏凿长江以南的江南运河，并对前代开凿的浙东运河航道加以整治。公元608年，为了开展对北方的军事行动，隋炀帝又在原有运道的基础上开凿永济渠，直抵涿郡，从而建成了以洛阳为中心，东北方向到达涿郡，东南方向延伸至江南的大运河。

杨广亲自监督，不断地查看设计图纸和工程进展。大运河的第一期工程通济渠沟通了洛阳和扬州，长千余里、宽四十步，仅用了171天完工；新的都城洛阳，也就是两段运河的中枢，仅用了不到十个月就初具规模。

除了大运河工程之外，杨广还督建了一条宽一百步、长达三千里的驰道，从陕西榆林直通今天的北京，作为将来和高句丽动武时的路上运输线。这条驰道像极了当年嬴政修建的秦直道，从咸阳到九原郡（今天内蒙古的包头附近）全长736千米，目的是抗击匈奴。

大业六年（610年），举世无双的建设工程完工了。这一年的正月十五，杨广在东都洛阳举行了盛大的竣工庆典。兴奋的皇帝邀请了各国使节和商人来参加盛会，安排了5万名乐工通宵达旦地表演各种节目，这台“元宵晚会”持续了半个月的时间。新都的市场重新装修，每个店铺也都修葺一新，连卖菜的小贩也都要在店铺里铺上地毯，而路边的树木上缠上了丝绸。别忘了，我们的大隋皇帝不仅是治国奇才，同样也是一位充满浪漫主义情怀的文艺青年, 七岁那年，他就写出了平生第一首诗歌，他干得出来往树上挂丝绸、沿着运河两岸拉绸缎的行为艺术。

隋王朝的富庶和强盛震撼了周边国家。曾与高句丽有密切关系的突厥和吐谷浑各部先后归附，站到了隋王朝的一边；西域甚至欧洲的商贩都跋山涉水来到长安、洛阳等地经商，河西走廊的武威、张掖、敦煌等地，成为当时国际贸易的重要中转站和商品集散地。在建设工程还未完全竣工的大业五年（609年）六月，隋炀帝就曾经巡边，高昌、吐谷浑等西域27国的国王、使者在道路上拜迎这位大隋皇帝。

到这个时候，杨广似乎已经取得了巨大的成就，虽然统一天下的是老爸杨坚，但不可否认杨广是打天下的急先锋之一；全国性大工程竣工，王朝中遥远的地区都有驰道和运河相连；四周政权纷纷来朝称臣……如果杨广此时收手，什么事都不干，安享下半辈子，在史书上他会是一位有作为的皇帝，一个改变了中华大地的英主……

我们还没到需要给杨广盖棺定论的时候吧？大业六年他才刚刚四十二岁，意气风发，正是干事业的大好时期。让一个四十出头的有为青年就此退隐江湖，未免太残忍了。

杨广并不打算就此收手，他要继续向前冲，成为中国历史上最伟大的皇帝。

天下已定，还有什么丰功伟绩等着隋炀帝去建立呢？征讨高句丽！

这个早在汉代就崛起于我国东北和朝鲜北部的国家，一直不把中原王朝放在眼里，到了隋朝时期，依然是阳奉阴违，这让杨广心里很不爽，别的国家都纷纷上表称臣，只有高句丽不搭理他，这让立志做千古一帝的皇帝的脸面往哪里放？

大业七年（611年），隋炀帝下令征讨高句丽。要创造大历史，怎么能没有大场面呢？杨广征集了史无前例的113万大军，分成了24个军，每天发一军，前后军相距40里，大军总长度达到了960万平方千米。哦，太激动了，说错了，是960里，加上随军的200多万民工，漫山遍野、浩浩荡荡地开赴辽东前线。

这不是去战场上浴血奋战，这是在进行盛大的“阅兵”仪式，而且不是一天就完事大吉了，隋军到了第二年才于涿州集结完毕。修建大运河和驰道，杨广征集的劳役总量已经规模空前，大大超过了当时隋朝民众所能承受的限度，而且短短的几年时间，大工程一个接一个地开工，隋王朝这辆车严重超速行驶，几乎要翻掉了。攻打高句丽的行动所征用的兵役和劳役量，甚至超过了修建大运河的动员人数的总和。为了赶造渡海的战船，在山东东莱海口劳作的民工昼夜立于水中，自腰以下都生满了蛆，疾病流行，民工死掉了三分之一；从江南地区运粮到涿郡的道路上，到处都是累死的民工。

如果能够打败高句丽，隋炀帝或许还能让这辆车平稳行驶。但是如果败了，后果不堪设想。根据西方世界的墨菲定律，事情如果有变坏的可能性，不管这种可能性有多小，它总会发生。墨菲定律在杨广的身上灵验了，面对早已严阵以待的高句丽人，耀武扬威的隋军毫无打持久战的心理准备，在渡过辽河的30万大军遭到毁灭性打击后，全军撤退，第一次攻打高句丽草草收场。

杨广从小到大一直很顺利，不论军功、政绩还是文学，都玩儿得出类拔萃。这次征讨高句丽失败，实在是大伤面子。杨广咽不下这口气，第二年御驾亲征，打算一雪前耻。没想到后院起火，陇西贵族杨玄感起兵造反，隋炀帝不得已取消了这次军事计划，回身镇压杨玄感的叛乱。在迅速平息了这次叛乱之后，固执的杨广第三次兴兵讨伐高句丽，在获得了高句丽象征性的服软后，草草收兵，因为此时中原各地已经叛乱四起了。

早期的顺利和风光，加上自身的艺术气质，让杨广好大喜功，却缺少抗挫折能力，这是许多年少成名的青年的通病，刚好杨广也属于此类。征讨高句丽失败后，杨广就此意志消沉了，躲到江南花天酒地、醉生梦死，两耳不闻窗外事，最后被叛乱的士兵勒死。

京城需要大运河

隋炀帝死了，隋王朝亡了，但大运河还在，这条沟通了海河、黄河、淮河、长江、钱塘江五大水系的人工运河，根本性地改变了此后中国的局势。

唐朝继承了大运河这笔珍贵的财富。唐朝定都长安，虽然有关中平原的粮食压箱底，但关中地区人口不断增长，仅靠这个小平原的粮食产出已经无法满足长安及周边地区人民的生活需要，有时甚至连给官员发薪水都无法满足。正是依靠大运河从南方调运来的粮食和其他物资，唐朝才维持了长安的各项开支。女皇武则天甚至长期居住在大运河的中枢洛阳，就是为了让行政机关离运河近一些，让物资调运更方便。

唐朝初年，每年由大运河运输的粮食只有20万石左右，到了唐玄宗的“开元盛世”，粮食运输量达到了每年700万石，更不用说其他各地运送来的土特产了。

安史之乱后，唐王朝一片混乱，河北、山东等地的节度使割据一方，财政上我行我素，不向朝廷缴纳税款。唐朝在大乱之后还能支撑150年之久，一个重要的原因就是依靠大运河的运输，把南方地区的粮食、物资运送到长安地区，维持了朝廷的运转。

历史学家陈寅恪对此有过精辟的论述：“唐代自安史之乱后，长安政权之得以继续维持，除文化势力外，仅恃南东八道财赋之供给，至黄巢之乱既将此东南区域之经济几全加破坏，复断绝汴路运河之交通，而奉长安文化为中心仰东南财税以存立之政治集团，遂不得不土崩瓦解，大唐帝国之形势及实质，均于是告终矣。”

再往后看，北宋建立后，首都定在了东京汴梁（今河南开封），比长安更靠东，和大运河的联系也更紧密了。北宋时期大运河的运输量基本与唐朝持平，最多时曾经达到每年800万石粮食，超过了唐朝的最高纪录。北宋对大运河的利用，完全符合杨广的设想，不仅可以利用大运河在全国范围内调运粮食和物资，还可以通过大运河加强军事力量。为了对抗周围的辽、西夏以及后来崛起的金，北宋每年都向边境运送大量的战略物资，其中很大一部分是依赖大运河来完成运输任务的。

南宋是一个偏安江南的朝廷，偏偏也把都城设在了大运河边上的临安（今浙江杭州），原因很简单，为了运输物资方便。过去通过大运河向北运输到东京汴梁的江南物资，在北宋灭亡后，掉头向南，运输到新的都城临安。即使所控制的大运河只剩下了可怜的一小段，但对于南宋的经济依然至关重要。手握大半条运河的金自然不会放过发家致富的好工具，利用大运河，金人把淮河流域的粮食运送到自己的都城——汴京，那里正是昔日北宋的都城汴梁。

只是这样一来，大运河无端被分成了两部分，经济作用大打折扣。大运河的运输价值，体现在它沟通了不同纬度地区，促进了北方和南方的商品交换。前面我们已经说过，中华大地上东西方向交换产品没什么油水，因为大家生产的东西都差不多，只有南北方向上才有产品的差异，大运河正是因为让人们能在南北方向上互通有无，才如此受到历朝历代的重视。现在不论是北方的金，还是南方的南宋，在自己的范围内利用运河运输物品，跨越的纬度很有限，除了调用粮食满足都城官员们的胃口外，也就没有多大的油水了。

更麻烦的是，大运河的军事价值也大打折扣。当北方的蒙古人在铁木真的带领下东征西讨的时候，金无法集中足够多的物资抵抗蒙古铁骑，最终在南宋和蒙古的夹击之下灭亡了。南宋也好不到哪里去，只握有一小段大运河，能有多大的用处？在金亡后南宋苟延残喘了几十年，也寿终正寝了。

元朝建立，中国南方和北方再次统一了，而且整条大运河都纳入新王朝的版图中，就像是新王朝的食管一样。元朝与隋朝、唐朝和宋朝的不同之处在于，元朝时期北部边疆危机没有了，这是大好事，但是摆在开国之君忽必烈面前有一件麻烦事：把都城建在哪里合适呢？

从运输的角度看，北宋和金把都城设在开封是很合理的，因为开封处于隋朝大运河的中枢，东北方向和东南方向的物资都可以很方便地运送到开封地区，王朝的管理会很方便和有效。可是对于忽必烈来说，他不仅要管理黄河流域和长江流域，还必须管好蒙古高原。如果建都在开封，距离老家太远了，而且当年没有空调和暖气来调节温度，游牧民族出身的蒙古统治者显然对开封这一“南方地区”的气候并不适应。于是，忽必烈把自己的都城建在了隋朝大运河的最北端，也就是元大都，今天的北京。建都北京，一方面考虑到依靠运河之利，可以顺利地把黄河流域乃至长江流域的物资调入京城；另一方面也考虑到维持对广袤的蒙古高原的控制，总之，两手都要抓，两手都要硬。

既然都城定在北京城，那么要把江南的物资调往北京，似乎就没有必要先折向开封，而后再折向北京了，不如直接从江南北上，距离更短。于是忽必烈当政时期，国家建设的重点就是把隋唐大运河截弯取直，修建一条基本上南北走向的运河。

公元1289年，元朝组织开凿了会通河，北通御河，南接泗水、黄河，从根本上改变了淮河以北大运河的格局与走向。由此开始，大运河不再流经洛阳，河南和安徽北部的河段被废弃，大运河形成了南北直行的走向，缩短航程千余里。公元1293年，沟通大都城内与城东通州的通惠河建成，来自南方的漕粮可直接抵达城内的积水潭，就此实现了中国大运河的第二次大沟通。漕船可以满载着江南的货物直接北上，抵达元大都。隋唐大运河改头换面，变成了京杭大运河。

忽必烈打通京杭大运河，对于元、明、清三代影响深远，除了明朝前期定都南京之外，从元朝建立到清末，北京城一直作为中国的都城，虽然与经济重心江南地区相距遥远，却依然可以把整个国家牢牢掌控，这全靠京杭大运河一端连接了都城，另一端连接了江南地区。

仅从开通京杭大运河来看，忽必烈对元、明、清三代是有杰出贡献的，当然他的贡献是建立在杨广的隋唐大运河的基础上的，而且新开凿的运河长度也逊于隋朝的运河。

京杭大运河已经不仅仅是王朝的一条运输粮食的食道，它更是王朝的坚强脊柱，撑起了中华王朝的庞大身躯，王朝的运转和经济效率已经不是隋朝之前的朝代所能比拟的。

假如，我是说假如，这条脊柱有一天突然断了……

当皇家海军掐住了漕运

请允许我再次提到墨菲定律，事情如果有变化的可能，那么它总会发生。这一次的倒霉蛋正是京杭大运河的建设者——元朝。元朝辛辛苦苦地修建了新的运河，还没享受几十年，1344年黄河突然发大水，这不算什么倒霉事，历史上黄河经常发大水，勤劳勇敢的中国人民早就习惯了。倒霉的事发生在洪水退却之后，人们猛然发现，厚厚的淤泥竟然把大运河给堵塞了。

王朝的脊柱断了，元朝立刻征调了大批民工去疏通河道，却不好好招待这些民工。蒙古人虽然是统治者，但却是少数民族，现在大量的汉人聚集在一起干着重活，得不到充足的给养，蒙古官员只是挥动马鞭驱使，这自然容易引发民变。结果有着白莲教背景的民工们结伙发难，红巾军起义爆发，并迅速点燃了反抗元朝的全国性民变。

红巾军起义爆发的地点在江淮一带，恰好切断了大运河的漕运，这让元朝统治者在元大都里一筹莫展。本来蒙古皇帝还可以通过海路把长江三角洲一带的粮食运送到京城，然而在兵荒马乱的年代，海盗也蜂拥而起，纷纷打劫朝廷运粮的海船，元朝拿这些海盗一点脾气都没有。元朝勉强维持了京城附近的统治，任由南方大片地区自生自灭。最后当朱元璋歼灭各路民军，挥师北上时，元朝的末代皇帝策马北奔，逃回了蒙古人熟悉的草原，短短90多年的元朝就这样灭亡了。

一条运河引发的王朝血案不只这一起，下面是明清对大运河的血泪控诉。

明、清两代继承了元朝的京杭大运河，经济发展同样严重依赖大运河。明朝从1415年起停止了海运漕粮，规定所有漕运全部走内河，当然也包括大运河。明朝此举和沿海地区倭寇肆虐有很大关系。运输线既然无法得到保障，明朝干脆停止了风险很大的海运。从那时起到清朝末年，京杭大运河的货物运输量一般占到全国运输总量的四分之三，当时全国大部分的商业中心都集中在大运河沿岸。

利用大运河获取税收，也是各个王朝财政管理的一条门道。比如明代初期开始，山东临清是黄河以北大运河沿岸南北货物的重要集散地。因此，明朝于宣德四年（1429年）在此设立向民用商船征税的机关。至明代万历年间，临清运河钞关每年征收船料商税银八万余两，占全国钞关课税额的四分之一。

对于没有进入工业革命的清王朝来说，大运河既然是元朝的脊柱，同样也是它的脊柱，墨菲定律不止一次地向清王朝下了手。

第一次鸦片战争打到后期，英军攻陷了吴淞口，掐死了长江口，一举切断了清朝的海运通道，清朝提出议和。但是，早已在海战中浸淫一百多年的大英帝国皇家海军清醒地认识到，那些梳辫子的敌人并未伤筋动骨，此时谈判捞不到什么油水。于是不理睬清朝的乞和建议，溯江而上，攻打大运河与长江的交叉点——镇江。此战英军投入兵力上万人，战舰70余艘，在付出上百人阵亡的代价后拿下了镇江。

大清王朝的脊柱被英军掐住了。北京城里的道光皇帝一下子害怕了，派人与英军商量，接受英国的各项要求，包括割地、赔款、设立通商口岸等。天朝上国低下了高傲的头颅，这就是切断大运河漕运的严重后果。

第一次鸦片战争后，清王朝过了10年左右的太平日子，没想到广西金田太平天国发难，并一路打到了南京。1853年后，太平天国占据长江下游一带十多年，大运河的漕运也被迫中断了。运河沿岸的各个繁华城市均遭受重创，扬州、苏州、杭州、临清都被战火洗劫。清朝不得不通过海上从南方未被太平天国攻占的地区调粮食和物资北上，维持北京城内的消耗，供给国家运转。

这十多年内乱期间，不仅让清朝手头吃紧，就连刚刚进入中国市场的欧洲人也感受到了大运河被切断的利害。以至于当时英国驻上海领事阿礼国给国内写信说，每年早春时节，北京仰赖漕船通过大运河供应当年的食粮，现在只要大英帝国派出小小的一支舰队，占领镇江这样的运河据点，帮助清朝平息国内叛乱，就可以让清朝给英国更多的利益，这比占领20个沿海或边疆上的城市还要有效。

在一次次的打击之下，京杭大运河许多河段淤塞，已经无法通航。1855年黄河改道后，运河山东段逐渐淤废，从此漕运主要改经海路。在平息了太平天国内乱后，清朝还曾试图修复大运河的漕运功能，无奈国库空虚，有心无力。

古老的国度又一次站在了生死关头，有大运河，生；没有大运河，死？

幸好除了修复大运河之外，风雨飘摇中的清朝又有了新的选项，那就是工业革命带来的新的交通运输方式——铁路。清末修建的最重要的铁路莫过于京汉铁路（旧称卢汉铁路），它从北京城向南延伸到汉口，全长1214千米，1898年年底从南北两端同时开工，1906年4月1日全线竣工通车。一点儿都不奇怪，这是一条跨纬度、跨流域的铁路，也是一条能够替代大运河的国家新脊柱。1912年，连通天津和南京的津浦铁路也全线通车。

水路运输远比古代的陆路运输节省成本，所以自从杨广开凿了大运河，南北方运输和贸易的发展，让古代中国迈上了一个新的台阶，获得了滚滚财富，并逐渐富甲全球。也正是因为严重依赖大运河，才让元朝和之后的封建王朝在时局动荡时苦不堪言。

俱往矣，看今朝中华大地，是高铁和航空的天下。

第八章｜别说宋朝不差钱儿

宋朝是一个很拉风的朝代，它的历史是从成语“黄袍加身”开始的。

后周大将赵匡胤领兵北上御敌，途经陈桥驿驻扎。早晨赵匡胤酒醉醒来，一出屋，就被属下披上了黄袍，众将高呼“万岁”，江山轻而易举地就获得了。不过，赵匡胤当时是真喝醉了还是假喝醉了，事先是否知道有黄袍加身的桥段，就不得而知了。中国历史上每到改朝换代之际，总会上演新主子三番五次推辞，流着泪说“我不行，你们怎么能逼我当皇上”的戏码，结果这些人哪个也没推辞成功，全都“被迫”登上了皇位。赵匡胤基本上也属于这样一位君主。

开局虽然略显老套，但赵匡胤的大宋此后却不同凡响，令人刮目相看。

富甲全球的大宋

赵匡胤是职业军人出身，按理说应该好勇斗狠，热衷攻伐，重武轻文。谁料到这位宋太祖竟然是个热爱生命、热爱和平的好男儿，解决事情尽量避免杀戮。

比如初登大宝不久，赵匡胤就在太庙的一间密室中立了一块碑，此后大宋新皇登基，都要由一位不识字的太监带到密室里瞧瞧那块碑。碑上到底写了些什么，直到金军攻破汴梁城，打进太庙才真相大白，碑上赫然书写着三条，大意是：第一，不杀柴氏子孙（后周后裔），如果他们谋反，就在监狱里让他们自尽，不能公开杀掉；第二，不杀士大夫，尤其是那些谏臣；第三，子孙如果违背了前两条，天诛地灭。

这“勒石三戒”不仅给大宋历代皇帝画下了执政的底线，也给大宋的经济方针定下了基调，通俗来讲就是三个字：不折腾。全国以经济建设为中心，对外能和平解决争端，就不诉诸武力；对内能调和矛盾，就不激化冲突。

在这一国策的指引下，大宋的经济数据一举超越了此前历代的各项纪录。宋朝财政收入最高的一年，达到了1.6亿贯（1贯＝1000文），即使是后来的南宋，财政收入高的时候也能达到1亿贯。这样的收入纪录在古代中国不仅空前，也堪称绝后。比如明朝在财政收入上比北宋差了整整一个数量级，清朝康乾盛世时状况稍好，但也不及北宋财政收入的一半。

宋朝平民百姓的生活也要好于其他朝代。司马光曾经痛心疾首世风日下，连农夫走卒都穿丝质的鞋子，实在太奢靡了！

这样一个安定团结的局面是如何得来的呢？我们不应该把1000年前宋朝的成绩过分拔高了，这个朝代的经济基础还是广大的自耕农们，这些农民上交的皇粮和税款，支撑起了大宋的江山社稷，骨子里大宋还是很传统的。

本书第一章已经介绍过，高产耐旱的占城稻就是在宋朝进入中国并得到推广的，激发了宋朝人口突破1亿人。公元742年，唐朝统计的户数是

8973634户。到了公元1080年，宋朝的全国统计户数是16569874户，大约两个半世纪的时间，全国的户数增加了将近一倍。同一时期，如果只看长江中、下游流域和东南沿海地区，户数增长到原来的三四倍之多。人口多了，税收自然也多了。

但在经济上，宋朝同其他朝代相比，有两个亮点，一个是开源，就是将海外贸易搞起来。

原本古代中国通过陆上丝绸之路与其他国家做贸易，但宋朝建立没多久，西北的党项人就建立了西夏，阻断了宋朝与中亚、西亚的陆上贸易通道。不得已，宋朝的对外贸易转向了东南沿海，竟然开辟出了繁荣的海上丝绸之路。宋朝先后在广州、临安（今杭州）、明州（今宁波）等十几个沿海城市设立了市舶司，专门管理海外贸易。其中广州、泉州和明州的贸易量最大，特别是泉州，在南宋时期，一跃成为当时世界第一大港，是海上丝绸之路的起点。

宋朝出口货物包括丝绸、瓷器、糖、纺织品、茶叶、五金。进口货物包括象牙、珊瑚、玛瑙、珍珠、乳香、没药、安息香、胡椒、琉璃、玳瑁等几百种商品。南宋时每年通过市舶司获得的税收已经达到200万贯，占到了全国财政收入的百分之六。这只是官方的收益，民间也有许多人从事海外贸易，获利颇丰。

虽然不能直接从陆上丝绸之路做长途贸易，但宋朝还是积极与陆上邻国开展贸易。比如宋朝在与金、大理的交界处开设市场，对外输出药材、茶叶、棉花，引入人参、毛皮、马匹等。这些陆上贸易的收益也不容小觑。

俗话说，马无夜草不肥，虽然大宋的税收主要来源还是农业，但有了大规模的对外贸易，日子自然要比闭关锁国的那些朝代富裕多了。

此外，古代中国许多朝代的财政往往是皇族经济、战争经济、工程经济，税收收入主要是充当满足皇族奢华享受的私房钱、对外战争的军费和工程建设的拨款。这些经济类型，宋朝经济当然也都不缺，但它还有另一个亮点，就是消费拉动型经济。

《清明上河图》是北宋画家张择端的一幅名画，反映了北宋都城汴梁的繁华。其实还有一部著作号称文字版的《清明上河图》，那就是孟元老的《东京梦华录》，记录东京汴梁的各个街道上店铺林立，如酒楼、金银钞引铺、当铺等，从记述中我们可以看到，宋代都市里居民区（坊）与商业区（市）之间已没有什么明显的界限。宋代都市之内也有定期举行的“商品交易会”，最典型的是在大相国寺及其周围每月五次的盛会。

城市有店铺，城郊有草市。汴梁沿汴河草市的繁华程度一点也不次于城内繁华街道，以致有学者认为《清明上河图》所反映的不是汴京城内，而是汴京城郊草市河市的情景。有些诗人用诗句描写了草市的情景，比如范成大有“远寻草市沽新酒，牢闭篷窗理旧书”，陆游有“草市寒沽酒，江城夜捣衣”的诗句。

这些文学作品都反映了北宋都城繁花似锦。都城经济能够如此繁荣，是由于那里有强大的消费能力。

前面已经提到，宋朝从赵匡胤开始就十分重视读书人，科举制在宋朝得到了发展，只要中了科举，就可以直接授予官职，这等于给民间读书人提供了一个途径，不用看出身、不用看门第，只要中举，便能走上仕途。科举制繁荣的结果之一，就是宋朝的文官队伍膨胀，比如在北宋的都城汴梁集中了大量的朝廷官员。

汴梁城内皇族、官员、军人、商人云集，人口达百万之众，这些人的吃穿用度不是附近州县能够充足供应的，于是北宋依靠运河漕运，从日渐富庶的江南地区运送大量的物资到汴梁。一船船送抵汴梁的货物，不仅有粮食，还有丝绸、茶叶、瓷器、木器等，吃喝玩乐的装备一应俱全。当时的欧洲正处于中世纪的黑暗之中，美洲的玛雅人还在丛林中乱闯，大宋的汴梁城犹如文明的第一灯塔，照耀着周边之地，令四方心神往之。

汴梁城庞大的消费力和强大的购买力，刺激了全国各地的生产力。宋朝和古代许多重农抑商的朝代不同，它对商人的限制相对宽松，并不惧怕商人做大后威胁皇权。一些文人士大夫甚至还为商业、商人摇旗呐喊，公开支持。比如写出“先天下之忧而忧，后天下之乐而乐”的北宋政治家范仲淹，就公开为商人鸣不平说：“吾商则何罪，君子耻为邻？”他认为败坏社会风气的不是商人，而是权贵。两宋交际时的进士郑至道则说，百姓自古即分为士、农、工、商四民，士以读书明理管事为业，农以耕为业，工以制作器物为业，商以贸通有无为业，此四者“皆百姓之本业”。

有了这样良好的社会舆论，宋代的商业发展自然也就顺畅许多。而经商获得的利润，要比务农高出许多倍，手工业、商业发达的国度一般来说要比畜牧业、农业发达的国度更富裕。

比如说宋锦，顾名思义，是宋朝发展起来的织锦，源起于吴地，在两宋时期形成气候。吴地处于长江中下游平原，物产丰饶，给手工业的发展提供了物质和经济基础。这里的气候条件又非常适合桑树和蚕的生长，很容易就发展成为南方丝织业的中心。宋朝史书曾记载，全国各地上贡皇室的丝织物中，只有四分之一来自北方各路，却有三分之一来自苏浙地区。这是之前历代不曾出现的手工业局面。

以宋锦为代表的江南地区的丝织业不仅在数量上超越了北方，宋锦的精工细作简直到了登峰造极的程度，让其价格昂贵到只有皇室才有能力支配其用途的地步。后世的考古挖掘中，昔日宋朝疆域内几乎没有那时宋锦的遗物出土，倒是塞外一些墓葬中曾出土一些宋锦。也许，当时作为丝织品中最高档次的宋锦，由于物以稀为贵，除了宋朝皇室自己享用外，就是拿去作为国礼，送给虎视眈眈的北方强邻，谋求一时的和平，延续繁华之梦。

除了都城、江南之外，北宋时期的四川也是一派繁荣景象。当时的一位地方官赵汴曾描述，四川当地一年12个月举行12种不同的集市：正月灯市，二月花市，三月蚕市，四月锦市，五月扇市，六月香市，七月宝市，八月桂市，九月药市，十月酒市，十一月梅市，十二月桃符市。其中，蚕市与药市最热闹。四川眉州诗人苏轼、苏辙兄弟离开四川到外地做官后，都曾分别写诗回忆自己小时候到蚕市游逛时的快乐情景。

宋朝全境手工业、商业的发达程度在历朝历代中堪称高峰，所以能够富甲全球也就不奇怪了。

宋兵乙：我曾是个无业游民

宋朝皇帝为什么不担心江南地区凭借强大的财力挑战皇权呢？其实当皇帝的，随时都担心有人取而代之，只是宋朝把全国的精锐之师都集中到了汴梁城，集中到了皇帝的身边，这就在很大程度上避免了地方势力做大。

和平主义者赵匡胤坐江山的时候，麾下的军队不足40万人。就这些军队，赵匡胤还搞了一出“杯酒释兵权”的演出，让手下大将把各自的军权都交了出来，集中在他一个人手中，这些大将则拿着养老钱享清福。和汉高祖刘邦、明太祖朱元璋当了皇帝后就开始杀功臣相比，赵匡胤处理问题的做法非常人性化。

此后，北宋的军队逐渐壮大，到了北宋中期的时候，军队人数竟然达到了125万人，除了喜欢搞阅兵仪式的隋炀帝外，北宋军队数量几乎是古代中国之最。从军队构成看，士兵主要分为两类，其中一类是驻守汴梁地区的禁军，《水浒传》中豹子头林冲落草前的职业就是80万禁军教头。对，没错，是80万禁军，作者施耐庵并没有夸张，北宋的都城集中了80余万的军队。另一类军队属于厢军，驻扎在地方各处，人数远比禁军要少，而且待遇也低一些，每个禁军每年要消耗约50贯，厢兵每年消耗30贯，单是这百万大军的军费，就高达四五千万贯。

除了富甲天下的大宋外，没有哪个朝代能维持这么大规模的常备军，而且士兵待遇还相当优厚。曾经有位西方学者感叹，当时欧洲小国的君主，都不如汴梁城把门的守卒生活条件好。

北宋养活这么多的军队，是为了作战需要吗？北宋在北方面临辽或金的威胁，在西北方面临西夏的威胁，的确需要一支强大的军队御敌。但是，兵不在多而在于精，北宋这百万大军对外作战鲜有胜绩，倒是多次被辽军深入边境，饮马黄河。

是因为林冲教头对这些禁军的军事训练太糟糕，使得宋军在战场上不堪一击吗？非也，其中有个根本的原因，就是北宋招募庞大的军队，并非单纯为了作战，还为了解决失业人口的就业问题。

各个朝代要获得兵员，无非采取两种办法，一种是征兵，另一种是募兵。征兵就是强制老百姓参军入伍，而募兵就是花钱雇用老百姓参军入伍。宋朝是中国历史上唯一长期坚持募兵制的朝代，它的大军都是花钱雇用的，而且还没有退役制度，只要某个人进入了宋朝的军队体系里，就等于捧上了铁饭碗，一辈子衣食无忧了。

北宋时期，高产的占城稻开始推广，农业开始采用水稻和小麦轮种，粮食的大幅增产直接激发了全国人口突破1亿人。虽然宋朝商品经济发达，许多非农业的行业吸纳了大量的劳动力，但宋朝的统治者还是为社会上出现了越来越多的无业游民头疼。

这些无业游民对社会的安定是潜在的威胁，为了消除这个威胁，宋朝再次用钱开路，花钱从这些游民中选择身强力壮的人，补充进军队里，让他们从游民变成了士兵，“每募一人，朝廷即多一兵，而山野则少一贼”，这就是北宋解决失业人口的国策。

宋太祖赵匡胤就是这个国策的奠基者，他说过，灾年最容易出现民变，不过此时募兵也最容易，因为老百姓没粮食，想有口饭吃，给点儿钱就能招募到士兵；而在丰年，老百姓丰衣足食，即使提高军队的待遇，肯参军的人也寥寥无几，毕竟当兵是一个有生命危险的职业。《水浒传》中描写的朝廷三番五次派官员到水泊梁山招安，就是这一国策的体现。在宋朝皇帝眼中，剿灭山贼太费力气，还不如花点儿钱招安了这帮草寇省事，反正朝廷有钱。

参军有吃有喝，还有钱赚，何乐而不为呢？在其他朝代非常头疼的兵源问题，在大宋看来简直是不值一提。宋朝时期也不是没有发生过起义，比如北方的宋江起义和南方的方腊起义，只是这些起义与直接或间接推翻汉朝的黄巾起义、推翻唐朝的黄巢起义以及后来推翻明朝的李自成起义相比，规模小了许多，不会对江山社稷造成致命伤害，不论北宋还是南宋，都不是亡于农民起义，这充分说明宋朝的募兵制在解决社会不安定因素方面还是很管用的，宋江、方腊就算揭竿而起，群众基础也相当薄弱，大宋地界没多少人愿意舍弃性命同他们一起“替天行道”。而且一遇招安，宋江带头投靠朝廷，这不能算是叛变，只能说被官府的糖衣炮弹打垮了。

但以解决失业问题为目的的募兵制，自然难以获得有足够战斗力的队伍。北宋最初招募士兵，有严格的体检标准，比如上等禁军的身高要求5尺8寸以上，这个标准放到今天，差不多得有1米8的个子才能入选；入伍的身高最低标准，在宋真宗时期是5尺5寸。标准高了，就会有许多无业游民进不了军营，有悖于解决失业问题这个基本国策，于是有大臣提出，只要体格健壮，身高矮一点儿没关系，此后最低标准就不断降低，到了宋仁宗时期，入伍标准下降到5尺2寸，换算成今天的计量单位，也就是1米6多一点，社会上的大部分人都有资格入伍了。

这样招来的士兵，身体素质可想而知，林冲这样的禁军教头再敬业，也不可能把素质很低的士兵都练成宋太祖赵匡胤那样的猛将。而且，参军为了赚钱，这些士兵保家卫国的荣誉感就没有了，朝廷不给优厚的待遇，宋兵就不愿意去打仗。于是，北宋的将军们为了让这帮士兵能上阵杀敌，甚至违反军规，允许他们把手里的钱都挥霍掉，这样他们才有动力去打仗赚钱。

有这样一支大爷似的“百万雄兵”，宋朝对外作战屡战屡败也就不奇怪了。面对北方和西北方的虎狼之师，宋朝该如何应对呢？

宋朝岁贡的利与弊

宋朝面对外敌时还是照方抓药，拿钱解决。

宋朝其实一开始也不想这么窝囊。但北宋初年，契丹已经占据了长城以南的燕云十六州，也就是今天的北京、天津、河北和山西一带，都属于不错的农耕区。在前文我们已经谈过，游牧民族要是学会了耕田，那就谁也挡不住了。赵匡胤的弟弟、宋太宗赵光义不想做软柿子任人宰割，于是打出杨家将这副牌，北伐契丹，希望收复燕云十六州，把契丹赶到长城以北去，然后在长城附近的崇山峻岭布防。

没想到契丹当时由萧太后带领，萧太后巾帼不让须眉，指挥契丹铁骑出击，愣是把宋军杀得丢盔弃甲，统领杨家将的杨业也战死沙场。辽宋之间的战争一直持续到宋真宗与萧太后签订澶渊之盟的时候。在一场双方损失惨重的拉锯战后，宋朝和辽终于坐下来谈判议和。名为议和，实际上就是辽朝开价，宋朝出钱。

北宋方面谈判的使臣曹利用临行之前，问宋真宗愿意支付多少钱买和平。宋真宗说："迫不得已，虽百万亦可。"这话让宰相寇准听到后，威胁曹利用，如果上贡金额超过30万岁币，回来后就砍掉曹利用的脑袋。结果曹利用真的达成了银10万两、绢20万匹的30万岁币。

曹利用回来后要见宋真宗，偏巧宋真宗在吃饭，他只好在门外等候。宋真宗想知道谈判的结果，于是打发内侍去问曹利用。曹利用觉得这是国家机密，得当面禀报才行，不能直接告诉内侍，于是伸出了三根手指。内侍回报了宋真宗三根手指，宋真宗竟然以为是300万岁币，不禁脱口而出："太多了。"停了一会儿，又自我安慰道："虽给得多了一点儿，但就此把事情了结了，也好。"等到曹利用禀报宋真宗谈判结果是30万岁币时，宋真宗简直要乐疯了，大大地赏赐了曹利用。

澶渊之盟后，根据盟约，宋朝每年向辽提供30万岁币的"助军旅之费"；双方在边境开展互市贸易，互通有无。宋辽之间120年没有再起刀兵，各自安享太平。

澶渊之盟一事，深刻地教育了北宋的皇帝，也给我们一种别样的启迪。前面已经谈到，宋朝的年财政收入可以轻松破亿贯，30万岁币的赔款只相当于年财政收入的0.3%。赔款的确让人觉得丢了面子，可是如果坚持“士可杀而不可辱”，非要与契丹死扛下去，且不说能不能真的打退契丹，就是每年的军费开支和人员伤亡，算下来恐怕也得上千万贯。从宋太宗开始的对辽战争，真是不值得。

其实契丹也不想和宋朝长期打拉锯战，因为契丹的经济更脆弱。虽然契丹骑兵亦兵亦民，战争时是骑兵，和平时是牧民，但这战争要是拖上几年，牛羊没人照看，宋朝境内又没有好草场放牧，契丹自己的经济也得崩溃。

所以，澶渊之盟是个很符合经济学的条约，它让谈判双方或者说买卖双方都获得了利益，宋朝花小钱省大钱，还买来了和平发展；契丹得了宋朝的赔款，日子也改善了。这就叫双赢。

到了南宋时期，宋朝的对手变成了金，已经把双赢原理使用得滚瓜烂熟的南宋皇帝如法炮制，每年给金白银25万两、绢25万匹，甚至对金的皇帝称叔叔，买来了西湖歌舞翩跹的太平。看上去宋朝又折面子又损钱，但即使是国土严重缩水的南宋，每年的财政收入也可以达到8000万贯，对金的岁贡最多也就占南宋财政收入的1%。是为了面子和金殊死搏斗，或者修筑一道新的长城，还是花点小钱打发了这帮北方穷邻居呢？

与宋朝相反，几百年后的明朝采用了另一种方式。明朝的亡国之君崇祯向来是主战的，为了对付来自关外后金的威胁，连年战事，军费开支巨大，农民不堪重负，揭竿而起。为了剿灭农民起义，军费又增。最后明朝陷入了恶性循环，偏巧又赶上海外白银输入锐减（本书后面章节会专门讨论，此处不表），江山丢光了，银子也丢光了。

南宋和北宋加起来，抗衡了北方的契丹、党项、女真和蒙古四大强敌的车轮战，最终耗死了前三个，并在南宋末年与横扫欧亚的蒙古大军硬扛了几十年时间，充分表明宋朝绝不是一个软弱无力的朝代。

就宋高宗赵构来说，千古以来人们一直抨击他龟缩江南、屈膝求和，甚至还伙同奸臣以莫须有的罪名杀死了抗金英雄岳飞。赵构的确太窝囊了，杀死岳飞也过于狠毒，但我们评价一个历史人物或一个朝代，不仅要看他或它是不是有气节，还要看最终的结果。明朝灭亡后，明朝残余势力试图在江南与清朝对抗，但很快就土崩瓦解了。而赵构在宋朝风雨飘摇之际，却能够收拾旧河山，组建起了南宋领导班子，最终实现了与金对峙的局面。这样的结果不会是一个不学无术的窝囊废能实现的。至于北伐中原恢复旧河山，赵构的南宋没有做到，可中国历史上偏安南方的朝代中，又有几个做到了呢？

扯几尺布匹、扔几两银子打发北方的敌人，换得国家的长治久安，并不算丢人，谁让咱大宋不差钱呢！

大宋虽说不差钱，但看看宋朝给辽、金的岁贡，我们就会发现一个有趣的现象，那就是大宋只愿意给白银和绢，却从来不拿铜钱作为岁贡给出去。实际上，大宋还刻意避免自己的铜钱流出，甚至还发明出类似于今天银行中支票的形式，在边关地区流行，尽量减少附近的铜钱使用量，不给任何人把铜钱带出去的机会。

大宋既然不差钱，为什么会对铜钱锱铢必较、斤斤计较呢？

宋朝为啥闹钱荒

谈到铜钱，宋朝铸造的铜钱可谓古代中国的极品，不仅铸造技术精湛，而且钱币上书写着当朝皇帝的御笔书法。别看宋太祖赵匡胤是一介武夫，他身后宋朝历代皇帝的书法，那是一个赛一个，尤其到了宋徽宗时，工笔花鸟、瘦金体书法历经近千年，仍然被当今的学者所推崇。如此高雅的艺术作品，宋朝人通过一枚铜钱就可以欣赏，宋朝人不但物质生活富足，精神生活也绝非其他朝代所能比拟的。

宋朝是我国历史上制造铜钱最多的朝代。在北宋167年的岁月中，大多数年份铜钱铸造量都在100万贯以上。到宋神宗时期，甚至达到了年铸造铜钱500万贯的惊人纪录，需要耗费铜1万吨左右。有人估计，北宋自己铸造的钱币加上过去朝代的铸造量，如果不考虑损毁情况，到北宋末年，全部的铜钱应该有3亿贯。与每年30万岁币相比，北宋的铜钱量可谓天文数字了。

然而匪夷所思的是，北宋却经常闹钱荒。比如当时的文学家苏轼就曾经上奏说，浙江一直闹钱荒，现在更严重了。老百姓拿着白银、绢丝到市场上，却没有什么顾客光顾，而当铺往往大白天就关门歇业，因为大家手头上都没有现钱。

既然官府掌握着铸币权，老百姓手中又没有现钱，官府难道不会向市场上投放货币吗？宋朝官府当然不是笨蛋，可是往往几十万贯的铜钱投放到市场，就像泼出去的水一样，很快就不见踪影了。

到了南宋时期，钱荒更加严重了。著名的抗金大臣李纲曾经上奏说，市面上根本就没有现钱，农民们的粮食不论怎么降价，由于潜在的买家缺乏货币，无法成交，农民们搞不到钱交税，导致有人被迫逃亡。

市场上铜钱缺乏，铜钱的价值自然就上升了，甚至宋朝官府都对铜钱的价值重新规定，比如宋太宗赵光义就下令，77文钱当作100文钱来用，这就等于让铜钱比面值升值了近30%。到了南宋时期，铜钱更加缺乏，市场上习惯用50文铜钱当作100文来花，铜钱升值了一倍。

宋朝年年铸造铜钱，那么多的铜钱都跑到哪里去了？不是契丹、党项搞破坏，也不是宋朝的经济增速超过了铸币速度，而是宋朝的老百姓都把铜钱收集起来熔化掉，重新打造一些铜器出售，作为生财之道。

把钱毁掉，制造出其他物品，还能更赚钱，如此喜感的事情怎么会发生呢？

这首先是由于宋朝钱币铸造成本高。古代中国在大多数时候，都是由官府垄断了铸币权，汉朝曾经在一段时期内允许官府授权的私人铸造钱币，朝廷上还曾经为钱币铸造应该官营还是私营进行讨论。宋朝则完全由官府垄断了钱币铸造权，按照一般的理解，铸造钱币怎么可能亏本呢？比如用价值1贯的铜料制造出铜钱，这些铜钱可以按照1.5贯或者2贯的面值发行，差价弥补官府铸币的其他成本，甚至还会有所盈余。

但是面值不能随意拔高，因为如果铜钱的面值超出铜料太高，一些民间人士就会在高利润的诱惑下铤而走险，购买铜料私自铸造铜钱，冲击官方的钱币市场。此外，官办企业都属于铁饭碗，一般来说效率都不高，铸造钱币时的浪费、损耗比较严重，更不用说贪污和开小金库存私钱了。唐朝就曾经出现过铸造钱币官府反而亏钱的怪诞事。

当然，正常情况下官府应该不会因为铸币而亏损。但是，如果钱币投放到市场上价值发生了波动，就不是官府能够控制的了。比如宋朝在经济发展的同时，通货膨胀也很严重，于是制造铜钱的铜料价值也水涨船高。官府好不容易制造出一批铜钱，在铜钱上标注了面值，没过多久，由于铜料价格上涨，一枚铜钱的币值还不如铸造这枚铜钱的铜料的市场价格高，更不如用同样的铜料铸造的日用品比如铜壶、铜炉的价格高。这样一来，脑子活络一些的人就开始在市场上收集铜钱，重新熔化后制造铜壶、铜炉出售，从中牟取差价利润。“销熔十钱得精铜一两，造作器用，获利五倍”，这是当时人们的经济时事评论。

从北宋到南宋，官府制造一批铜钱，民间就销毁一批铜钱，于是市场上总是缺少铜钱。宋朝自己都缺铜，就不可能在付岁贡的时候把铜钱给辽或金了。更何况，铜本身也属于战略物资，可以用于打造兵器，从国防的角度考虑，给白银和绢都更加安全一些。

所以，说宋朝不差钱儿，说的是这个朝代经济发达、物产富足；说宋朝差钱儿，说的是作为日常交易的基本货币即铜钱始终是短缺的。

为了缓解铜钱荒，宋朝想到了用铁来铸造钱币。

其实早在五代时期，有些地区已经开始用铁铸币并通行。北宋还没取代后周的时候，四川地区附近的后蜀就使用铁钱，在北宋灭掉后蜀后，也沿袭了用铁铸币的传统，以弥补铜钱短缺。

但是，马克思说过一句著名的话：“金银天然不是货币，但货币天然是金银”，一种金属能够被大家广泛接受，作为铸币的原料，是和这种金属的性质分不开的。欧洲古代各国借助曲折的海岸线和优良港口，纷纷从事海外贸易，而且交易往往比较大宗，这样一来，用贵金属作为货币，可以满足大宗交易，金币、银币在古代欧洲畅销，就是这个原因，也启发马克思说了前面那句话。

不过如果马克思生在中国，就会说“银铜天然不是货币，但货币天然是银铜”了。古代中国是以大量自耕农为基础的农业国家，日常更多的是小额交易，朝廷有时会大批采购，所以通行古代中国的货币用贱金属铜并辅助以银就可以了，黄金一般不用于交易，而是用于皇帝赏赐给下属，或者给大佛镀上金身之类的事情。

再说铁钱。铁是一种比铜还贱的金属，这里的贱没有道德含义，只有经济含义。一些日常的针头线脑商品，用铁钱也许还比较合适，交易价值稍微高一点，铁钱的弊病就显露无遗，人们买一袋子米都得身背很重的铁钱去交易，实在太不方便了。更糟糕的是，金、银不会生锈，铜在常温干燥环境中也很难生锈，可是铁的化学性质却很活泼，很容易被氧化，变成毫无价值的铁锈。铁钱不易保存，这也是铁钱不被人喜欢的缺点之一。

还有两个经济上的弊病，让宋朝铁钱替代铜钱的方案屡屡受挫。一个是铁钱铸造比铜钱更简单，所以民间很容易私造钱币，冲击国家金融稳定。另外，铁钱和铜钱一起流通于世，官府就必须给两者定一个兑换比率。可是宋朝还没有快捷的交通网和完善的银行体系，所以铁钱只在部分地区流通，在实际的交易中，铁钱多的地方铁钱的兑换价值就低，铁钱少的地方铁钱就可以兑换更多的铜钱，至少在字面上是如此。于是，这又给民间部分人提供了一个发财的机会，不同地区汇率不同，来回倒腾不同的钱币，就能够获利了。宋朝官府想维系铜钱、铁钱兑换比率的稳定几乎是不可能的。

铜钱没了，铁钱不堪大用，大宋快被钱的事给逼疯了，就在这个节骨眼上，一种新型的货币横空出世，让宋朝皇帝如获至宝，长出了一口气。

第九章｜
早产的纸币惹人哀叹

宋朝是一个通货膨胀严重的朝代，铜钱面值赶不上铜料价值，导致铜钱大量被人销毁铸造铜器。这其实是很反常的，因为市面上的货币量少了，缺钱的经济应该表现为通货紧缩，为什么宋朝却深陷通货膨胀的泥沼呢？

答案很简单，宋朝不仅有铜钱和铁钱，还印刷了远比铜钱面值大得多的古代纸币——楮币。楮币在短时间内缓解了宋朝的钱荒危机，但巨浪滔天的楮币潮水也将最终冲垮大宋的两代王朝。

从飞钱到交子：四川人有法子

印刷术是中国古代四大发明之一，蔡伦造纸和毕昇活字印刷术这两大发明，使中国人很早就享受到了轻薄的纸张带来的生活便利。但是纸张被用于金融领域，却已经是唐朝后期了。

唐宪宗在位时，许多商人外出经商，随身需要携带大量的铜钱，非常不方便。于是发明了“飞钱”，商人在一地比如京城把铜钱如数交给官府，官府给开具一张有效力的凭证，上面记录着开具的地方和铜钱数目。商人只要带着这张凭证到异地相关官府部门，就可以提取同样数量的铜钱，用于购买货物。这种凭证就是飞钱，相当于现代金融业里的汇票。

飞钱使得商人们可以轻装上路，交易更方便了，同时也减少了长距离的铜钱搬家，减少了人们在交易中使用铜钱的数量，缓和了铜钱短缺的现象。不过，飞钱只适用于汇兑业务，它本身不是货币，使用完毕就销毁，不进入货币流通领域，所以它并不算真正的纸币。

在宋朝建立之初，灭掉了位于四川的后蜀国，把当地的铜钱带到京师，只留下铁钱在当地流通，以此缓解这个新兴王朝货币短缺的问题。此后，北宋朝廷甚至宣布，禁止四川地区使用铜钱，只能使用铁钱，希望减少市场上对铜钱的需求量。

可是，铁钱购买力太低，按照北宋前期的货币兑换比率，一贯小铁钱重6斤多，币值却只有铜钱的1/10。当时要买一匹绢，需要的小铁钱的重量有30多斤。可以想象，人们的日常生活因铁币的流通产生了诸多不便，商人就更苦不堪言了，想进货100匹绢，竟然要用牛车拉着铁钱去买。许多小额交易的买卖双方一想到沉重的铁钱，立刻就打消了念头。

迫于无奈，受飞钱的启发，宋太宗初年，成都16家富商订立契约，联合创立了世界首家发行纸币的私人金融机构“交子铺户”，开始发行信用纸币“交子”。交子一开始还是与飞钱类似，只是一种民间的汇兑凭证，并非真正的货币。后来，北宋政府介入了交子的发行之中，交子的发行由民办改为官办，并把交子作为货币强制推行，交子摇身一变，成了可以在四川市场中流通的货币。

世界上的第一张纸币就这样在四川人手中诞生了，而且北宋官府在发行纸币之初，就显示出了高度的现代金融标准，宋朝人知道纸币虽然看上去一本万利，但却不能随意乱印，毕竟这东西只是货币，不是财富，论实际价值，纸币还不如铜钱，后者起码有料。纸币的发行必须要以一定比例的准备金作为基础，以防人们大规模地把纸币兑换成其他货币时能够应付挤兑潮。

由于纸币诞生于北宋的四川地区，这个地区又是铁钱的流通范围，于是一开始宋朝人会预留一定数量的铁钱作为准备金，然后再发行相当数量的纸币，从面额来看，铁钱面值约是纸币发行额的二成八，也就是28%。我们今天的银行存款准备金率一般在百分之几到百分之十几之间波动，几乎不会超过20%，由此可见，宋朝刚发行纸币的时候，还是非常谨慎小心的。那时候的造纸工艺不比现在，纸币磨损得很快，北宋官府通常3年就要再发行一次新纸币，同时回收旧纸币，以新换旧。

纸币对于被钱荒折磨的大宋，真是一剂灵丹妙药。上一章已经谈到，民间对铜钱趋之若鹜，收集起来熔化铜钱造铜器，使得市场上难见铜钱。其实，大宋的铜钱不仅是本国的法定货币，而且“一国所铸，四朝共用”，在辽、西夏和金三国也是硬通货，大家都处于一个货币体系中，类似于今天欧元在许多欧洲国家中充当法定货币一样。大宋铜钱甚至还流向了高丽、日本、东南亚各国，这进一步导致了大宋铜钱严重缺乏的状况。

铜钱缺乏，自然会引发通货紧缩，但纸币一发行，用少量的铁钱准备金放出面额巨大的纸币，流通于世，立刻抵消了通货紧缩的趋势，市场上有了流通的货币，人们做交易也就更加方便了。

除了法定的楮币这种纸币外，宋朝官府还发行类似于今天的汇票或支票之类的证券，有些证券有固定面额。拿着这些证券，人们可以在官营的部门领取到盐、酒、茶、矾、香料等专卖品，类似于几十年前中国大地上通行的布票、粮票、油票等。更有趣的是，大宋就连和尚、道士也有专门的证券，叫作“紫衣”或“师号”，他们可以用这种专用证券购买自己所需之物。纸币一旦出现，人们就开始思如泉涌，发明出各种花样的用法，方便自己的生活。

纸币的发明，给人们带来了巨大的便利。宋代1贯大铁钱重25斤，即使后来重量减半了，一个彪形大汉要背着几贯钱行走也是步履艰难，10贯以上的铁钱只能靠小车运输。1贯铜钱虽然远比铁钱轻，但也有5斤重，价值却只与1两白银差不多。改用纸币后，1贯钱印制成1尺见方的纸片，重量几乎可以忽略不计，就算是一个普通人携带百贯的纸币行走，也是轻轻松松。纸币受到了商人的热烈欢迎，进行大宗贸易的他们早就被铜钱、铁钱折磨很久了，仅是运输钱币就要消耗可观的资金，这生意真是太难做了。有了纸币，商人的贸易成本明显降低，他们还发现，自己经过重重关卡时，甚至可以把纸币藏起来瞒报税收！

纸币流通的最大受益者当然是宋朝官府。比如过去一件让官府很头疼的事情，是给驻守边境的军队发饷，那笔巨额的钱运输十分不易。有了纸币之后，军队官兵的军饷直接用纸币发放就行了。某些地方因灾害急需大量资金时，官府也可以立刻派人带着大量纸币过去应急。朝廷命官的往来、读书人的赶考也都携带纸币，方便极了。

制造纸币成本很小，但它本身所代表的价值却很高，于是宋代出现了不少伪造纸币的现象。大诗人陆游曾经提到，北宋末年的一位富豪曾派仆人去经营买卖，赚回了纸币5000贯，拿回来仔细一看，竟然全是伪造的！南宋初年，四川官员曾经破获了一起伪造纸币的案件，数额高达30万贯，案犯50多人。更有甚者，盘踞山东的割据武装首领金人李全就曾命令部下伪造宋朝纸币，拿到宋朝境内购买物品，引发了宋朝市场的混乱。

古代纸币比现代纸币容易伪造，这的确是个严重的问题。但是反过来看，这个现象也说明宋朝发行的纸币，在大多数时间里是有信用的，被大家所接受，能够在市场上自由流通。

大宋开始对纸币上瘾

纸币绝对是划时代的金融创新，但这个早产儿给人们带来的不仅有喜悦，也有痛苦和灾难。任何货币都有自身的特性，纸币也不例外，纸币的“铸造”过于容易，面额又可以随意书写，这让纸币好像是一匹性情暴烈的骏马，骑手驾驭得当，可以日行千里，建功立业；但如果驾驭不当，它就可能直接尥蹶子把骑手摔翻在地。纸币是福是祸，全看骑手的驾驭能力。

北宋最初对纸币的使用很谨慎，严格遵守准备金比率发行，维护了纸币的市场信用，所以从宋仁宗到宋神宗的几十年中，纸币币值保持稳定，为大宋的经济稳定立下了汗马功劳。

但是到了宋徽宗的时候，蔡京主持朝政，开始大肆印刷纸币，把纸币的流通地区扩大到全国，搜刮民间财富，终于把北宋的经济局面引入了严重通货膨胀的深渊中。发行纸币时的准备金比率越来越低，准备金只有纸币面额的六十分之一时，也敢开印；甚至到了最后，没有准备金也照样发行纸币，汹涌的纸币搞乱了北宋末年的经济。

北宋末年，固然有辽、金大举进攻的威胁，国家需要筹集足够的御敌资金。但也正是这个时期，蔡京帮助宋徽宗大办花石纲，四处搜罗奇石怪树，满足皇上高雅的艺术需求，却搞得许多人都倾家荡产，方腊在南方揭竿而起，朝廷又要花钱去镇压。假如能够把办花石纲的钱用于御敌，也就不必靠狂印纸币来筹措军费了。所以北宋滥发纸币，怪不到辽和金的头上，皇上和奸臣的贪婪才是祸根。

民众的财富也不是可以随意挥霍的。大量的纸币不仅带来了通货膨胀，还把市场中的铜钱彻底驱赶走了，这就是经济学中的“劣币驱逐良币”现象。北宋民众知道纸币肯定会贬值，而且还会大幅贬值，于是拒绝接收纸币，手头有纸币的也会尽快兑换成铜钱或实物，把铜钱拿在手里存着。于是市场上纸币充斥，铜钱难得一见，“劣币”纸币驱逐了“良币”铜钱。

面对混乱的局面，北宋官府不得不宣布，民众纳税必须缴纳一定数量的铜钱；纸币和铜钱的币值必须按照某个固定的汇率进行兑换。可是，破坏纸币信用的恰恰是北宋官府自己，它却希望老百姓尊重纸币的信用，这根本就是南辕北辙的金融政策，也向老百姓暴露了纸币的信用已经崩溃的现实。

还没等金的铁骑冲入，北宋其实已经被纸币摧毁了，金兵南下不过是收拾一下残局而已。

纸币对三大王朝的冲击

古代中国被纸币撂倒的王朝，北宋是第一个，但绝不是最后一个，此后的南宋、金和元朝，无一例外地头撞南墙，被一沓纸币砸倒。

南宋继承了北宋的半壁江山，同时也继承了印刷纸币的传统。北宋纸币的经验和教训，南宋统治者是清楚的，尤其是被金抓走了两个皇帝的“靖康之耻”还历历在目，南宋皇帝不敢在纸币问题上乱开玩笑。

据说南宋的第二任皇帝宋孝宗为了纸币发行的问题，几乎十年睡不好觉。通过总结前朝的经验教训，宋孝宗确立了纸币限额发行、兑现自由、准许纳税的几条管理准则，说起来平平无奇，但却是保持纸币信用不衰的根基。

南宋初期，纸币已经被广泛使用，好在准备金充足，印刷数量也得到严格的控制，纸币对南宋重整河山做出了很大的贡献。

可是纸币币值的稳定只持续了30年就旧病复发了。说起来还是南宋自己冒失，1206年，在自身准备不充分的情况下，贸然伐金，没想到金早有准备，几路伐金军队纷纷败退，金军反攻，原本属于南宋的四川也一度反水，投靠了金。这一仗打下来，南宋元气大伤，不得已靠印刷纸币渡过难关。

此后，南宋的好日子就到头了，与金打打停停，后来金灭亡后，又与蒙古铁骑大战几十年。庞大的军费开支从哪里来？北方的铜矿早已被占，南宋只能靠发纸币度日了。宋孝宗的教诲早就被抛到了脑后，纸币发行量暴增30多倍。恶性通货膨胀再现，老百姓不愿意拿着纸币，让自己的财富缩水，于是纷纷挤兑铜钱。

南宋官府试图强迫民众接受纸币，但根本无法抵御民众拒收纸币的怒火。1209年冬天，都城临安城里的米行老板为了拒收如同废纸的纸币，集体闭门歇业。感受到饥饿威胁的老百姓慌了神，社会上出现了抢米风潮。南宋官府好不容易筹措了1400万贯铜钱回收纸币，并从各地征集来大批粮食平息抢米风潮，历经三年，勉强稳定住了局势。

从经济学上讲，南宋所谓的“通货膨胀”其实只是纸币引发的通货膨胀。由于纸币与铜钱、铁钱一并流通于市场上，所以货物的计价就会出现矛盾之处，两币并行必然导致“物有二价”。比如南宋中期，绢的价格如果以纸币计算是每匹4贯，到了南宋末年上涨到60贯以上。但是如果以铜钱计算，从南宋中期到末期，每匹绢的价格始终维持在3贯多，并无通货膨胀。两相比较，老百姓当然喜欢铜钱不要纸币了。

南宋官府很快发现，市场上的铜钱很快被老百姓收藏起来，他们用纸币纳税和买东西，只要有机会就会把手里的纸币兑换成铜钱。长此以往，市场上的铜钱将全部流入私人囊中！面对现实，南宋官府推出了“钱会中半”的制度，“钱”指的是铜钱，“会”指的是会子即纸币。政府规定，老百姓纳税的时候，上缴的货币中，铜钱必须占一定的比例，不许都用纸币来缴税。这个制度的推行，实际上表明了宋代的纸币与近现代的纸币是不同的，即宋代的纸币没能完全地替代金属货币。

南宋末年，蒙古骑兵灭掉金后，马鞭直指江南的南宋朝廷，病急乱投医的南宋再次开动印刷设备救命，纸币发行总量竟然达到10亿贯以上，市场上1贯纸币只能兑换几文的铜钱，商贾百姓在公开场合焚烧纸币以示抗议！

劣币不仅驱逐了良币，甚至连粮食都驱逐了，市面上只有一沓沓的纸币，见不到大米，当时200贯纸币甚至还买不了一双草鞋，可见通货膨胀严重到了疯狂的程度。

但南宋绝对不是当时纸币发行量的第一，先它一步灭亡的金在纸币印刷数量上，比南宋有过之而无不及。南宋皇帝好歹都是文化人，知道凡事得讲究个章法，没有足够的准备金乱印钞票，是会亡国的，只是到了紧急关头，他们被迫饮鸩止渴。

金早期的皇帝都是草莽出身，搞经济比宋朝要差多了。在攻陷了北宋的半壁江山后，他们接触到了纸币这一世界领先的发明，于是也照葫芦画瓢，学着宋朝的样子印刷纸币。最开始印刷量小，对经济的正面影响大，负面影响小。尝到甜头的他们开始大肆印刷纸币，以满足自己对外战争的军费需要。金纸币发行的70年中，纸币换了五次，每换一次，纸币就贬值一次，到最后白银与纸币的比价上涨了6000万倍。诸位没看错，单位是“万倍”。金后期，1万贯才能买一张大饼。如果说宋朝是迫不得已乱发纸币，那么金在纸币问题上就是胡作非为，自取灭亡了。

蒙古联手南宋，一起灭掉了金。这回“纸币与王朝”故事的主角换成了蒙古人建立的元朝。

13世纪，意大利旅行家马可·波罗来到中国，曾经对元朝使用的货币大为惊诧：

“大汗令这种纸币普遍流通于所有的各王国、各省、各地，以及他权力所及的地方。无论何人，虽然自己以为怎样权要，都不敢冒死拒绝使用。事实上，他们都乐于用它，因为一个人不论到达大汗领域内的什么地方，他都发现纸币通用，可以拿来做货物买卖的媒介，有如纯金的货币那样。”

纸币让马可·波罗开了眼界，可惜他并不知道，就在他来到中国之前，已经有两个强大的王朝——宋朝和金，都淹没在了纸币贬值的浪涛下。他更不会知道，他目睹的强大的元朝，也将在几十年后，在漫天飞舞的纸币中轰然倒地。

灭掉了金和南宋后，元朝认真总结了纸币发行的经验教训，并建立起自己的一套纸币体系，准备金自然是必不可少的。元朝由于疆域辽阔，而且四大汗国如金帐汗国、伊利汗国等又遍布欧亚，所以金银铜铁比较丰富，有充足的金属可作准备金，这是它发行纸币的有利条件。元朝的纸币全国通用，而且是唯一的法定货币。

可惜元朝的皇帝自忽必烈之后，一个比一个败家，骄奢淫逸就需要钱，于是开始挪用储存在各地的、作为准备金的金银。准备金被释放出来，等于直接增加了市场上的货币供应量，势必引发通货膨胀。当金银准备金被挥霍光后，元朝统治者又开始玩宋朝和金的把戏，乱发纸币，而且元朝官府只管向外发纸币，从来不考虑为了控制通货膨胀而回收纸币，通货膨胀如同猛虎下山一般，一步步恶化。到了元朝末年，按照纸币的面值算，米价竟然比元朝初年上涨了六七万倍！

元朝的堡垒是从内部被攻破的，而滥发纸币绝对是撂倒蒙古骑兵的一条结结实实的绊马索。

在通货紧缩与膨胀间徘徊

如果从赵匡胤黄袍加身的公元960年算起，到1368年元顺帝逃回蒙古老家结束，400多年的时间，纸币左右了宋朝、金和元朝这三大王朝的命运。纸币能够在1000年前早早来到这个世界，的确有些偶然因素，比如古代中国印刷术发达，但纸币能够“兴风作浪”400多年，也和金属铸币的缺陷有很大关系。

用金属铸币，货币的供应量受矿料的影响很大，毕竟矿产属于不可再生资源。当发现一座富矿后，货币供应量会大增；而如果长时间找不到矿藏，就没有金属可以铸币，而市场上流通的货币量会逐渐减少，有些被损毁，有些被人带入坟墓，退出了市场。金属铸币的流通量很难与当时的经济规模相适应。比如当一个国家经济规模的增长远远大于铸币用的矿产的开采量时，社会上就会出现矿料短缺，进而出现货币短缺，引发通货紧缩，许多交易会因为缺少货币而废弃，影响经济的继续发展。

这个金属货币量的弊病，与金属货币携带不方便的缺点相比，对经济发展的影响更为致命，古代中国频频颁布禁铜令，禁止铜钱输出，实在是被钱荒逼的，迫不得已。终于盼来了纸币问世，各朝各代都心花怒放，蔡伦造纸使用的是麻、布和树皮之类的东西，成本便宜得很，而且都是可再生资源。纸币的发行突破了“铸币材料”不足的限制，市场上想要多少纸币，官府就能印刷多少，想要多大面额的纸币，悉听尊便。

可惜纸币自身价值太低，发行纸币必须要有其他有价值的物品作为准备金。这些王朝虽然也都明白这个道理，但最后仍然没能抵御住纸币的诱惑力，一个接一个地掉进滥发纸币的财富幻境中。

一个国家的经济是靠印钞机能拯救的吗？穿越回宋朝，问问宋朝人就知道了。

第十章｜茶叶拴住了高原

青藏高原地处西南，位于我国地势三级阶梯中的第一级，平均海拔4000米，强烈的高原反应让许多人视其为畏途。这片面积足有200多万平方千米的雪域高原因其高海拔、冰天雪地与险川峻岭，曾长期游离于中国历史的边缘，青史少有记述。

到了隋唐时期，青藏高原上的人民好像是从魔瓶中突然跳出来了，吐蕃王朝一跃成为亚洲几大强势政权之一，与唐朝、突厥及回鹘、大食鼎足而立，松赞干布与文成公主和亲的事件更是广为人知。

关于吐蕃王朝的突然兴起和衰落，历史学者们给出过许多解释，但大多从政治、文化、宗教的角度来分析。其实，吐蕃的兴起也许与气候变化的联系更为紧密。

气候变暖，吐蕃兴起

在我国隋唐之前，人们对寒冷的青藏高原上的政治情况并不十分了解，这是由交通不便造成的，也和当时青藏地区没有形成较为强大的统一政权有关。从公元6世纪开始，位于雅鲁藏布江流域东部的雅隆部逐渐强大起来，势力扩大到拉萨河流域。到了7世纪初，松赞干布继位后，先后以武力征服了周围的各个部落，正式建立了吐蕃王朝。

强盛的吐蕃在松赞干布的带领下开始四面扩张，向南让尼泊尔俯首称臣，松赞干布还娶了尼泊尔的公主；向东与当时强大的唐朝分庭抗礼，在第一次和亲的要求被唐朝拒绝后，松赞干布发兵攻打唐朝，双方在松潘地区即今天四川西部山区鏖战多时，互有胜负。彼此摸清了对方实力后，唐太宗答应了和亲的要求，这才有了文成公主入藏的故事。

松赞干布死后的8世纪到9世纪初，吐蕃实力依旧强大，甚至趁唐朝“安史之乱”衰落之际，多次攻入长安。此外，还与唐朝为了争夺西域大打出手，丝毫不落下风。吐蕃还向西与阿拉伯人建立的大食争锋，向北与草原霸主突厥及回鹘争雄。

吐蕃所处的青藏高原地区，农业基础薄弱，可供农耕的土地少，粮食产量低，虽然也有放牧之地，却过于苦寒，导致历史上人丁始终不旺。可是为什么当年吐蕃王朝竟然能够与人口众多、物产丰富的唐朝、大食、突厥等强敌打个平手呢？

军事实力是吐蕃在东、西、北三面抗衡唐朝、大食、突厥的基础，吐蕃鼎盛时期，号称军队人数40万人，对于人烟稀少的青藏高原来说，这是令人惊讶的巨大规模。在吐蕃与唐朝著名的大非川之战中，吐蕃调动了几十万大军，其中虽然也包括了吐谷浑等盟军的部队，但自己的军事实力也必然很强，才能驾驭得了如此庞大的军队。

军队人数的多少是受人口数量限制的，而在古代，一个国家人口的多少，是受粮食产量限制的。隋唐时期吐蕃军事实力的强大，其实反映了当时青藏高原地区粮食产量比较高。

青藏地区主要的粮食作物是青稞。青稞是大麦的一种，因为外壳分离，籽粒裸露，又叫裸大麦。青稞几乎是世界上唯一能在海拔4000米以上地区生长的重要粮食作物，适应高寒气候，青稞苗甚至在零下几度的低温下也不会被冻坏。但是，青稞本身产量低，而且青藏高原自然环境恶劣，适合种植青稞的区域并不广泛，这是制约青藏高原地区人口增长的最重要因素。

青藏高原上的青稞若要增产，少不了气候的帮忙。我们已经知道，在隋唐前期，整个东亚的气候是非常温暖的，青藏高原也不例外。

吐蕃并没有留下多少关于气候的记载，幸好今天的科学家们有多种手段来探索古代高原的气候，比如说研究冰川的冰芯、树木的年轮宽度、湖泊沉积物等。

我们首先要知晓的是，以西昆仑山—唐古拉山为分界线，青藏高原划分为两个气候区，这条分界线的北面受大陆性气团水汽输送的影响，可以大体上认为这个气候区与蒙古高原的气候变化较为同步；在这条分界线以南，主要受从南亚次大陆吹过来的西南季风水汽输送控制，这个气候区的气候变化不一定会与北方的气候区一致，也不一定会与黄河流域、长江流域一致。我们也可以粗略地进行划分，现在的青海省大概属于北边的气候区，而西藏自治区属于南边的气候区。

那么，在吐蕃崛起的那段岁月中，青藏高原的气候是怎样的呢？

青藏高原南部在公元6—8世纪，处于非常显著的温暖期，大概要比今天高出1摄氏度；而在高原的东北部，公元500年的时候处于寒冷期，这里要到公元800年以后才会进入温暖期。雅隆部和松赞干布恰好就是从高原南部的雅鲁藏布江流域崛起，开始了征服整个高原的征程。

温度上升对于当地青稞的生长会有重大的促进作用，一方面是单位面积的产量大幅提高，另一方面是许多原本无法种植青稞的地方，由于气温上升，现在也可以种植青稞了。虽然史书上并没有吐蕃王朝早期粮食产量的详细记录，但是从后来吐蕃王朝能够调动的兵力来看，其人口基数显然有明显的增长。

在松赞干布时期，青藏高原的政局从部落林立迅速地走向了统一，有那么点儿类似4000年前中华文明从“满天星斗”的各地文化转变为“月明星稀”的文明国家的感觉。气候变暖给了松赞干布很大的支持，只是当事人未必清楚。

凶猛的吐蕃变乖了

在统一了整个青藏高原后，吐蕃并没有止住扩张的脚步，凶悍的高原骑兵四处出击，向南控制了尼泊尔，并威胁印度北方各邦；向北与唐朝和突厥等势力争夺西域，一度控制了整个塔里木盆地周边区域；向东则与唐朝时战时和，一度让西南地区的南诏国臣服于自己。吐蕃王朝崛起后，与青藏高原以东的唐朝抗衡长达200年。

当时的唐朝曾经与吐蕃多次作战，但往往胜少负多，唐朝名将薛仁贵曾经与吐蕃交战，但在青海的大非川之战中几乎全军覆没。唐朝甚至被迫答应缴纳给吐蕃一些贡品，以换取与吐蕃的和平。后来唐朝经历了安史之乱后国力衰减，吐蕃内部也经历了内乱，实力大不如前。不过吐蕃还是有攻陷唐朝都城长安的战绩，让唐朝不得不重新向吐蕃缴纳贡品。

整个唐朝时期，吐蕃都是一股强大的势力，这支高原军队经常从高原上冲杀下来，让周围的“邻居”都不寒而栗。

然而，当中原地区经历唐朝灭亡后短暂的五代十国，再至宋朝建立后，曾经强悍的吐蕃竟然变乖了，再也没有了袭击中原的勇气。让吐蕃变乖的原因是什么呢？

从吐蕃王朝内部来说，的确经历了从统一到分裂的滑落过程。如果我们仔细分析这个高原王朝的政治格局，会发现它其实是一个巨大的部落联盟。早在松赞干布的父亲囊日松赞时期，其政权的强大就是建立在许多颇有实力的家族势力的基础上的。在吞并了一些周边部落后，囊日松赞吸收了那些部落的力量，却引发了自己联盟内部实力派的强烈不满，囊日松赞甚至被人毒死。

但从高原的自然环境来说，吐蕃也只能采用部落联盟的形式，间接管理日益扩大的疆域。毕竟青藏高原山川险峻，各个地区之间有着很严重的地理阻隔，交通非常不方便，各个部落如同分散的“原子”。中原地区那种中央政权直接管理广大地域的模式，对吐蕃来说管理成本太高昂，根本做不到。也正是因为吐蕃政权采取了部落联盟的形式，才能冲破雪山大河的地理阻隔，建立起统一的高原政权。

吐蕃王朝中一些所谓的大臣，其实就是许多强力部落在朝廷之中的代言人，他们不仅不会对王朝领袖即“赞普”俯首帖耳，反而千方百计想控制赞普，为己所用，打压与自己作对的其他大臣。赞普的权力虽然凌驾于这些大臣之上，甚至还有宗教赋予的一定程度的神权，却也不得不在各个势力之间左右摇摆，以此来维持自己的统治。

吐蕃王朝战斗力的来源，就在于这些强力部落的“争功”，谁能在对外战争中掠夺到更多的战利品，谁就能在朝廷之上有更大的话语权。所以吐蕃军队作战勇猛，人人争先，有很强的掠夺性。但是反过来看，以部落联盟为基底的吐蕃王朝的政权始终是不稳定的，充斥着权臣之间的相互厮杀、权臣与赞普之间的相互角力，甚至许多赞普都死于权臣之手。

随着吐蕃末代赞普朗达玛登基后大肆毁佛，吐蕃王朝内部矛盾彻底激化。公元842年，朗达玛被佛教僧人刺杀而死，吐蕃王朝内部陷入长期的混战中，各个部落纷纷独立，整个高原又回到了部落林立的“原子化”状态，统一的王朝烟消云散了。

强大的吐蕃王朝因部落联盟解体而衰亡了，但此后的千年中，青藏高原再无统一、强大的古代王朝出现，这有点儿让人费解。毕竟气候有冷有暖，外敌有强有弱，复兴条件并不缺。高原上那些部落仍然有可能结成联盟，而且有昔日吐蕃王朝的前车之鉴，似乎不难再度复兴。

历史总是复杂的，一个现象背后可能有多个因素在起作用，只是不同因素的影响力有大有小。为什么在唐朝之后，青藏高原上的政权就不再与中原王朝对抗，反而对中原王朝产生了强大的向心力呢？这并不仅仅是吐蕃王朝分裂后各部落实力变弱造成的，还有一个似轻实重的东西在起作用，正是它把青藏高原拴在了中华文明圈之内，让曾经凶悍的高原人变得温和了。

为茶痴狂的高原人

它就是茶叶，从植物学上看只是柔弱的绿色小叶片，却具有经济学上的重要价值和影响。

关于茶树的起源地学者们略有争议，大部分学者认为起源于中国，少部分学者认为起源于今天印度的阿萨姆邦。但人工栽培的茶树从中国的西南地区比如四川和云南起源，基本上已是定论。

后人根据历史文献中出现的以荼作为地名的史料分析，在战国以前的巴国和蜀国，茶叶应该已经成为当地人生活中的重要物资。那么在春秋战国时期，西南地区的民众是如何用茶的呢？

现在还不是很清楚，猜测是各种可能性都有，茶是药、是食物、是饮料，也是供奉神灵的物品。“神农尝百草，日遇七十二毒，得荼而解之。”荼即茶，早期的先民采集野生茶叶作为药材，是在当时艰苦的生存环境下，增强自身抵抗力、抵御疾病的一种有用的方式。

而文献中记载的买茶记录，最早出现在西汉。西汉有一篇《僮约》里讲：“烹荼尽具……武阳买荼。”武阳是今天的四川省彭山区，当时是汉宣帝时期，也就是公元前1世纪，说明四川已经有了茶叶的售卖和饮用。

到了唐朝，经过长期的驯化和培育，茶叶的口味已经非常甘美了，茶叶也逐渐从药品、奢侈品变成了被广泛消费的饮品。唐代诗人白居易在《琵琶行》中写道：“商人重利轻别离，前月浮梁买茶去。去来江口守空船，绕船月明江水寒。”诗中琵琶女的丈夫就是一位茶商。由于茶叶的种植和贩卖获利很大，唐朝官府也想从中分一杯羹。从唐德宗时期开始，官府就多次尝试开征茶税，补充国库。到了公元793年，官府终于规定，“于出茶州县，及茶山外商人要路，委所由定三等时估，每十税一，充所放两税”，茶税自此成为古代王朝的一个税种，当时唐朝官府“自此每岁得钱四十万贯”，税额如此大，说明当时中原王朝的茶叶贸易非常繁荣。

在古代，茶树也广泛种植在我国南方地区，从云南、四川一直延伸到江浙区域。而在寒冷的青藏高原以及蒙古高原，茶树是无法存活的，那里不出产茶叶。所以有理由猜测，早期的高原人是不知道茶叶这种神奇的绿叶子的。

我国科学家在西藏阿里地区故如甲木寺遗址发现过植物残片，分析后认为是茶叶，距今1800年左右，大概在汉末三国初。但是这是否意味着藏区在汉末就开始饮茶了呢？很难做这样的假设，因为传入藏区的茶叶最初可能是药用，而不是饮茶这种新的生活方式。

随着吐蕃逐渐强大起来，茶叶逐渐融入高原人的日常生活中。唐朝人曾经记载，一次唐朝官员出使吐蕃的时候，在自己的帐篷里烹茶喝，结果被吐蕃的赞普发现后问，这是什么东西？官员回答说这就是清除烦恼、解渴用的茶。赞普说这东西我也有，让人拿来后指给唐朝官员看，说这个是寿州的，这个是舒州的……显然，赞普在炫耀自己拥有很多的茶叶。这个故事也说明到了唐朝后期，至少在吐蕃上层已经有饮茶的习惯了。

自从接触到茶叶的滋味，吐蕃上自王公贵族，下至平民百姓，都饮茶成风，争相竞求。到了唐末宋初，藏区人已经普遍饮茶，形成了对茶叶消费的强烈依赖，民众中甚至有“宁可三日无粮，不可一日无茶”的说法。

藏区人对茶叶的使用和汉人是不同的，他们对茶叶的需求量之大也是外人难以想象的。酥油茶可以说是生活在高海拔地区的藏区民众的一大发明。酥油茶的制作方法，是将紧压茶，比如砖茶、沱茶、饼茶等，弄下一块放入锅中，熬制成浓浓的茶汁，然后把茶汁倒进木制的酥油茶筒，往里面加入酥油、盐和一些香料，用棍子在茶筒里上下抽动，混合均匀，酥油茶就制成了。

饮用酥油茶能够给人提供大量的热量，更不用说还有多种维生素和微量元素，甚至还能避免人的嘴唇干裂，酥油茶的这些好处对于高原人来说真是巨大的福利。而且藏区民众又多食肉和乳制品，以及著名的青稞炒面——糌粑，都需要清香的茶来调剂味道，解油腻和助消化。于是酥油茶成为藏区民众的主要饮品，从早到晚几乎茶碗不离手，每人每天少说也要喝上十几小碗酥油茶，才觉得浑身舒坦。藏区的寺院一打酥油茶，就是一大锅一大锅的，从早喝到晚。有些寺院有几千人，一天不知道要喝掉多少茶。

藏族地区茶消耗量极大，还与每年的熬茶布施有关系。一次布施中，各大小寺庙加起来，要消耗掉十几万包茶叶。在藏区，茶叶最大的买主就是寺庙。

高原人如此嗜茶如命，偏偏本地却不产茶叶，想要茶叶，往往只能从汉地获得。小小的茶叶就这样把青藏高原和汉地牢牢地拴在了一起。

隐形的茶叶边疆

被茶香所吸引的可不仅仅是青藏高原的民众，随着茶树栽培和改良的不断发展，口感越来越好的茶叶得到了世界各地人们的青睐。

从唐朝开始，不论东南西北，人们都喜欢饮茶了，茶叶贸易已经行销很多地区。还记得让唐朝很头疼的回鹘吗？晚唐史料有一个记载：“往年回鹘入朝，大驱名马市茶而归，亦足怪焉。”这个记载的作者对于回鹘入朝官员用马换茶叶的现象感到很惊讶。

需要注意的是，早期的茶叶贸易多属民间自由贸易，很少有官方参与管理，这个回鹘官员购买茶叶，应该是顺带的个人行为。其实在唐文宗时期，唐朝正式颁布了榷茶令，与周边政权进行官方的茶马交易，开始了官府作为茶叶种植和贸易主体的尝试。其实那个时候，民间的茶叶贸易早已方兴未艾，特别是中国西南地区的茶马古道开始登上历史舞台。政府行为可谓姗姗来迟。

茶马古道是覆盖在中国西南地区的一个庞大的交通网络，指的是起源于今天的云南、四川等传统茶叶产区，以马帮等载体运输茶叶等物品到藏区和其他传统茶叶市场，换取藏区的皮毛、酥油等产品的传统交通运输线。茶马古道以西南地区为中心，延伸到中国南方地区、西北一些地区，乃至东南亚和南亚地区。

《旧唐书》记载，唐朝官府参与汉地和藏区的茶叶贸易，获得的利润已经很可观。到了宋代，茶马互市已经成为汉地和藏区间的一件大事，因为汉地缺少战马，藏区嗜好茶叶，两边一拍即合。宋神宗曾对王安石抱怨说：“今马军多不精，一营（三五百人）或止有数十匹马。”相比之下，北方强敌的战马却配备充足，因为他们大都是以畜牧为主业。比如辽的军制是正军一名配马三匹，鼎盛时在册战马达百万匹以上，马匹不论是数量还是质量都碾压宋朝。

而此时内部分裂后的吐蕃地区不仅不再是汉地的威胁，反而成为宋朝战马的来源地，因为宋朝北方的死敌辽、金、西夏是不会卖给宋朝马匹的。宋朝在自己的西部边境设置了许多买马机构，招揽吐蕃各邦、回鹘、大理等国的人前来卖马。宋朝每年通过这种方式购买的马匹，多则数万匹，少则四五千匹，一般年份买马在一两万匹左右。这些马匹对于宋朝抵御北方死敌至关重要。

但是古代马匹很值钱，大量购买要花费巨资。我们前面讲过，宋朝是不愿意铜钱外流的，而西部的吐蕃、回鹘、大理却也不太稀罕宋朝的铜钱，他们更想要黄金这种硬通货，宋朝黄金又少。于是双方最终商定，宋朝用茶叶、丝绸、盐和白银来交换马匹。而宋朝拿得出手的这四种东西，又以茶叶和丝绸最大量，所以人们往往称呼这样的贸易为“茶马贸易”。宋朝的秦州（今甘肃天水市）、兴元府（今陕西汉中市）、邕州（今广西南宁市）等地都是进行茶马贸易的重要基地，它们的兴盛繁荣都同茶马贸易有直接联系，贸易还改善了西部地区的交通状况，许多道路因为茶马贸易而开通。

由于疆域的关系，明朝与宋朝一样缺少战马，于是明朝与藏区的茶马互市空前发展起来。

明朝还试图利用茶叶来控制北方的蒙古各部。与藏区民众类似，蒙古人接触到茶叶后，也疯狂地爱上了茶。藏族人有酥油茶，蒙古族人则有奶茶，具体来说就是把滚烫的牛奶和茶汁混合在一起，再放入盐以及炒米等形成的饮品。奶茶与酥油茶类似，也具有解油腻、助消化的功效，优质的茶还是提升草原人生活品质的象征。

于是，明朝专门设置了官方控制的边茶贸易，对于听话的蒙古部就允许互市，用草原上的物产交换茶叶；对于不听话的蒙古部就禁止贸易，拒不提供茶叶给他们。茶叶摇身一变成了战略物资，成为对外贸易中的重要筹码。

明朝时期还发生过一次严重的“庚戌之变”。由于明朝长期拒绝开市，蒙古土默特部无法得到茶叶，在领袖俺答汗的带领下，蒙古骑兵大举入侵明朝，一直打到北京城下，明朝军队只能缩在城里防御，任由蒙古骑兵在城外劫掠。此次事件之后，明朝被迫开市，与土默特部彼此交换茶叶和马匹。明朝后期，由于茶马互市发展得很好，北方与蒙古各部边境基本上维持了长期的稳定，这种和平局面的取得，茶叶贸易功不可没。

正是由于茶叶输入了汉地王朝政治、军事力量难以完全控制的高原、草原地区，才缔造出了一个比汉地王朝实际控制疆域更宽广的、隐形的“茶叶边疆”。柔软的茶叶把青藏高原、蒙古草原和汉地牢牢地拴在了一起。

第十一章 | 三个梦碎的土专家

古代中国是以农耕为主的社会，大量的农民日出而作，日落而息。让古代农民感到无奈的是，他们每天辛辛苦苦，但是基本上只能填饱肚子，发家致富几乎不可能。官府除了征收他们的收成之外，还摊派大量的劳役工作，让他们疲于奔命，日子过得很是艰难。

看到农民的困境，古代一些位高权重的人物想要扭转这个局面，他们立志要帮助农民发家致富“奔小康”，于是开展了一次次轰轰烈烈的“建设新农村”运动。

这些人物的努力能否成功呢？

王莽的空想经济理论

“苍天！你已将天命授予我，但为什么不替我消灭反贼！如果是我有大错，就请用雷电击死我吧！”

如此哀号的人是西汉末年的王莽，在四周义军纷起、逼近都城时，他不知道该如何挽救自己的命运，只好率领群臣来到长安南郊，举行祭天大典，痛哭流涕地叙述自己做皇帝的委屈。

王莽不是篡夺西汉王朝政权的乱臣贼子吗？他有什么可委屈的？其实，王莽真可以算是中国古代少有的好人了，只是这个好人搞砸了事情，亲手毁灭了西汉王朝。

王莽早年丧父，好强的母亲节衣缩食，把他送到名儒陈参门下学习。王莽没有辜负母亲的期望，勤奋地钻研儒学。在圣贤之道的熏陶下，他立下宏誓大愿，要以古人为榜样，特立独行，做一个错误世界里正确的人。至于什么是错误，什么是正确，以儒家经典为准。

于是，他对母亲尽孝，对长兄的遗腹子视如己出；他为人慷慨，经常周济别人；他恪守古礼，路上遇到年纪比自己大的人，一定要退避三舍，躬身等长者走过，才直起身子；每次去见师长，他都郑重其事地沐浴，然后穿戴整齐，带上礼品……周围的人无不夸赞这个懂事的孩子。老师和同学们也一致认为，王莽是“克己复礼”的模范人物。

在前面的章节我们说过，汉朝是名门望族垄断仕途的时代，王莽要当官，也不得不走这条路。经伯父王凤的极力推荐，王莽渐渐步入政坛，并且给官场带来了一股新鲜空气。他精通典籍，学问出众，清廉自守，一尘不染。王莽对任何人都和和气气，谦恭有礼。别人处理政务难免掺杂私心，王莽却不偏不倚，一心为公。

公元前8年，汉成帝封德高望重的王莽为大司马，王莽开始独掌朝纲。

发迹后的王莽并没有显露出一点骄横之气，相反，他更加谦恭谨慎，经常把家财拿出来分给下属和穷人，广泛听取意见，招有贤德的人做官。他希望以自己为表率，扭转社会奢侈的风气，上下班乘的马车、穿的衣服，都俭朴得不能再俭朴。有一次，大臣们去他府上探视，王莽的夫人到门外迎接，竟被众人当作仆人，因为她穿的是粗布衣衫。

王莽的政策方针完全遵循儒家理论，他不搞裙带关系，不封王氏子孙，而是尊崇皇族。他平反了一批冤假错案，解放了一批皇族后裔。此举一下子赢得了皇族的拥护。

朝廷缺钱，王莽就号召官员们节俭度日，与百姓共患难，并带头捐款一百万钱，捐地三十顷，用来救助贫民。每遇水旱灾害，他就吃素，与民同甘共苦。根据德政的精神，王莽还下令对老人、儿童不加刑罚，妇女非重罪不得逮捕。

王莽搬出《周礼》记载的方法，在全国建立仓储制度，储备谷物，做赈灾之用。他按照上古传说，改革官制，设置“四辅”，加封周公、孔子等圣贤的子孙。王莽还大兴教育，扩大太学招生量，太学生数量很快翻了几番，突破一万人。他还在各地广建学校，征召“异能之士”，拓宽了普通知识分子入仕的渠道……

和此前的一派乱象相比，大汉王朝在王莽的治理下，真的是拨云见日，蒸蒸日上。社会正统价值观念得以弘扬，社会风气明显好转。从王公贵族到知识分子再到普通百姓，都觉得“道德楷模”王莽具有超人的品格和能力，是人民信得过的优秀领导，甚至是众望所归的领袖人物。

那时人们对腐化堕落的刘姓子孙已经失去了信心，于是千方百计表达对王莽的支持，最终在公元8年的一天，王莽顺应天命，更重要的是顺应民意，当上了皇帝。持续两百多年的西汉王朝结束了。当时，长安城内外，一派喜气洋洋，百姓自发地穿上新衣，大肆庆祝。

一个叫作“新朝”的政权出现了，王莽要在广阔的天地里大展宏图了。

古人心中都有一个梦，那就是上古时期，人民在尧、舜、禹、汤等明君的领导下，过着田园牧歌般的生活。那个时候，天下没有黑暗，没有不公。王莽的确篡夺了西汉王朝的天下，但他攫取权力的目的，是要真正按照“尧舜禹汤”的理想，缔造一个理想的快乐世界。

新朝的政令如F1赛车场上的赛车一样，嗖嗖地从朝廷发车，瞬间抵达全国。

农民和农业，是国之根本，也是王莽首先要改革的方面。秦汉以来，地方豪强对土地的兼并愈演愈烈，贫富差距日益扩大。王莽认为，上古时期人人富足，是因为土地均等。因此他规定，人均土地一百亩，多占土地的人家，不管是富豪巨室还是普通百姓，立刻要无条件交出土地，分给贫民，土地不许买卖抵押。

冻结奴隶制度，禁止买卖奴隶婢女，限制奴隶的范围和数目不再扩大，使这个奴役制度最后自然消灭。

强迫人们劳动，凡无业游民，每人每年罚布帛一匹，无力缴纳的，由官府强迫他们劳役，劳役期间，由官府供给衣食。

实行官府专卖制度，酒专卖、盐专卖、铁器专卖，山上水中的天然资源，也都为朝廷所有，由官府开采。

由朝廷统一发行货币。建立“国家银行”，贫苦百姓可以申请贷款，年息为十分之一，杜绝高利贷对百姓的盘剥。

实行计划经济，由官府控制物价，防止商人操纵市场，以消除贫富不均。食粮布帛之类的日用品，在供大于求时，由官府按照成本收买；求大于供时，官府立刻卖出，以阻止物价上涨。

从皇帝到百官，全都实行浮动工资制。如果天下丰收，皇帝就享用全额的生活费；如果出现天灾，或者治理不当，就按比例扣减生活费。百官的工资也根据百姓的生活水平浮动。百姓丰衣足食，官员工资就高；

百姓饿肚子，官员也要跟着挨饿。

这些政令合起来看，就是一个惊天地、泣鬼神的大棋局，王莽是一位高瞻远瞩的棋手，在下一盘很大很大的棋。从政策内容看，很像欧洲19世纪才出现的空想社会主义的那套东西：全国实行公有制，计划经济，生产资料（田地）平均分配，多劳多得，少劳少得，不劳不得。那些空想社会主义的创始人当年要是了解到王莽的大棋局，一定非常汗颜，因为王莽早在公元1世纪，就已经在一片广阔的天地中描绘美好的蓝图了。

靠人品行走江湖的王莽绝对是个一等一的好人，但是论经营天下的棋艺，就不那么高超了。

比如平均分配土地这一条，酷似某些农民起义军喊出的“均贫富、等贵贱”的口号，目的是让耕者有其地，让没有土地的人拥有土地。然而，地主豪强是汉朝统治阶层的中坚力量，他们拥有大量的土地，现在让他们把土地交出来，简直是与虎谋皮，这让他们以后还怎么混？

地主豪强拒绝交出土地，于是王莽就霸王硬上弓，谁不听话就抓起来，不论是皇亲国戚还是名门望族，都到监狱里去反省。很快，监狱就满员了，可是监狱外的地主豪强还是要地不给、要命一条的态度。王莽直接挑战了王朝的统治力量。

建立国家银行、货币改革的政策也没有实行下去。王莽的本意是杜绝民间高利贷现象，出发点是很好的。民间高利贷由于不受法律的保护，所以往往依靠暴力来运转，许多借贷人的生命受到威胁，如果能通过国家银行合法地借贷，对借贷人的确是有利的，这将是社会的进步。但是，国家银行最宝贵的基础是国家信用，必须维护货币的稳定，必须用法律来界定和保护借贷双方的权益。

莽撞的王莽一味胡来，他在很短的时间里5次改革货币制度，另外造了28种货币，甚至连乌龟壳、贝壳和布也都成了货币。货币制度如此混乱，何谈银行体系的信用呢？每改革一次货币制度，发行新货币，老百姓的财富就缩水许多。为老百姓服务的政策就这样把老百姓推向了赤贫的深渊。

地主豪强站到了王莽的对立面，下层百姓因为民不聊生也站到了他的对立面，昔日的"大众情人"一下子变成了全民公敌。各地豪强纷纷率众起兵，反抗王莽的新政。有人统计，在起兵反对王莽的义军首领中，普通百姓出身的占29%，而豪强地主出身的就占71%。

苍天也没有因为王莽的眼泪而心生怜悯。公元23年，王莽被攻入长安城的起义军杀死。他想要建立一个人人富足的理想社会，可惜到头来只是一个空中楼阁。

经济学家王安石的两大创新

王莽其实是被古书害死的，他死抱着古书描述的虚幻美景不放，殊不知古书中的许多话用来指导现实中的经济生活，等于爬到树上去抓鱼。王莽死后一千年，另一位雄心勃勃的改革家站到了历史舞台上，他将对农业进行一次大手术。他叫——王安石。

公元1067年，北宋的宋神宗赵顼即位了，这位皇帝还是太子的时候，就听自己的老师、王安石的哥们儿韩维说起过王安石的一些观点，觉得很有道理。二十多岁的赵顼一登上皇位，便意气风发，想扭转北宋总被北方契丹压制的屈辱局势，提拔王安石为宰相，开始变法图强。

王安石不是王莽，他不迷信古书，而是提倡创新，因此论能力还是有两把刷子的。他最令后世学者们钦佩的创新，就是青苗法。

农民种地是有时节限制的，在收获庄稼之前，基本上是往土地里搭钱、搭力的，只有收获了之后，才有收入补偿自己一年的付出，也许还略有盈余。农民手头最紧的时候是庄稼还处于青苗、没长成的时候，此时如果没有足够的资金，可能就会影响一年的收成。

王安石感受到了农民的困境，他在担任地方官的时候，就尝试着由官府出面，允许农民以地里的青苗作为抵押物，以低于私人利率的利率从官府那里申请贷款，待庄稼收获后归还贷款。农民们很欢迎这一贷款创新，在青苗时节有资金保障，秋后的丰收就有保障了。

后世学者也对青苗法非常称道，王安石此举具有划时代的意义，他第一次尝试了由国家金融机构出马，向面朝黄土背朝天的农民们提供小额贷款，促进粮食生产。面对农民和农业，王安石没有像迂腐的儒生们那样空谈孔孟之道，而是从金融的角度切入，解决经济中的实际问题。

王安石当了宰相后，就开始在全国范围内推行自己的青苗法。他规定，每年收获之前，农民可以到当地官府借钱或借粮，以补助耕作。贷款的农民要贫富搭配，10户人互相担保，互相监督；贷款数额要根据借贷人的资产状况而定，一等农户可以借15贯，末等农户只能借1贯。当年借款要在收获后偿还，每期贷款要收2分的利息。这2分不是现在的2分钱，而是本金的20%。比起现代银行每年百分之几的贷款利率，王安石的贷款利率还是挺高的，不过对于急需用钱的一些农民，这也不失为融资的一个渠道，还是很有经济价值的。

一开始，青苗法在河北、京东、淮南三路推行，然后又推向了全国。让王安石没有料到的是，青苗法本意是在青黄不接的时候给农民提供一个保障，但在执行的时候，地方官员却挖了变法的墙脚。出于赚钱或者邀功的私利，他们强迫农民向官府借贷，而且还随意提高利息。如此一来，青苗法就完全变味了，成了官府强迫农民接受的高利贷。

屋漏偏逢连夜雨，青苗法推广不久，全国各地连续数年遭遇了旱涝和蝗虫灾害，受灾面积很大。此时，应该积极救灾才对，但各地官员却为了完成青苗法定下的贷款任务和利息收益，逼迫受灾的农民足额交还本金和利息。许多农民立刻倾家荡产，甚至卖儿卖女，或者选择逃亡。

王安石的另一个经济创新——均输法，也遭遇了和青苗法类似的命运。

在古代中国，中央政府需要由全国各地输送财物，满足国家养活官员、运转政府和建设、救灾等的需要。但是同一个地方，有的时候年景好，有的时候年景差；同一种物品，有的地方卖得贵，有的地方卖得贱。如果不考虑各地的具体差异，统一征收财物，国家可能就会买了很贵的物品，花了许多冤枉钱。此外，古代交通不便，从距离京城很远的地方征收来的物品，运输成本很高，劳民伤财。

为了不让中央政府当冤大头，王安石参考过去的做法，提出了自己的均输法。具体的措施是，由朝廷任命一些被称为“发运使”的采购员，统管中央政府的采购事项，全国各地哪里的东西便宜，就去哪里购买。价格相同时，则就近购买，节省运输成本。中央政府用不完的物资，由发运使卖到物价高的地区去，这样一来，政府不仅节省了办公经费，有时甚至还能利用差价赚钱，国家财政又多了一项收入。

均输法有现代集中采购的影子，可以降低政府的办公费用。王安石的初衷是非常美好的。

再次令王安石没想到的是，地方官员又一次挖了变法的墙脚。王安石给发运使们的任务是采购一些滞销、价廉的物品，等到物价上升后卖掉获利。可在实际运作中，发运使们利用官府特权，专门到地方上去抢购紧俏物资，倒卖到需要的地方，牟取巨额利润，在上交了上司下达的利润后，剩下的钱都中饱私囊。

于是，发运使衙门就变成了一家国有公司，而且还是垄断企业，市场上什么生意赚钱，发运使们就垄断这个生意，排挤民间商人进入该生意。许多民间商人被挤压得无法经营，商业变得萧条起来。结果，官府的办公经费的确有所下降，但更多的钱都落入了发运使私人腰包，而民间商人和百姓却备受盘剥，市场变得越来越萧条。王安石在皇帝面前所说的“民不加赋而国用饶”的美好理念，眨眼就破灭了。

宋神宗一归天，王安石失去了大靠山，很快被新皇帝从宰相的位置上给拿下了，取代他的是他曾经的好友司马光。司马光不仅会砸水缸救小朋友，他也会砸烂王安石的所有变法措施。王安石变法得罪了一大批元老，也包括曾经欣赏自己才学的司马光、韩维等人。北宋最后几十年的政坛风云，就在改革派和保守派互相拆台中度过，至于国民经济和农民的幸福，没人真正在乎了。

放牛娃皇帝的羡慕嫉妒恨

说到真正在乎农民日子过得好不好的皇帝，就不能不提明太祖朱元璋了。

朱元璋也许是中国古代出身最差的君主了。父母早早死于瘟疫，小朱元璋成了孤儿，为了生存，他放过牛，进寺庙当过和尚，受尽了生活的苦难。好在元朝末年天下大乱，给了放牛娃天大的机遇，他从卑微的草寇开始，一步步打拼下来，竟然成为大明王朝的开创者！

朱元璋的所作所为，如果我们能站在放牛娃的角度上看，就很容易理解了。

朱元璋对贪官污吏深恶痛绝，和宽大为怀、不杀士大夫的宋朝截然不同，他颁布了空前严厉的反贪法令，任何官员贪污60两银子以上者，杀无赦！这不仅仅是表达了一种决心，他还让县衙一级的官府机构设置了一个土地祠。千万别以为土地祠是供奉和祭祀土地爷的，那里是用来剥人皮的！该杀的贪官污吏会在土地祠内被极刑伺候，皮被剥下来，塞上稻草，做成恐怖的稻草人，并挂在座位旁边，供众人欣赏。见到人皮稻草人的人，都感到不寒而栗。

朱元璋是痛恨贪官污吏侵吞了老百姓的财产，也侵吞了他朱家的财产吗？不只是这个原因，放牛娃年少时亲眼看到父母饿死，而本该发给自己父母的赈灾粮食却被官吏贪污了，于是一旦皇权在握，他就要建立一个干干净净的朝廷，官员必须人人清廉，这不仅是他的梦想，也是在告慰父母的在天之灵。

发动人民群众打击贪官污吏，这是朱元璋的另一大发明。他规定如果有地方官吏鱼肉乡里，老百姓可以奋起擒获他们，然后送到京城来治罪，而且路上各关卡必须放行，如果有人敢官官相护地阻拦民众，不但要处死，还要株连九族。还别说，明朝真就发生过老百姓抓住贪官后送到京城的案例，这些倒霉贪官的下场，不用说诸位也猜得到。

商人是朱元璋痛恨的另外一种人。放牛娃虽然天资很好，却基本上没读过书，他对世界的经济规律是这样理解的：只有生产粮食和棉花的工作，才是这个世界上最高尚的职业，那些商人不仅自己不创造社会财富，还剥削农民的劳动成果，这是一群坏人。朱元璋曾经出台过一个让人啼笑皆非的规定，农民可以穿绸、纱、绢、布四种衣料的服装，而商人只能穿绢、布两种低等料子的衣服。

江南巨富沈万三在朱元璋打天下之时，曾经全力资助朱元璋，据说定都南京时，沈万三提供了建城资金的三分之一。朱元璋一开始对沈万三还算客气，给沈万三的儿子封了官。但当了皇帝之后，朱元璋翻脸不认人，不仅抄了沈万三的家，还把沈万三发配云南，到死都没让他回江南。

放牛娃恨地主，这很好理解，地主是农村的强势阶层，农民和地主起了争执的时候，吃亏的往往是农民这一弱势群体，放牛娃小时候肯定没少受地主的欺负。朱元璋目睹了元朝土地兼并带来的大量农民流离失所的凄惨景象，掌握了权力后，刻意地打击地主阶层。旧王朝的权贵肯定要连根拔起，而那些与自己一同打下江山的开国功臣们，朱元璋竟然也不放过。

新的权贵阶层随着新王朝的建立而出现，他们同样也会兼并土地，于是朱元璋挥动屠刀，将追随自己的开国元勋们一一杀掉，没收他们的土地，重新分配给农民。朱元璋杀功臣，一方面当然是狡兔尽，走狗烹，为了维护自己的宝座安全，另一方面也与他对地主的痛恨有关系。

对于读书人，放牛娃是羡慕嫉妒恨。有大臣曾经想让朱元璋与北宋大儒朱熹攀上亲戚，以抬高他在天下人心目中的地位。但不要说别人信不信了，就是朱元璋自己都觉得攀这门亲戚底气不足，于是朱元璋老老实实地拒绝了大臣的攀亲提议。

如何对待读书人，是朱元璋比较头疼的问题。一方面，治理国家不是攻城略地，需要借助读书人的才学和智慧才行。但另一方面，这帮读书人一样会腐化堕落，变成放牛娃痛恨的贪官污吏、地主富商，必须要警惕。最终，朱元璋选择了废除宰相制度，六部直接向皇上汇报工作，此举加强了皇权，削弱了官僚阶层对朝政的干预，自然也减少了他们腐化堕落的机会。

在把可能威胁到农村建设的各方力量都打压下去之后，放牛娃开始对农村进行改造，面对农民朋友，他变得慈眉善目起来。他以村为单位，推行里甲制度，说白了就是实现农村的自治。农村的干部是由村民推举出来的德高望重的长者，村子里发生的各种鸡零狗碎的纠纷，都由长者来裁决；朝廷的法令也由长者来传达给农民们。

皇帝要求，全国每个村庄都要置鼓一面。一到农忙时节，要指定专门人员在清晨五更时分擂鼓，让人们早早起床，下田干活。睡懒觉不下田的人，要由长者督责。如果长者没有尽到责任，导致懒人生活困窘从而铤而走险干坏事，一旦被官府抓到了，长者也有连带责任，要受惩罚。

每年正月和十月，农村要举行全村大会，表彰道德高尚的村民，号召大家都向先进分子学习。对于那些行为不端的村民，村干部要进行训责，如果这些人还顽固不化，村干部就会向朝廷报告，把这些人送去充军。

基层干部选举制和全民会议制，是放牛娃皇帝奉献给父老乡亲们的两个创新制度，他希望用这些朴实无华的制度，缔造出幸福和谐的新农村。

朱元璋甚至还指挥官员们给全国人民盖房子。洪武七年（1374年），他给南京的官员下旨，让他们找块空地，盖260间大瓦房，给南京城里没有住房的人居住。一个月后，他又给附近的华亭县（今上海）下旨，让他们把宋朝留下来的旧房子翻修一下，给没有房子住的人居住。

南京和上海的事很快办好了，放牛娃龙颜大悦，觉得全国也能这么搞，于是命令天下所有的郡县，对辖区内吃不上饭的，官府要提供食物；对辖区内没房子住的，官府要提供住房。皇帝要彻底解决全体子民的吃住问题。

地方官一想，京城及其附近财大气粗好办事，但我们这些穷乡僻壤的地方，要搞这套还真有点儿难办。他们刚一开口和朱元璋汇报工作，放牛娃就不高兴了，说你们在我手下当官，就得体会我的心思，我可不想让天下的百姓没有饭吃、没有房住。

试图利用国家力量给全国的穷人盖房子，朱元璋可能是第一个这么想的。至于国家财力是否能完成此重任，那是地方官应该考虑的事情，皇上好像不管。

放牛娃的确在有生之年，缔造出了新农村的雏形。战乱之后的和平时期，大明王朝的农民得到了喘息之机，开始休养生息。昔日的地主倒台了，新的地主也被打压了，农村中的土地兼并被阻止，更多的人拥有耕地，能够养活自己。

然而，放牛娃建立的新农村，除了生产粮食和棉花，让农民有饭吃、有衣穿之外，还能有更高的财富追求和精神追求吗？

一个社会要发展，就必然要诞生一些以农业为基础但是高于小农经济的行业，如果谈工业革命对明朝的新农村要求太高了，但即使是精美的日用品，放牛娃的新农村也难以提供，因为即使一件普通的瓷器，也需要许多设备和工序，需要许多工匠的通力合作。100个放牛娃聚在一起，可以放牧更多的牛，却不能制造出一件雕花的瓷瓶。

实际上，朱元璋在开经济发展的倒车，他企图让经济退回到最基本的小农经济层次上，取消商业和服务业，让所有人都仅仅以吃饱穿暖作为生活的理想。可是人们享受生活的欲望是与生俱来的，即使是一个放牛娃，给他两块饼，一块上面有芝麻，另一块上面没芝麻，他也会喜欢吃那块有芝麻的，要是那饼上抹了油，就更受欢迎了。

重农抑商的观点在古代屡见不鲜，朱元璋不是第一个持这种观点的人，也绝不是最后一个。直到信息时代的今天，许多中国人的头脑中依然会觉得商人是奸诈的，读书人是脱离实际的，而农民是朴实的，这算是重农抑商观念的残余吧。

与人的基本欲望和经济发展的趋势作对，注定不会有好果子吃。

朱元璋在位期间遍地清官，他死后，明朝的贪官层出不穷，可谓野火烧不尽，春风吹又生。朱元璋打压了所有的势力，开国元勋、官僚阶层、商人阶层、地主阶层，于是他只能依靠自己的宗族管理国家，把自己的儿子分封出去，各自带兵，燕王在北京，晋王在山西，秦王在西安，宁王在大宁……希望京城一旦出事，他们各自带上三千铁甲靖难，就可以摆平所有问题了。可就在他死后，燕王带头造反，赶走了朱元璋指定的继承人。人对权力的强烈欲望和对芝麻饼的欲望，那是一样儿一样儿的，想靠简单的乡里亲情来治理好国家，太幼稚了。

也正是这些朱氏宗族子孙，成为明朝中后期土地兼并的主力军，他们的贪婪彻底破坏了朱元璋亲手缔造的新农村，打碎了放牛娃田园牧歌似的理想社会，农民再次成为弱势群体。

为什么受伤的总是农民

从王莽、王安石到朱元璋，都试图利用手中的权力，给农民开辟出一片乐土，结果一个身败名裂、一个宦海沉沦、一个死后洪水滔天，所有的改革，都重新归零，甚至有时农民的生活还不升反降，结果为负值。

古人也曾经观察到这个现象。明末清初的思想家黄宗羲对农民之难有一番论述，大意是之前的各朝各代都曾经进行税赋改革，可是每改革一次，农民头上的税就加重一次，而且一次比一次重；农民种粮食，却要等生产的产品卖了之后，用货币交税，中间还受到商人的一层剥削；许多朝代不分土地好坏，都统一征税，只有中下等土地的农民的日子苦不堪言。这个论述被后人称为“黄宗羲定律”。

为什么受伤的总是农民？古代中国是一个农业国家，税收收入的绝大部分来自农民上缴的钱粮，而税收支出却往往很少用于农民身上，统治者利用手中权力，对底层农民进行盘剥，有些改革根本就是以盘剥百姓为实质的，这是黄宗羲定律出现的重要原因。

但除此之外，从经济学的角度来说，古代中国的农民天然就处于弱势地位，他们生产出来的基本产品——粮食，是一种弹性很小的产品。这里说的弹性，不是大米松软不松软，也不是面条筋道不筋道，而是指当粮食价格变化时，市场上对这种商品的需求量变化大不大。

粮食的价格弹性小，意思就是粮食价格变化时，人们对粮食的需求量却变化很小。当粮食价格下降时，人们也许会适当地增加一些粮食需求量，但是增加得很有限，因为人的胃口基本上就那么大，不可能一下子扩大太多。反之，当粮食价格上涨时，人们对粮食的需求量也不会有大幅的下降，毕竟人们总要填饱自己的肚子。

如果我们排除农民上缴的皇粮数量，只看农民种粮食自己获得的收益，就会发现即使在大丰收的年景，农民们竞相卖出自己生产的粮食，而需求量却上升很小，这样粮食的出售价格就会下跌。甚至在有的时候，大丰收后农民的收益反而会下降，这就是所谓的谷贱伤农。

粮食虽然是社会的基础物资，但有时候种粮食难有好的收益，这的确是很无奈的事实，但也是我们必须接受的经济学现实。朱元璋就不愿意接受这个现实，或者也许他不懂得什么是粮食的弹性，他希望通过让人们安心务农、生产粮食和棉花这样的初级产品，获得幸福的生活。想法很好，可惜违背了人性规律和经济规律。

如果一家农户拥有大量的土地，变成了农场主，大规模生产粮食，提高生产效率，的确有发家致富的可能。但是偏偏古代中国又是个农民人口偏多而耕地偏少的国度，人均耕地很少，兼并土地并提高农业生产效率，就会制造出大量的无业游民。而且当时缺乏吸纳大量剩余劳动力的行业，大量的无业游民一旦出现，就会威胁王朝的统治。

为了维护王朝的稳定，统治者就只能抑制土地兼并，让每个农民都能有一块地，不论这块地多么小，但好歹能养活人。本章介绍的三位改革家都是这么想的，也都是这么做的，但古代中国人口与耕地的国情，决定了他们改革的回旋余地并不大。能够吸纳大量剩余劳动力的工业革命和信息革命的时代，距离他们还太遥远。

这真的很无奈。面对人口与土地的矛盾陷阱，古代的人们真的就一点办法都没有吗？

第十二章｜海上丝路：驶向星辰与大海

今天的中国有1.8万多千米的大陆海岸线，从东北的鸭绿江口蜿蜒辗转向西南，至北仑河口。漫长的海岸加上可以从海洋驾船驶入的一些大河的河岸，比如长江、黄河、钱塘江、珠江、闽江等河岸，是中国文明史上不可忽视的存在。

站在漫长的海岸线向海的另一边遥望，太平洋岛链距离中国大陆并非遥不可及，只要风向与洋流配合，借助风力帆船前往日本列岛、琉球群岛、吕宋岛，是可以实现的航程，虽然也会遭遇风暴。勇敢的古代航海家甚至可以扬帆向南，跨越南海，前往印度尼西亚和马来西亚诸岛，只要时间和安全允许，他们还可以驶向更远的星辰与大海，去追求财富之梦。

自古以来，海洋文明以其财富诱惑着大陆文明的海滨，可如何把海岸、海岛、海民融合到立足于大陆的王朝体系中，用海洋贸易的财富来充实王朝的国库和百姓的家底，实在是一件大费脑筋的事情。

“黑石号”扬起大唐贸易风帆

海洋对于古代人生活的重要意义，一个是渔业，另一个是商业。在冷冻技术几乎为零的古代社会，出海捕鱼只对沿海居民有生存意义，对广大内陆地区没有太多影响，因为鱼肉很快会腐烂的，而且古代渔民的捕鱼量也有限。真正能够给广阔的沿海区域乃至内陆的人们带来较大影响的，是海洋贸易。

海洋文明的核心是海洋贸易，中国古代海洋文明的卷轴是以海上丝绸之路为主题展开的。海上丝绸之路是古代人们借助季风与洋流等自然条件，利用传统的航海技术跨越大洋，开展贸易和文化交流的海路网络。

早在公元前，不论是古代中国的邻海，还是东南亚、南亚、西亚、东非、南欧的邻海都已经出现了一定规模的海洋贸易。如果从中国特产丝绸贸易的角度看，最早值得一书的事件，莫过于《后汉书》记载的一次贸易活动。公元166年汉桓帝时期，“大秦王安敦遣使自日南徼外献象牙、犀角、玳瑁，始乃一通焉。其所表贡，并无珍异，疑传者过焉”。大秦指的是罗马帝国，日南指的是今天中南半岛越南中部一带。汉朝官员显然发现，这些号称罗马帝国使者的家伙可能是冒牌货，因为他们带来的贡品只是中南半岛的特产，没什么奇异之物。不过汉朝还是对冒牌使者的到来感到很高兴的，还让他们从交趾郡那里装走了一大船的丝绸，交趾郡即今天越南红河流域，当时在东汉的版图之内。

此后东吴、晋朝都曾接待一些冒充罗马使团的商团。再往后，罗马帝国和汉朝两大强国都分崩离析，细若游丝的远距离海洋贸易也就完全中断了，代之而起的是相对近距离的海洋贸易，比如南亚、东南亚国家与中国之间的贸易交流。但是，一方面海洋贸易还处于起步阶段，贸易量很少；另一方面中国自汉末开始的几百年大动荡，令大江南北民不聊生，也阻碍了海洋贸易的进一步发展。

海上丝绸之路真正形成气候，并开始对中华文明的进程产生潜移默化的影响，是在唐朝时期。

1998年，一家德国打捞公司在印度尼西亚勿里洞岛海域一块黑色大礁岩附近发现了一艘古代沉船。这艘被命名为“黑石号”的沉船堪称中西合璧，船上的货物来自中国唐朝，而这艘船本身的结构为阿拉伯商船。船上发现的“乾宁五年”刻款的铭文砖清楚地证实，“黑石号”是唐朝9世纪航行于东南亚海上的一艘贸易船，铭文上书写的“该年”即公元898年。

“黑石号”上打捞出了6万多件唐代瓷器，其中绝大多数来自名不见经传的窑口——长沙窑，还有少量来自名气很大的越窑、邢窑等。这些瓷器上有很多装饰了釉下彩绘，图案有飞鸟、花叶、摩羯鱼纹等，还有连珠纹、葡萄纹、狮子纹、阿拉伯文字纹等西亚风格的纹饰，与唐代中国传统的瓷器纹饰并不一样，这显然是为了迎合当时的国际市场需求而绘制的。

这艘沉船包含了许多值得揣摩的古代信息。一艘运载大量唐朝瓷器的阿拉伯帆船，说明了跨洋长距离贸易线路已经形成，而且一艘沉船的背后意味着曾经有更多船只来往于这条贸易线路之上，也就意味着有许多经验丰富的海商和海员参与海洋贸易，唐朝的手工业生产者和西亚阿拉伯消费者之间建立了密切的联系。

为什么海上丝绸之路会在唐朝步入繁荣？

从唐朝的角度讲，安史之乱前，唐朝曾经打通了去往西域的道路，虽然更多的目的是争霸亚洲，压制北方的突厥和西南方的吐蕃，但客观上也促进了陆上丝绸之路的发展。但是安史之乱后，唐朝迅速萎缩到农耕文明圈内，西域的民间商路虽然还存在，但是在复杂的“政治形势”下受到了很大的冲击。不过也正是在唐朝后期，南方地区逐渐得到开发，长江流域后来者居上，从经济上实现了对黄河流域的逆袭。南方地区河网密布，面对大洋，当地又有着很强的手工业生产能力，特别是古代中国的传统产品——陶瓷的生产在唐朝大为兴盛，具有巨大的出口潜力。

而从西亚的角度讲，阿拉伯帝国兴起后，西亚、北非、中亚乃至东非都处于阿拉伯文明的控制之下。阿拉伯人原本就是非常依赖商业贸易的族群，在南征北战打下大片江山后，对商业依然非常重视和支持，自身的造船技术也很发达，而且广袤国土中的民众对于东方的陶瓷有着巨大的消费需求，客观上促使阿拉伯商人向东航行，开拓跨洋贸易的航线。

于是，处于亚洲大陆两端的人们一拍即合，跨越茫茫的大海，用唐朝的瓷器交换阿拉伯的羊毛制品，以及阿拉伯商人从沿途找到的金银、香料等货物，海上丝绸之路已成气候，以至于唐朝后期，大量阿拉伯商人因贸易而来到东方，当时有多达10万以上的西亚人在广州常年生活和做生意。

“黑石号”的打捞，让长沙窑从历史的迷雾中显山露水了。和唐朝几大名窑不同，关于长沙窑的文献记载很少，但它却成为对外陶瓷贸易的主力窑口，说明当时的长沙窑应该是民间窑口，而且其陶瓷生产很大一部分就是针对输出。在长沙窑窑址出土的一件陶瓷残件上，有一幅精美的绘画，一位金色卷发的异国少女其额部发际处缀有三颗镶金绿宝石，颈上饰有珍珠项链，肩负一杆形鸟羽，面如满月，浓眉、大眼、高鼻，表情似惊似喜；在另一瓷盘残片底心，绘有域外的一男一女形象，两人依偎在一起。这些瓷器彩绘内容和“黑石号”上的瓷器颇为相似，印证了长沙窑对外贸易的窑口性质。

考古学家推测，长沙窑的瓷器烧制完成后，会在湘江旁边的港口装载上船，顺湘江北走，过洞庭湖水域进入长江，再顺流而下到达扬州。外国商人会来此选购货物，然后装船启航出海，销往世界各地。

长沙窑的瓷器外销清楚地告诉后人，海上丝绸之路的繁荣是民间贸易的结果，是民间手工业者和各国商人共同浇灌出来的海洋文明之花。

可惜的是，就在“黑石号”沉入海底后不久，黄巢起义爆发，农民武装席卷了唐朝大部分地区，险些推翻了大唐王朝。当时的外国商人在贸易口岸的动乱中失去了货源甚至生命，唐朝的海外贸易遭受重创，也波及了以外销为主的长沙窑。公元879年，黄巢的大军攻入广州城后，海上丝绸之路贸易遭受重创。此事被当时的阿拉伯商人所记录。此后黄巢挥师北上，攻陷了长沙，可以想见，长沙窑也遭受致命一击，从此衰微不振。

黄巢围攻广州的时候，派人与朝廷联络，要求朝廷封自己为节度使，唐僖宗咨询大臣意见，仆射于琮认为“南海以宝产富天下，如与贼，国藏竭矣”，于是黄巢求招安的企图被拒绝了。这也从侧面证明了当时的南方沿海地区已经成为衰落的唐朝的重要财源，不可给予他人。

在唐朝，海上丝绸之路不仅带来了各种异域商品，也促进了中国南方地区的进一步繁荣。中华文明圈中增添了海洋文明的绮丽色彩。自唐朝之后，曾经的梦幻古都——长安逐渐淡出了历史的中心地位，城市萎缩、人口减少，再也没有了汉唐时期傲视四方的气度，长安城的暗淡，是不是也有商路变革的影响呢？

海上丝绸之路作为一条水路，在风力和洋流的配合下，运载能力比陆路强大很多，运输成本大大降低，南方地区生产能力的崛起，使得海上丝绸之路在商人追逐利润方面完胜陆上丝绸之路，因此作为陆上丝绸之路东端的长安，商贸价值下降，趋于衰落，而南方临江靠海的扬州等城市却蒸蒸日上，也就是水到渠成的结果了。

面向海洋的两宋

经过唐末五代的重挫之后，海上丝绸之路在宋朝终于又迎来了繁华时光。在中国南方的海洋里，考古学家发现了多艘宋朝从事海上贸易的沉船，最著名的莫过于"南海一号"沉船，这是一艘由福建工匠打造的商船，满载了中国瓷器和铁器。此外，在印度尼西亚海域也发现了多艘同一时期的沉船，上面也装载了中国瓷器，但船型都是阿拉伯帆船。从沉船船型分布猜测，宋朝时期的中国海商可能负责把货物运送到东南亚的港口，在那里卖给阿拉伯海商，然后由阿拉伯海商再运往印度洋周边销售。

从唐朝开始，朝廷就逐渐介入海上丝绸之路的贸易，在广州设立了"市舶司"，借助于这种类似现代海关的机构，向前来做贸易的商船收税，并采购朝廷所需的珍宝。到了北宋时期，海上丝绸之路更加繁荣，朝廷也在很多沿海港口城市都设立了市舶司，比如广州、杭州、明州（今宁波）、泉州等。

公元971年，北宋在夺取了由南汉控制的广州后，当年六月就设置了广州市舶司，逐利之心如此急迫，可见海外贸易早已是深入人心的赚钱门道了。而南汉君臣在广州城被攻破之前，焚毁了积攒的海外珍宝，有点天真地希望北宋捞不到珍宝，会觉得广州没什么价值而撤回北方。

宋朝规定，商船出海前，必须呈报市舶司领取出海贸易的公凭；外国商船抵港时，也需要先报告市舶司，由市舶司派专人上船检查，征收所载货物价值的十分之一，作为进口税收，也就是“抽分”，可以是实物税，也可以是货币税。抽分收入从宋仁宗时期的50多万贯不断增加，到南宋初期宋高宗时，达到了每年200万贯。此外，市舶司还直接购买进口舶货，即所谓的“博买”，其中，官府压低价格并挑最好的货之类的猫腻是免不了的。

北宋官府一开始试图完全垄断海外贸易的收入，命令市舶司购买犀角、象牙、珠玑、香药等海外珍宝送往京师，市舶司的这种“官司”活动之后，如果海商还有余货，才可以卖给老百姓。到了宋太宗时期，甚至规定通过广州进口的商品一律要由市舶司购买，全部进入朝廷的官府仓库中。

严格的专卖制度并没有持续多久，因为北宋官员很快发现，官府压低收购价格的结果是，海商为了保本或者微利，只能以次充好，最终让官府收不到什么好的货物，也就没什么收益可言了。现实迫使北宋调整了自己的贸易政策，除了少量奢侈品继续专卖外，其他进口商品全部解禁，市舶司按照一定比例收购非专卖品中的好货物，其余的货物任由商人出售。

贸易政策的调整取得了意想不到的好结果，北宋官府的舶货收入不降反增，看似市舶司垄断的货物减少了，但是整个海外贸易被激活了，民间贸易规模扩大了很多，所以市舶司能够收取的税钱也增多了。

南宋被金打到了淮河以南，偏安于杭州后，对于海外贸易的收入更加依赖。南宋市舶司税收在朝廷财政收入中的比例，不同学者有不同的结论，但大体上在10%左右，这对于以农耕为基石的王朝来说，已经是很重要的财源了。而且这部分税收只是朝廷赚到的钱，海上丝绸之路的主力军是民间海商，民间从海外贸易中获得的财富也是巨大的。国富民强的南宋能够硬扛强敌金和蒙古达150多年，海外贸易收入功不可没。

南宋时期，进口的最主要商品是各种“香料”和药物，这个时期的“香料”不仅包括胡椒一类的调味品，还包括用于焚烧产生香气的物品，比如乳香、檀香、龙涎香等。此外，印度地区出产的棉纺织品、钢和剑在南宋也很受欢迎；来自非洲的象牙、犀牛角也都被商人不远万里带到南宋。当时南宋的主要出口商品是丝绸和瓷器，以及铁制品，考古学家在东南亚、南亚、阿拉伯半岛、东非海岸都发现了南宋时期的出口商品。

有一种说法认为，宋朝时期海上丝绸之路的繁荣，是由于陆上丝绸之路因政局而被切断导致的。北宋时期西夏崛起于今天的宁夏、甘肃一带，恰好是陆上丝绸之路河西走廊的位置。而南宋建立后，远离了陆上丝绸之路，在不得已的情况下，选择了面向海洋发展贸易。

如果我们观察宋朝前后的海上，会发现这个说法是值得推敲的。海上丝绸之路在唐朝后期就已经很繁荣了，而那时陆上丝绸之路的西域段虽然已经不在唐朝的控制中了，但是贸易仍然是可以进行的。即使是北宋时期，崛起于西北的西夏与北宋时战时和，西夏仍然非常需要通过丝路贸易来增强国力，与周围强大的国家相抗衡，西夏的策略是对陆上贸易线路上的商人收取过路费来充实国库，而不是粗鲁地阻断贸易。

更为有趣的是，由于北宋、西夏和辽在北方形成了三足鼎立的态势，当北宋因为战争与西夏或辽中任意一方的贸易中断时，置身事外的另一方就会不失时机地利用战争形势来赚钱。比如北宋与西夏交战时，西夏市场上的丝绸因为断货而价格暴涨，达到了北宋市场价格的几十倍，于是契丹商人立即大举出动，从北宋购买丝绸，倒卖到西夏市场上牟取诱人利润。反之，当北宋与辽作战时，西夏商人也不会只看热闹。

所以，海上丝绸之路的繁荣，并不是陆上丝绸之路衰落导致的，两条贸易线路都在发展，只要有利润，商人们就会行走在前往远方集市的陆路或海路上。不同的是，海上贸易相对于陆上贸易有很大的远途运输优势，这是海上丝绸之路能够占据上风的重要原因。

历史学家把欧、亚、非三洲称为“旧世界”，唐宋时期，旧世界的范围内各个地区的贸易往来明显加强了，特别是通过陆上丝绸之路和海上丝绸之路，正在形成经济上的整体，某一处的经济变化就会波及周边很广大的地区。

旧世界逐渐迈向整体的进程，随着蒙古帝国征讨四方的马蹄而终于加速，包括古代中国在内的旧世界迎来了一次波澜壮阔的“全球化”。

元朝的实用经济政策

“泉州为世界最大港之一，实可云唯一之最大港，余见是港有大海船百艘，小者无数。”“中国船舶共分三等……大船一只可载一千人，内有水手六百人，兵士四百人，另有小艇三只附属之……每船皆有四层……水手在船上植花、草、姜于木桶中……”

摩洛哥旅行家伊本·拔图塔来到元朝时期的中国，在自己的游记中记录了当时中国的港口与船只。实际上早在南宋时期，泉州即当时的刺桐港已经成为世界上很大的国际贸易港口。到了元朝，以商业作为立国根本之一的蒙古人更加看重刺桐港的商业价值，在元朝的七大市舶司即泉州、上海、澉浦、温州、广州、杭州和庆元（今宁波）中，泉州首屈一指。马可·波罗在自己的游记中也盛赞刺桐港的繁华，并观察到，在这个港口有大量装载了胡椒的船只，其中只有微乎其微的胡椒会远途运输到地中海的亚历山大港。

在元朝中掌管经济事务的是西域商人组成的斡脱商团，刺桐港作为海上丝绸之路的东方大港，可以通过海路联络到印度洋沿岸，而那里的阿拉伯世界是斡脱商团早已熟悉的市场，于是刺桐港成为斡脱商团和元朝统治者获取财富的金色大门。

1281年元朝设立了泉府司，“掌领御位下及皇太子、皇太后、诸王出纳金银事”，说白了这个机构的功能就是通过海外贸易，给元朝统治阶层赚钱，获取各种宝物。在最鼎盛的时候，泉府司竟然拥有海船1.5万艘，发展成为拥有自己武装的海外贸易集团。从性质上说，泉府司算是由元朝上层出资、斡脱商团承办的“外贸公司”。而元朝之前的宋朝也只是满足于通过市舶司来抽取财物税收，官方并不直接参与贸易经营，元朝有着浓厚的商业氛围，因此元朝上层甚至直接操刀海外贸易，这是一种更深层次的重视海洋的商业思维。

更能体现元朝重商思维的事件，莫过于它的几次海外用兵。比如1292年，元朝曾经跨海远征东南亚的爪哇。后世往往认为，这是蒙古人四处征战与扩张的延续。然而仔细观察这次远征的前因后果，它更像是一次因海外贸易引发的冲突。

爪哇拒绝了元朝商团的贸易请求，于是斡脱商团为了打开商路，借助于元朝赋予自己的权力，调动了武装部队前往爪哇，介入了爪哇的国内纷争，并深入内陆作战，无果而返。忽必烈为此大怒，他愤怒的原因不是没有能够征服爪哇，他根本就没有想过要征服爪哇；他愤怒的是，斡脱商团在完成占据爪哇沿海、确保商路之后，竟然还深入当地，引起了不必要的冲突。

面对南方的大海，忽必烈要的不是武力征服或者万邦来朝，他要的是能够带来财富的商路。在忽必烈时代，元朝向东南亚各个主要港口城市都派遣了负责贸易的官员，甚至建立了与南亚僧伽罗（今斯里兰卡）和印度西海岸的商业联络。后来，包括击退蒙古“侵略”的爪哇在内，最终都入朝觐见忽必烈，表面上缔结了从属关系，实际上是缔结了海上贸易关系。

而再向西的阿拉伯海沿岸，已经处于蒙古的伊利汗国的势力范围，伊利汗国的建立者旭烈兀正是忽必烈的亲兄弟，在忽必烈与阿里不哥争夺蒙古汗国大汗之位时支持忽必烈。马可·波罗在游记中也记述，自己曾经护送元朝公主去伊利汗国成亲。因此，伊利汗国与元朝有着密切关系，双方之间的通商毫无障碍。

西洋方面海路已开，东洋方面海路也不断。忽必烈曾经在1274年和1281年两次派兵试图跨海征讨日本，这是众所周知的史实。但即使是元朝与日本处于战争状态的时候，海上贸易依然得到了允许。

比如在忽必烈第一次征讨日本失败后的隔年，日本商人带着黄金来到元朝，希望交换铜钱时，元朝立即同意了其贸易请求。至元十六年（1279年）即第二次征讨日本的准备期，一个由4艘商船、2000名水手组成的日本商队抵达庆元，要求通商，元朝查验发现确实没问题后，便让他们顺利地交易货物然后返航了。

日本学者研究发现，元朝的几十年，几乎算是日本各个时代中商船开往中国最兴盛的时期，当时的镰仓幕府派遣船只入元朝收购“唐物”，幕府将军金泽贞显看到买回来的中国货物时激动不已地说：“一观唐物，喜不自禁，然家传之宝中无此物，知其不易。”日本与元朝之间的私人商船来往也极其频繁。

对于忽必烈和他的元朝来说，战争是战争，生意是生意，既然打仗也是为了做生意，那么商人来了自然要欢迎。这样的重商思维在儒家思想浓厚的王朝中，几乎可以算是绝无仅有了。但对于蒙古人来说，从铁木真远征花剌子模的时候开始，战争就与保障商路畅通紧密地挂钩了。

在忽必烈时代，从西太平洋到印度洋的广阔大洋，元朝建立起了一个浩瀚的海上贸易网络，海上丝绸之路在元朝时期达到了高峰。借助这个巨大的网络，元朝获取了巨额的商业财富。元朝中期一个掌管海外贸易的官员可以让我们更加了解当时浓厚的商业氛围。

沙不丁是元朝江浙行省掌管海外贸易的重要官员，在至元二十六年（1289年），他一次性向朝廷上交了“珠四百斤，金三千三百两”的市舶岁贡，如此巨额的财富让忽必烈都大为惊叹。在沙不丁的靠山倒台后，沙不丁也被牵连入狱，忽必烈爱惜他的经商才能，准备赦免他。此时，忽必烈的贴身臣僚董士选很愤慨，进言忽必烈要在“得财货”和“失民心”之间权衡利害。忽必烈听了，十分感动，然而却拒绝了他的建议，当即给董士选赏钱升官，而沙不丁还是被赦免了。此后沙不丁仍然长期活跃在元朝的海外贸易事务中。

在沙不丁的事例中，元朝大汗“重利轻义”的思维再次显现。很多王朝在面对海洋时，往往会采用“朝贡制度”来处理海外事务，也就是追求海外各国形式上的臣服，敬献一些土特产，王朝的皇帝再回赐丰厚的财物，以示皇恩浩荡，追求政治上的意义而不是经济上的盈利。但元朝却不同，并不存在其他王朝那种形式的“朝贡制度”。史书记载的元朝对于各国“来朝”“来贡”的回赐数量非常之少，和其他王朝相比，显得很寒酸。而海外来“呈献宝货”的人主要是元朝派出去的官员或者商人，元朝在意的是宝货本身，而不是谁来呈献。

对元朝统治者来说，虚荣的面子不重要，实际的财富才重要。从海上丝绸之路的角度看，元朝哪里是什么军事帝国，那就是一家全球“淘宝店”。

遗憾的是，元朝末年，面向大海的东南沿海一带经历了一场持续十年之久的叛乱。1357年，手中握有军队的西域后裔赛甫丁与阿迷里丁占据泉州，反叛朝廷，并进兵占据福州等地。直到五年后，泉州市舶官阿巫那带领市舶军马消灭了这支叛军，然后他竟也拥兵反叛元朝，直到1366年被擒获，这场叛乱才算平息。然而不到两年，明军攻占了福建。所以整个元朝末年，以泉州为中心的海外贸易因叛乱而陷入危机，不仅无法给朝廷提供财富，还要消耗大量财富来平息叛乱。前文我们谈到元朝因为大运河的阻断而缺粮，同时它还因为泉州叛乱而缺钱，这也是元朝灭亡的重要原因。

元朝令人惋惜地崩塌了，古代中国在走向兴盛海洋文化的征途上，升起了未卜的迷雾。

海陆融合憾成梦

明朝的建立，从王朝的角度来说，是驱除了来自草原的入侵者，让华夏地区又重新归属汉人管理。面对随时可能反扑回来的蒙古势力，明太祖朱元璋首先考虑的是政权的安危，而不是通商和发财。

朱元璋御口一开，“废市舶”“寸板不许下海”，海禁令被写入了《大明律》，严禁民间从事任何海外贸易，明朝与海外的交往只能有一种形式，那就是官方的朝贡活动，周边国家定期向明朝朝贡，通过回赐得到明朝的一些物品。

于是，明朝初期就在整个东南海岸线建立起严密的海防体系，包括建立各种卫所和巡检司，派驻军队防备内外，断绝民间海上贸易交流。

从朱元璋开始的海禁政策，其产生确实有客观原因。首先是同囊括各种文明形态的元朝相比，明朝基本上缩小到了以农耕为主的区域，儒家“重农抑商”的思维大行其道。其次是元朝留下的海外贸易体系与明朝并不“兼容”，民间海商与海外有着千丝万缕的联系，忠诚度值得怀疑；海外各国也都曾经处于元朝的海洋贸易体系之中，并不熟悉明朝的套路。

实际上，朝贡制度与海禁政策构成了明朝面对海洋的完整政策体系，两者一个对外，另一个对内，二位一体。如果我们认为明朝皇帝们完全不爱钱，对海外贸易没兴趣，也是有所误解。他们的思路其实是试图建立官方的朝贡贸易体系，铲除民间的海外贸易活动，这样所有的贸易利润就全部归于朝廷了。

郑和下西洋的航海壮举正是在这样的政策背景下展开的，因此郑和的任务也分成了两部分。

任务之一：对海外各国恩威并施，将它们纳入明朝的朝贡体系之中。

任务之二：将把基地建在东南亚、以走私为生的民间海商全力剿灭，铲除与官方朝贡贸易竞争的民间贸易。

这就是为什么郑和要率领2.7万多人的庞大舰队去远航了，这绝对不是一支单纯的商队，郑和船队要重新建立一个属于明朝自己的海洋体系，消除元朝在海洋上的残存影响力。

跟随郑和出海的马欢所著的《瀛涯胜览》记载，在郑和船队的人员中，军人就占据了2.6万多人。在官员的配置中，武官占了大多数，其他还有一些医务人员、执掌朝贡外事的人员、观星导航人员和翻译人员。整个船队的人员编制，是围绕保证航行安全和生活消耗等各项活动的正常运转而配备的。如此庞大的海军力量也足以消灭阻碍明朝建立朝贡体系的势力。在郑和下西洋过程中，也的确有几次动用武力的军事行动，比如在爪哇和锡兰山。

郑和也顺带着做一些海外贸易。比如，郑和船队从东南亚和印度海岸带回了大量的胡椒，金属货币短缺的明朝甚至把一部分胡椒拿来发给官员们，折抵俸禄。有趣的是，由于郑和船队有着巨大的装载能力，他们带回的胡椒给中国市场以很大的冲击，原本作为贵重货物的胡椒变成了人们普遍使用的调料，这当然让那些拿到“胡椒薪水”的官员们很不高兴。郑和的大采购也刺激了东南亚地区广泛种植胡椒，他们大量生产以满足中国市场的强大需求。

如果通过郑和的努力，明朝真的能够让海外万邦来朝，扩大朝贡贸易的交易量，这未尝不是一种陆地文明与海洋文明的结合方式。但是明朝并不是元朝，元朝从大汗到百姓都对经商赚钱有着浓厚的兴趣，元朝也有斡脱这种有商业头脑的商团，但明朝却没有这些商业基因。而且，一个安土重迁、稳重内敛的农耕王朝与怒海扬帆、激流勇进的海洋文化是“八字不合”的，朝廷上站立着大批反对郑和的官员们，尤其是郑和还影响了他们的薪水。

郑和船队通过前三次下西洋，就基本控制了海上丝绸之路的重要关卡，比如马六甲、锡兰，并且在印度谋求到了合适的停驻港口和交易港口，明朝已经把自己对海洋的影响力从近海拓展到了遥远的印度洋周边，甚至远达阿拉伯半岛和东非沿岸。从国际关系角度来说，郑和船队是成功的，万邦来朝的目标算是实现了。

但是从朝贡贸易的角度来说，郑和船队是失败的。有学者对明朝财政构成进行了研究，发现在1570年到1590年，明朝的国际贸易税收只有7万两白银左右，仅占明朝杂色收入的1.86%；如果把田赋、盐税的收入考虑进来，国际贸易税收仅仅占全部税收的0.22%，完全微不足道。而为了维护朝贡体系，明朝支出却很大，即使不算郑和下西洋这种不惜血本的大船队远洋航行，就是朝贡接待费用、联络费用和回赐费用，都比那点贸易税收要高。

明朝试图打造的官方朝贡贸易体系，从经济角度看是入不敷出、毫无意义的。更加可怕的是，明朝为了维系朝贡贸易体系，对民间海外贸易进行打击，不仅让朝廷耗费巨大，而且让沿海居民生计艰难，不得不冒死犯禁，屡屡酿成民间海商的反抗事件。

明朝嘉靖年间，是海盗或者倭寇最为猖獗的时期。这一时期在中国东南沿海竟然有数十万计的海盗大军，他们以沿海岛屿为基地，向繁荣的江南即东南沿海重镇发动频繁的袭击，明朝沿海戍军节节败退，苏州、杭州、泉州、上海都曾经被海盗侵入，明朝的旧都南京也一度被海盗围困攻击。在“嘉靖倭患”中，东南沿海生灵涂炭，人口锐减，许多原本繁华的海港城市沦为废墟，不要说本来就被禁止的海外贸易，就是当地的基本经济也遭受重创。

明朝官府把这些海盗称为倭寇，也就是日本海盗。但事实上，除了明朝前期有些日本落魄武士曾经组成团伙，化身海盗抢劫东南沿海外，此后绝大多数海盗都是明朝自己人，主要来自沿海那些因海禁令而破产的生产商和贸易商，以及陷入贫苦的手工业者和农民，并且海盗集团的首领几乎都是海商出身。这些海盗攻击的目的，也是掠夺包括丝织品在内的能够进行海外贸易的特产。这些商品被转运往日本出售，或者运送到澳门、马六甲，甚至更远的地方。

因此，嘉靖倭患产生的真正原因，是明朝顽固不化的海禁政策，破坏了宋元时期甚至更早的唐朝时就萌发并繁荣的海洋经济、海洋文明，从而酿成官逼民反的恶果。

以明朝时期的著名港口——月港为例。月港位于福建漳州平原九龙江下游入海口处，因为“一水中堑，环绕如偃月”而得名。在明朝海禁令的笼罩下，月港一直有人从事着海上走私贸易，而经营贸易的主角，就是沿海地区强大的乡绅阶层，他们可以用钱买通明朝的当地官府，与当地官员勾结在一起，以名义上的海禁令打击其他想从事海上贸易的中下层人士，自己独享海外贸易的巨额利润。在明朝成化、弘治年间，走私贸易十分繁荣，大量的海商云集月港，当时人们甚至把月港比喻为“小苏杭”。

恰逢朝廷执行海禁令，关闭了沿海的市舶司，于是以葡萄牙为代表的西洋海商和许多东南亚海商的船只大多来往于月港这个走私港口，购买所需的中国货。看到此景，当时的两广巡抚林富曾感叹：“诸国素恭顺，与中国通者，朝贡贸易尽阻绝之，则是因噎而废食也。况市舶官吏公设于广东者，反不如漳州。私通之无禁，则国家成宪果安在哉……”林富认为，海外贸易是国家财政的重要补充，海禁劳民伤财，不如开放贸易。

直到酿成大祸之后，明朝才开始修正自己的海洋政策。嘉靖四十年

（1561年），一些被官府打击的底层走私商人和贫苦百姓揭竿而起，迅速占领了月港和周围的城镇，这次叛乱历时四年，才被明朝强压下去。刚好叛乱平息那年，顽固的嘉靖皇帝也死了，明穆宗即位，年号为隆庆。隆庆元年（1567年），明朝政府终于“顺应民意”，正式开放月港，作为民间海外贸易的港口，允许民间贸易商人往来东西二洋，但严禁出航日本。同时也对私人贸易征税，以增加官府收入。自明初开始墨守成规二百年左右的海禁政策终于被打破了。应该说，海禁令的废止，是沿海民众和底层海商长期斗争和反抗的结果。

既然民间海外贸易合法化了，海商们也就不必铤而走险了，于是那些“海盗”纷纷弃盗从商。当时的福建巡抚曾经有一句精辟的言论：“市通则寇转而为商，市禁则商转而为寇。”自“隆庆开海”开始到明朝末年，东南沿海再也没有所谓的大规模“倭乱”发生。

开海后，萎靡了二百年的海上丝绸之路迅速恢复起来，丝织品大量出口，带动了明朝国内的生产，来自日本和西洋（从美洲贩运）的白银大量流入中国，促进了明朝后期商品经济的繁荣发展。

遗憾的是，明朝后期到清朝初期，是中国古代海商驰骋在海上丝绸之路的最后一段辉煌岁月。明清交替之时，郑成功家族率领的海商集团高举反清复明大旗，在海上与清廷对抗了几十年，陆地文明与海洋文明再次陷入了冲突与对抗的局面。即使在清朝平定台湾后，清政府面对海洋的态度也是封闭大于开放。清朝时期，官方甚至连郑和下西洋这样主动出击的海洋行动也没有，基本上沿袭了明朝的朝贡制度思路，追求万邦来朝的政治效果，官方对贸易利润并不热衷。

对于中国的东南沿海来说，确实存在大陆文明与海洋文明在利益上相互抵触的情况。比如在前面谈到的明朝的漳州地区，由于海外贸易兴盛，海商和海商资本十分活跃，当地农民也被卷入海洋经济体系之中，他们以种植能够赚钱的经济作物为业，比如当地的甘蔗、烟草、水果以及茶叶、乌桕等的种植非常普遍。沿海地区的手工业生产也十分兴旺，除了古代中国的拳头产品丝绸和瓷器外，沿海工匠还能够对从海外输入的象牙、犀角等原材料进行精巧加工，此外，麻织业、制糖业、造纸业也颇为发达。山林砍伐和制材、造船业等也随着海外贸易的强烈需求而生机勃勃。

但是大陆文明最为看重的粮食生产，在当时的漳州地区却被削弱了。经济作物种植面积的扩大，加剧了当地粮食的短缺，灾年缺粮的情况就更加显著。海商头脑都很灵活，他们会从外省甚至海外运输粮食过来，高价出售给灾民，当地粮食市场也被卷入海洋经济体系之中。一些能够进行海外贸易甚至是海外走私贸易的海商、生产商获取了巨额财富，成为富裕阶层；但也有一些农民在商品经济中失去财产和土地，流离失所甚至沦为盗贼。不论是巨富的海商还是山林的盗贼，对于王朝来说都是严重的威胁。因此，王朝以海禁令来限制海外贸易，有稳固自身统治的客观原因。

可是，海洋文明与大陆文明并非不能共存，并非不能融合，两种文明的兼容，取决于采用合理的海洋政策。至少在宋元时期，海上丝绸之路的发展达到了古代历史上的高峰，给王朝和百姓带来了可观的财富。但明清时期或者由于政局动荡，或者由于观念局限，海洋文明与大陆文明的融合断断续续，始终不能更进一步，难以驶向更远处的星辰与大海，终于在19世纪被欧洲列强的坚船利炮占据了海洋。

在世界跨入海洋文明的新纪元之时，中国的东南沿海却被边缘化了。这是古代中国文明融合中的一大憾事。

第十三章 | 郑和下西洋的秘密任务

燕王的人马已经到达了南京金川门，建文帝打算出迎，左右人等都散去了，只有几个贴身侍从在旁边。建文帝叹息说："我没脸相见啊！"于是在宫里放火自焚了。燕王高风亮节，捐弃前嫌，派遣太监前往救援，可惜来不及了，只从大火中把建文帝的尸首抢了出来。燕王哭着说："你果然如此傻啊，我来是为了帮助你做好皇帝，你竟浑然不觉，而走上绝路！"

中国古代有一本书叫《春秋》，有一个历史时期叫春秋时期，另外，还有一种编写历史的方法叫作春秋笔法。上面这段文字是燕王朱棣干掉自己的侄子建文帝篡夺帝位后，史官运用春秋笔法描写建文帝之死的"杰出"作品。当我们查阅中国的史书时，最痛苦的事情莫过于遭遇春秋笔法了，那些毫无出处和佐证的史书根本没有参考价值，更可怕的是，许多史官可能会在皇权的威慑下胡言乱语、胡编乱造，误导我们这些后世的阅读者。

建文帝之死就是一宗无头案。当时宫中大火也许是真的，但那些给朱棣脸上贴金的描写却未必全是真的。建文帝也许的确活不见人、死不见尸了，这让他的叔叔朱棣十分烦恼。如果这个侄子还活着，可以逼迫其“退位”给自己；如果这个侄子的尸首找到了，旧帝死了，自己可以顺理成章地继承大统，成为新皇帝。找不到建文帝，朱棣只能编一套瞎话，说这个侄子想不开，放火烧死了自己，龙椅自然也就该由叔叔来坐了。

朱棣当上皇帝，按说这宗无头案也就过去了。然而朱棣在位期间，命令手下一位太监率领庞大的舰队和士兵，劈波斩浪，耗资无数，多次下西洋，让人不禁疑惑朱棣做这件事的动机，是不是为了寻找那个人间蒸发了的建文帝？

找个逃跑的废帝，用得着七下西洋？

那个太监，就是大名鼎鼎的郑和。其实他本名不叫郑和，郑和的祖先原本是中亚贵族，在元朝初年迁到了中国，后来定居于云南，取了一个汉姓“马”。郑和本名叫马三宝，12岁的时候，飞来横祸，明军打到了云南，他被抓进了军营，被阉割后做了太监。不幸中的万幸是，他跟对了主子，进入燕王府做事，这位燕王，当然就是后来的明成祖朱棣了。

朱棣对这个马三宝非常赏识，在发动叛乱后，马三宝还为朱棣立下了战功，看来这个太监绝非常人。打下江山之后，朱棣论功行赏，赐马三宝“郑”姓，改名郑和，授予四品官职。皇帝赐姓对于臣子来说，是至高无上的荣耀，许多一品大员也没有这样的待遇，可见郑和多么受朱棣的器重。

永乐三年（1405年），郑和奉皇帝的命令，率领2.7万余人、40余艘船，从苏州刘家河出发，开始了第一次下西洋的壮举。到宣德五年

（1430年）郑和最后一次下西洋为止，郑和带队总共七次下西洋，每次的人员、船只规模基本上都和第一次没有什么差别。按照永乐皇帝朱棣的诏书，下西洋的目的是扬我国威，让四方归服。不过《明史·郑和传》透露，“成祖疑惠帝亡海外，欲踪迹之”，也就是说，朱棣怀疑建文帝跑到了海外，所以派郑和去寻找其下落。

这的确是一个貌似合理的下西洋理由。在儒家思想的灌输下，古代中国人非常热衷于维护“正统”，朱棣虽然是朱元璋的第四个儿子，但按照正统的说法，朱元璋的位子是要传给大儿子的，大儿子早死，所以才传给了大儿子的大儿子，也就是后来的建文帝，皇位根本没有朱棣什么事。朱棣夺位之后，当时的天下第一大儒方孝孺拒绝为他服务，披麻戴孝在朝堂之上写下“燕贼篡位”，愤怒的朱棣灭了方孝孺的九族后还不解恨，连带着将方孝孺的弟子、朋友一并杀戮，这就是所谓的灭十族。

这种维护正统的观念在古代异常强大，所以一天不能确定建文帝已经死了，朱棣就一天不能安心。这样看来，让自己的心腹郑和兴师动众地去海外寻找建文帝的下落，并不算是铺张浪费，事关皇帝的宝座，花多少钱都是值得的。

但是这个理由无法解释朱棣为什么让郑和前后六次下西洋（第七次下西洋时朱棣已经死了），从永乐三年一直找到永乐十九年（1421年）。第一次下西洋，郑和的船队就已经到了印度西海岸一带的古里，并在那里立碑留念，碑上刻字“去中国十万余里，民物咸若，熙皞同风，刻石于兹，永昭万世”。如果仓皇出逃的建文帝能跑到比古里还远的地方，那得在海上以赛车一般的速度飞奔了。寻找一个生死不明的人，根本用不着下西洋这么多次。

所以，寻找建文帝最多只能算是个附带任务。那么“扬我国威”是不是主要任务呢?

明朝的确有这样的传统。朱元璋开国之初，就派人奔赴日本国和东南亚各王国，宣布现在中土是明朝了，各位要积极前来朝贡，还把许多东南亚王国列为“不征之国”，意思就是天朝不会派兵攻打你们，你们不用害怕，我天朝过去不称霸，现在虽然强大了，但还是不打算称霸，只是你们一定得来朝贡，表明态度啊!

明朝建立的事情，经过朱元璋这么大肆宣传，早就被东南亚各国所知晓了，本来不需要再去宣传。不过朱棣篡位之后，为了展示自己的“正统”形象，还是很有必要再次对外宣传，让国际友人都知道自己是如假包换的明朝皇帝。

郑和下西洋在外交上的确下足了功夫，每到一国，就和国王搞好关系，撒下大把的财物，力邀国王派出使节回访天朝，甚至有些国王还亲自动身回访天朝。当年那些东南亚国家的君主虽然贵为国家元首，其实比部落联盟酋长强不到哪里去，随便带一些土特产去明朝，就能获得丰厚的回报，顺便旅游一下，还不用自己掏路费，何乐而不为呢?有些小国国君甚至在旅游期间，病死在明朝境内，真是此间乐，不思蜀啊!

但话分两头说，如果郑和下西洋真的是为了扬我国威，建立睦邻友好关系，明朝似乎也太不值得了。论实力，当时郑和接触的这些东南亚、南亚国家，不论人口、面积还是经济，和明朝至少差两个数量级。

千万别低估朱棣和郑和的智力，这一君一臣完全可以位列最精明的一批中国人之列，千万不要以为，他们只是脑子发热，才干出这种赔本赚吆喝的事情。不会，绝对不会!这君臣之间一定还有什么不可告人的秘密，郑和多次下西洋，其实是为了执行秘密任务。

差钱，还是差钱

下西洋行动的总策划是朱棣，因此我们得站在朱棣的角度来想问题。作为一个泱泱大国的皇帝，朱棣要处理的重大问题无非是两件事，一件是国防，要时刻警惕元朝的后裔——北元蒙古人卷土重来。朱棣雄才大略，把都城从南京迁到北京，直面北方的挑战，并数次御驾亲征，大大削弱了蒙古各部的实力，使蒙古铁骑几十年间不敢越雷池一步。郑和下西洋显然和国防扯不上关系。

另一件就是内政了，朱棣面对着朱元璋留下的一个难题：差钱。

其实我们在前面就已经谈到，中国境内金矿和银矿十分稀少，因此在金属作为货币的古代，一旦王朝的经济有所发展，经济总量和货币总量的矛盾就会日益突出。朱元璋一开始试图沿用元朝印制纸币的老办法，发行大明宝钞来增加货币供应量，与日益增长的经济总量相适应，结果由于无法控制纸币的贬值问题，大明宝钞也失败了，民间依旧用铜钱作为货币。

但是铜钱本身是贱金属，一枚铜钱的价值很小。在小额交易中铜钱还是很方便的，比如买棵白菜、打瓶酱油什么的，但是经济越发展，就会出现越来越多大额交易，这时用铜钱的麻烦就来了。大额交易对铜钱的需求量非常大，可是古代铜的开采量受到技术落后和铜矿难寻等各方面因素的限制，不能在短时间内提升。同时从铸造角度看，铸造一批铜钱和铸造一批银币所费工时基本一样，但是平摊到每枚钱币上，铜钱的铸造成本同它本身的价值相比，就非常可观了，相反银币由于本身价值高，所以铸造成本相对来说比较低。

更糟糕的是，虽然铜钱不足，但同时由于经济发展制造出大量的产品，两相比较就会使得一枚铜钱的购买力大大增加，或者说叫作通货紧缩。这正是我们在前面关于汉朝的章节中提到的经济原理。原来一个铜钱能买一斤粮，现在一个铜钱就能买两斤粮，这对于自耕农来说，他们卖粮获得的铜钱变少了，这可不是好消息。货币数量过少，又不开印纸币，人们就不得不采取烦琐的以物易物的方式做生意，经济发展受到了阻碍。

朱棣也许并不会有这么现代的金融观念，但他迫切需要找到一条发财致富的捷径，来维护明朝的统治。北方游牧民族与明朝长期对抗，蒙古高原那边不可能有什么发财的机会。那么南方的海上有没有机会呢？假如能够在海上找到贵金属比如黄金、白银的产地，武力抢夺或是和平贸易，都会给明朝带来足够多的货币，国内经济的差钱窘境也将一举解决。

作为一个王朝的管理者，一个脑瓜子足够好使的皇帝，朱棣这样考虑问题是很自然的事情。看看郑和七下西洋的壮观场面，我们可以继续揣测圣意，这一方面是为了寻找海外货币来源，另一方面是为了向海外宣告，明朝拥有强大的实力，信用评级是最高级，用你们的金银购买我们的陶瓷、丝绸，做生意会得到强有力的保障。

这就是郑和下西洋的一个秘密任务：找钱。确切地说是寻找发财致富的机会，如果能够找到贵金属货币，比如黄金和白银，就可以有效缓解国内的货币危机。

不过，这个任务是不可示人的。明朝是一个道德至上的王朝，你可以闷声发大财，但是绝对不能宣扬你喜欢钱。如果你说了，就会被儒生们的口水淹死。朱棣杀了天下第一大儒，名声已经够糟糕了，如果再明目张胆地说我派郑和去找俩钱花，简直不敢想象后世的儒生会用多么恶毒的语言咒骂这个永乐皇帝朱棣。

既然这帮掌握话语权的文人喜欢道德，那我朱棣就高举道德的大旗好了，公开宣布我派郑和出海是为了扬我国威，让四方归化天朝。从儒家的正统观念看，这个理由太合适了，于是反对之声寥寥。背地里，朱棣与郑和却在务实地寻找发财致富的良机。

看一个人也好，看历史也好，都不能只看人们公开说的那套东西，而要看人们具体在干什么。

那么，郑和完成找钱的任务了吗？

嗨，听说非洲有金子

正所谓“在家千般好，出门万事难”，郑和要挑战的，是当时世界贸易的固有秩序。

明朝前期，世界贸易的开展是以西亚为中心的。当时的阿拉伯人充分利用了自己位于欧洲、亚洲、非洲三洲交界的地理优势，玩了一个三角贸易。具体的经营模式是，从中国进口丝绸和瓷器，倒手到欧洲，换回欧洲的工业制品比如玻璃之类，然后把欧洲货倒卖到非洲，交换黄金和象牙，最后再用黄金和象牙购买中国的丝绸和瓷器。这么一圈贸易做下来，阿拉伯人的腰包就鼓了起来。而和阿拉伯人做贸易的欧洲人、亚洲人甚至非洲人，都非常眼红这笔巨额利润，琢磨着如何能够一脚踢开阿拉伯人，直接和远方的商人做生意，赚大钱。

郑和是航海界的业内人士，对阿拉伯人的贸易自然是有所了解的，他的目标直指非洲的黄金和象牙，这估计也是朱棣的心思。于是，郑和第一次下西洋，扫清了从南海到印度洋的一些阻挠势力，最远抵达印度西海岸的古里；第二次下西洋，巩固了与沿途东南亚、南亚各国的关系；到第三次下西洋，郑和的船队不仅抵达了阿拉伯人所在的阿拉伯半岛，直接接触了当时世界贸易的中心地区，而且还派出一支船队远赴非洲东海岸，和非洲人接上了头儿。

这支船队的远航目的，应该不是郑和心血来潮，随便探险玩玩，而是郑和深思熟虑后的行动。郑和应该已经知道大量黄金的产地在非洲，也许他下西洋之前就知道，也许是此前的某次下西洋时得到了消息，不管怎样，这支船队几乎可以肯定，是为了非洲的黄金而去的。

很遗憾，东非地区曾经出产黄金，比如古埃及的黄金就来自东非的苏丹境内。但是到了明朝的时候，东非的黄金已经开采光了。阿拉伯人获得的黄金都来自西非的内陆地区，必须穿越撒哈拉沙漠才能获得。

没有骆驼队，任何人休想把大量的黄金运送出来。郑和要想获得黄金，也只能通过烦琐的方式，从阿拉伯人那里间接获得。郑和虽然可以自如地与阿拉伯人交流，可是要让他去和西非的酋长打交道，建立一条贸易线路，难度就太大了，这不是一代人、两代人能完成的。而明朝本质上还是个农业国家，虽然出了朱棣这个另类皇帝以及郑和这个人航海家，但却后继无人，古代中国没有动力，也没有能力与如此遥远的地区建立贸易关系。

寻找黄金的行动就这样以失败而告终了。要想找钱，得另谋出路了。

结局令人唏嘘

永乐皇帝在位期间（1402—1424年），一共建造了大约1800艘海船，其中有1700多艘都是在前六年完成的。据估计，造一艘大海船要消耗1000石（六七十吨）大米。用大米作为成本计量单位在古代中国是很方便的，我们千万不要忘记大明王朝的前期是非常缺钱的，用钱来计量成本有时候并不准确。当时每年全国的粮食收入有3000万石大米，如果按照六年制造1700艘海船计算，平均每年耗费28万多石大米，不足全国粮食收入的1%，还是可以承受的。

但是永乐皇帝执政中后期，对蒙古多次用兵，国家财政拿不出钱支持航海事业，只能勉力维持下西洋的船队规模。自明朝把都城从南京迁到北京后，政治中心北移，距便于远洋贸易的南方越来越远，郑和虽然有皇帝的信任和支持，但在朝中却是四面楚歌。特别是郑和从西洋采购了大量的苏木和胡椒，被缺钱的永乐皇帝用来折抵官员的一部分俸禄发给群臣，群臣拿到的东南亚特产的市场价值比起折抵的薪俸银两少很多，于是朝野上下对郑和下西洋一肚子怨气。

1422年，郑和第六次下西洋返回两年后，永乐皇帝驾崩，新皇帝登基，郑和的皇家舰队出海项目立刻被裁掉，郑和空有雄伟的抱负，也只能赋闲在家了。而大明王朝的海上外交关系和贸易网，全靠郑和一手打造，郑和及其船队不出现在海洋上，西洋各个小国就没有了“搭便车”朝贡的机会，纷纷和明朝中断了联系。

眼看着航海事业就此终结，没想到历史峰回路转了一把。1430年，皇帝已经换成了朱棣的孙子。这位明宣宗即位不久，就平定了汉王朱高煦的叛乱，感觉很有必要让海外知道一下，天朝现在的皇帝是谁，于是找到了郑和，让他重新集结海上力量，再下一回西洋。

第七次下西洋对于大明王朝并没有什么实际意义，郑和的船队只是沿着当年的路线又巡游了一番，和各个国家的老友们唠唠嗑、叙叙旧而已。但对于郑和来说，第七次下西洋却是具有非凡的意义。1433年返航途中，郑和在印度的古里病逝了，他的遗体也被埋葬在古里。我们不知道郑和在弥留之际有何想法，但作为一名伟大的航海家，没有清闲地老死家中，而是死于自己挚爱的航海途中，这应该是上天赐予他的一种荣耀吧！

郑和走了，大明王朝试图打造的远洋贸易网也就此终结，再无雄心扬帆远航。但是，大明王朝缺钱的问题，在郑和去世的时候依然没有得到解决。

黄金、白银，你们什么时候能光临天朝呢？别急，历史真是让人感到匪夷所思，没过多久，缺钱的问题居然轻松解决了。如何解决的？下面篇章揭晓答案。

1433年，即郑和客死他乡的同一年，葡萄牙国王若昂一世也去世了。这位国王在位期间，建立了向海洋进军的国家政策，而且亲自上阵，带兵攻下非洲西北角的重要港口休达，并开办航海学校，支持航海事业。大西洋上的马德拉群岛和亚速尔群岛相继被葡萄牙航海者发现。这位国王死后，他的儿子继承了其航海事业，葡萄牙正在步入海权时代。对比大明王朝，朱棣和郑和死后，航海事业也基本终止了，后继无人，这多少令后人唏嘘不已。

1524年，绕过好望角抵达印度的葡萄牙航海家达·伽马在印度科钦病逝，此地离郑和病逝的古里不远，东方和西方的航海家以如此另类的方式在异乡相逢了。沉舟侧畔千帆过，当世界进入千帆竞渡的大航海时代时，郑和及其船队已经逐渐被人淡忘了。

第十四章｜白银让明朝不明不白地死去

青花瓷是令古玩收藏家们“趋之若鹜”的珍品，如果有一船的青花瓷出现在公众面前，恐怕所有人都会为之疯狂起来。2007年，在广东汕头南澳地区，发现了后来被命名为“南澳1号”的明代沉船，上面装载了大量的青花瓷盘、碗、钵、杯及釉陶罐。2010年，水下考古挖掘工作启动，很快打捞上来数以千计的物品，其中有许多质量上乘的瓷器。

但令我们最意外的，并不是沉船上的青花瓷，而是发现了铜炮、铜铳等武器，以及铜钱和铜板等钱币。远洋船只上配备武器，这并不奇怪，海外华商也好，郑氏家族也罢，为了维护自己的贸易安全，必然会加强防务。但那些铜钱、铜板是做什么用的呢？

一枚铜钱引发的走私大案

这不是一艘普通的商船，而是一艘明朝的走私船，那些铜钱是私自出口国外的钱币！

走私铜钱？听说过走私金银珠宝、珍禽异兽，这艘船怎么会走私不起眼的铜钱呢？从经济学的角度看，铜钱走私出口，一方面是因为明朝政府禁止铜钱出口，才会有人走私犯禁；另一方面是因为铜钱在海外各国的购买力要高于明朝，否则走私出去也会无利可图。

那么，明朝为何要禁止铜钱出口呢？

其实说到“禁铜令”，从宋朝就已经开始了，当时规定禁止把铜料运送到国外。这主要是因为中国铸造钱币的需要。中国古代黄金、白银奇缺，又少有金银矿，所以用于铸造货币的金属主要是铜，有时候甚至拿容易锈蚀的铁来充数。

随着经济的发展，社会需要更多的货币参与流通，否则就会造成经济学里所说的通货紧缩，交易受到限制，经济规模就难以扩大。所以，中国古代各朝都非常重视铜钱的铸造，并不时向市场上投放新铸造的铜钱，以满足经济发展的需要。铸造铜钱就需要铜料，同宋朝以来中国繁荣的古代经济相比，中国境内的铜矿显然不算充裕，于是各朝各代都很珍视铜料，按照现代的话来说，铜料关系到古代中国的金融稳定。所以，从宋朝开始一直到明清，各朝政府多次颁布禁铜令，为的就是铸币需要。

然而这就出现了一个问题：既然古代中国对铜料很需要，需求可以带来高额利益，走私船队应该从海外各国采购铜料运输到中国，满足这种需要，以此牟利，才符合经济规律。怎么走私船队反而向海外走私铜料和铜钱呢？

答案是：海外各国更需要中国的铜料和铜钱！

大航海家郑和手下的翻译写过一本《瀛涯胜览》，里面谈道：“爪哇国通用中国历代铜钱，旧港国亦使用中国铜钱，锡兰国尤喜中国铜钱，每将珠宝换易。”其中爪哇国、旧港国位于今天的东南亚，锡兰国就是今天南亚的斯里兰卡，即郑和船队与锡兰国之间爆发锡兰山之役的岛屿。这段记载说明，当时中国的铜钱在海外许多国家大量流通。

在当时的东南亚和南亚地区有许多大大小小的国家，它们在开展国内和国际贸易的时候，迫切需要一种具有信用的货币，以便能够顺利与别国做贸易。假如自己铸币，需要掌控铜矿，或者至少有稳定的铜料来源；同时还需要有足够好的铸造技术。这些技术对于许多小国家来说，要求太高了。此外，铸币时还不能以劣质材料冒充好材料，破坏货币的信用。

打铁锤要硬，炼钢火要猛；没有金刚钻，别揽瓷器活。这些小国自己没能力铸币，那么如何解决货币问题呢？当然是拿来主义了，从信用好的国家直接进口货币！

来自大明王朝的铜钱满足了这些海外诸国的货币需要。明朝铸造的铜钱质量上乘，而且明朝长期强盛，货币的信用有保障，对于海外的一些小国家来说，自己铸币还不如直接从明朝输入铜钱，作为本国流通货币来得容易。而对于一些大的国家，比如当时东亚的日本和东南亚的越南，它们一方面输入了许多明朝铜钱，另一方面本国技术和铜料也有保障，所以曾经大批仿铸明朝的铜钱，和明朝的铜钱一道在市面上流通，供本国商贸人士使用。

国外考古也证实了当时明朝铜钱作为世界货币的地位。比如日本考古学家曾经对日本48处挖掘出铜钱的遗址进行分析，被发现的55万枚铜钱，几乎都来自中国。环中国南海和环印度洋周边的一些国家和地区，比如从泰国、马来西亚、斯里兰卡、印度到阿曼、伊朗、肯尼亚、坦桑尼亚，都曾经出土过明朝的永乐通宝铜钱。

明朝前期，国内货币量远远跟不上经济发展的脚步，需要获得大量的铜钱乃至黄金、白银，但海外诸国对明朝铜钱的需求更加迫切，这从铜钱与白银的比价上就可以看出来。比如明朝中期，在中国境内，1两白银可换700~800文铜钱，而当时日本1两白银只能换约250文铜钱，铜钱的购买力显然比明朝强。数倍的利润足以驱使一些人走私铜钱和铜料，到国外把铜钱留下，采购一批货物回到明朝卖掉，换成铜钱再出海。甚至更简单一些，拿着铜钱到国外去，兑换成白银，然后拿着白银回国，兑换回更多的铜钱，再带着这批铜钱出国……

这种手法与今天世界上的炒汇非常类似。比如，当投机家们发现人民币相对于美元被低估的时候，他们就会大量地把手中的美元兑换成人民币，等到人民币升值，回归它应该具有的价值时，然后再换回美元，手中的美元就增加了。

明朝猖獗的走私炒汇活动会有什么后果呢？明朝境内的铜钱大量减少，大量小额交易难以进行，而明朝自耕农们的经济活动基本上都是小额交易，他们要用生产的粮食换铜钱，然后再用铜钱换其他生活用品。物以稀为贵，作为货币的铜钱少了，铜钱相对于其他商品包括粮食的价格就提高了，所以自耕农们用相同数量的粮食换来的铜钱就变少了。这就叫作通货紧缩。

对于经常处于温饱边缘的自耕农来说，收入减少就意味着家庭要陷入困境。这是自耕农们不能承受的，也是大明王朝的统治者不愿看到，更不能容忍的。

铜钱缺，白银也缺。中国的邻国中，日本出产白银，明朝的许多商品比如瓷器还深受当时日本人的喜爱。如果明朝能够和日本互利互惠，拿瓷器换白银，还是可以解决钱荒问题的。可惜明朝时期，中日关系非常糟糕，前有日本武士组成的海盗武装袭扰中国海岸，引发了明朝的抗倭战争；后有抗日援朝，明朝出兵帮助朝鲜抵挡日本丰臣秀吉的入侵军。区区一点走私流入明朝的白银，根本就是杯水车薪，解决不了问题。

美洲白银砸中大明的头

就在明朝为了钱而焦头烂额的时候，海岸线突然出现了一些金发碧眼的洋人，他们的手里居然拿着白花花的银子！这真是大明王朝的福音啊！

这帮洋人是葡萄牙人和西班牙人，他们手中的白银也不是自己的国土上出产的。那么，他们从哪里搞到了令大明王朝垂涎的白银呢?

新大陆！自从1492年哥伦布发现美洲大陆起，西班牙人和葡萄牙人逐渐征服了美洲的印第安人，并开始掠夺那里的财富，他们的首要目标是金子。

这里我们要交代一下，当时在欧洲通行的货币，与大明王朝境内的货币略有不同。欧洲大额交易使用金币，而小额交易使用银币，这是因为许多欧洲国家都依托漫长的海岸线开展国际大宗贸易活动，所以欧洲对黄金的需求很大，对白银的需求则没有那么迫切，因为当时的欧洲，自耕农在人口中所占的比例，不如大明王朝自耕农的比例大，因此用白银做交易的活动也少了许多。

哥伦布如此执着地向西航行，正是希望能找到欧洲人向往的一块黄金产地，只是他发现的一些中美洲岛屿上并不出产黄金，因此哥伦布受到了资助其航行的西班牙王室的冷落，郁郁而死。不过当西班牙人、葡萄牙人深入美洲大陆后，终于发现并控制了大量的金矿。这两个国家立刻富甲欧洲，甚至连当时欧洲的罗马教廷都受到两国的操控。

好事还在后面。当西班牙人和葡萄牙人航行到东亚时，他们惊讶地发现，东方的大明王朝对白银有着巨大的需求，而那里出产的精美陶瓷、丝绸，都是欧洲人的最爱。这下美洲的银矿也派上了用场，一条跨越几个大洋的国际贸易航线出现了，那就是欧洲人从美洲开采并冶炼出白银，然后带着白银跨越大西洋、印度洋和太平洋，到东亚购买大明王朝的陶瓷和丝绸。

大明王朝境内莫名其妙地涌现出大量的白银，真是久旱逢甘霖。在美洲白银的刺激下，明朝的经济迅速繁荣起来，尤其是陶瓷制造业和丝绸纺织业，因为这两个行业不仅满足了本国人的需要，还大量出口海外，直接换回白花花的银子。明朝中后期，中国南方涌现出许多繁荣的大城市，比如今天的南京、苏州、松江、宁波、漳州、广州等，在白银的强烈刺激下，当地的手工业者们赚了大钱，然后他们又改进技术、提高专业水平、扩大生产规模，生产更优质的陶瓷和丝绸以供出口，换回更多的白银。

不期而至的繁荣让北京城里的皇帝龙颜大悦，也让明朝的税务人员松了一口气。永乐年间，由于北方连年主动御敌，南方郑和连下西洋，财政压力很大，基本上民间能交什么，官府就收什么，铜钱、白银和粮食一概全收。不过当时闹钱荒，所以能收上来的往往就是粮食。粮食虽然是天字第一号战略物资，但毕竟储存、调运十分不便，损耗也多，因此明朝当时的财政往往捉襟见肘。

等到美洲白银滚滚而来，大明王朝的财政终于有了振作的机遇。明万历九年（1581年），在首辅张居正的主持下，施行新政“一条鞭法”，把各州县的田赋、徭役以及其他杂征总为一条，合并征收银两，按亩折算缴纳。即民众每年只缴一次税，而且只上交货币就可以了，货币当然主要是白银。

新的税收政策手续简单，而且也很经济，当然前提是，老百姓手中得有白银上缴，或者有能兑换足够白银的物品。美洲白银进入明朝的市场，白银增多了，白银就变得不值钱了，因此同样一两白银能兑换的其他商品就减少了，这其实是一种温和的通货膨胀。对于大量生产粮食的自耕农来说，他们的粮食能兑换的白银增加了，这对于他们来说是一个好消息。

明朝后期，政府体系的运转已经离不开美洲白银的大量输入了。流入中国市场的白银通过官府的税收，转化为财政收入，官府再通过财政支出，以及皇室和百官的消费，把白银又送回市场上，拉动了国内的生产力和商业发展。外国经济学家曾经描述说，1400—1800年“全球市场的轮子是用白银的世界性流动来润滑的”。其实对于明朝后期来说，美洲白银是明朝政权运转的润滑剂，甚至还是它经济体系中不可缺少的血液。

看白银潮来，看白银潮去

大明王朝从皇帝到官员，从商人到农民，都过了一段幸福的日子。可惜，幸福的时光总是那么短暂。

1570年，金发碧眼的西班牙人攻入了吕宋岛，也就是今天的菲律宾境内。菲律宾逐渐沦为西班牙人的殖民地。最开始，西班牙与大明王朝的关系还不错，因为他们有共同的敌人——盘踞在吕宋岛上的福建海盗。福建巡抚曾经联手西班牙人，共同围剿了那批海盗，作为回报，大明王朝允许西班牙人与明朝人做生意，当然，西班牙人手里白花花的银子本来就是明朝所需要的。

1571年，西班牙商船在东南亚海域营救了一艘中国遇险商船，遇救的明朝商人在回到福建漳州后，把西班牙迫切希望开展亚洲贸易的愿望传播开来，激起了明朝沿海民众的发财梦想。从1572年开始，运载香料、丝绸、瓷器以及水果等货物的中国商船便逐渐前往马尼拉，西班牙方面也积极反应。1573年春，两艘西班牙大帆船满载着来自美洲，用于购买中国丝绸、瓷器以及东南亚香料的白银，在菲律宾马尼拉港靠岸，这一事件标志着东方的明朝与欧洲的西班牙的贸易线路连接了起来，古老的中国正式加入了大航海时代的贸易网中。当年年底，两艘大帆船装满了中国商品，包括712件丝绸品、2.23万件瓷器，顺利返回了墨西哥的阿卡普尔科。短短几年之内，横跨半个地球的中国漳州—吕宋岛马尼拉—阿卡普尔科帆船贸易线路完全确立了。

16世纪70年代，每年驶往马尼拉的中国商船约有十几艘，到了80年代，每年约有20艘，90年代增加到每年30艘，17世纪初更是达到了每年四五十艘，最多达60艘。中国商人把能够想到的商品都运到了马尼拉，生丝、棉布、麻织品、瓷器、铁、铜、锡、铅、糖、面粉，东南亚其他岛屿出产的胡椒、肉桂、丁香，甚至牛、马、骡、驴、鸡、鸭、鹅也都跨海运了过去。这些商品除了供当地人消费外，西班牙人还把大量的中国丝绸、陶瓷装上大帆船，横跨太平洋，运送到美洲的墨西哥出售。穿梭在太平洋上的西班牙大帆船吨位超过了700吨。到了18世纪中期，墨西哥进口商品总值中的60%以上，都来自中国的丝绸与瓷器。

这就是当时世界贸易中赫赫有名的“大帆船贸易”。通过这条海路，中国人获得了美洲白银，而西班牙殖民者获得了中国商品，各取所需。

不想此后，两国的外交关系急转直下。西班牙人曾派了一批传教士到达福州，提出通商和传教的要求。对于明朝的地方官来说，通商睁一只眼、闭一只眼还勉强可以，传教？那是什么？

天朝上国毫不客气地拒绝了“佛郎机”的古怪要求。佛郎机这个称呼原本是阿拉伯人对欧洲基督徒的叫法，后来葡萄牙人抵达东方后，古代中国人也照方抓药，以此称呼葡萄牙人。后来西班牙人也来了，中国人根本分不清葡萄牙和西班牙到底有什么区别，往往都用佛郎机这个名字指代他们，其实西班牙人和葡萄牙人为了抢夺贸易权经常大打出手，根本就不是一路的。

两国关系开始出现裂痕。由于大量的中国商人前往吕宋岛做生意，人数远远超过了西班牙殖民者，这进一步引发了西班牙人的担忧。

1603年，吕宋岛上突然出现了三名明朝官员，按照官方说法，他们是来寻找被中国海盗藏匿的财宝充公的，顺便也勘探一下吕宋岛上是否有传说中的金山和银山。在明朝皇帝看来，这是很正常的调查活动，但是在西班牙殖民者看来，却是危险来临的信号。

“这三个人莫非是联络当地华人里应外合的先遣队，随后明朝大军就会杀过来？”

那一年的10月初，西班牙殖民者决定先下手为强，在当地人和一批日本雇佣军的支援下，对当地华人展开大屠杀。这次事件严重影响了大帆船贸易，对于明朝来说，意味着白银的输入减少了。

此后，虽然贸易又有所恢复，但1639年，旅居马尼拉的中国商人为了反抗重税而与西班牙殖民者再起冲突，结果再次遭到了大屠杀。就在同一时期，从阿卡普尔科驶来的大帆船竟然连续三年都遭遇了海难，真是屋漏偏逢连夜雨。

白银输入一度中断了。

百万两银子逼死崇祯帝

钱荒再次降临到大明王朝的头上，比起明初的钱荒，这一次更加致命。一方面是因为当时明朝正在与东北崛起的后金殊死搏杀，急需大量的军费；另一方面是税收依然沿袭了万历年间施行的“一条鞭法”，让民众用货币纳税。可是原本白银滚滚而来的温和通货膨胀局面已经改变了，现在是白银输入大幅减少，明朝出现严重通货紧缩的局面，再施行“一条鞭法”就酿成了大祸。

前面已经谈到，明朝的自耕农生产的是粮食，他们往往把粮食兑换为铜钱，用铜钱来纳税，官府则把铜钱折算为相应数目的白银。在吕宋岛的白银供应锐减后，明朝境内的铜钱对白银的比率也剧烈波动起来。1630年，一贯铜钱可以兑换0.57两白银，到了1640年，一贯铜钱就只能换0.28两白银。

而且，铜银比率在全国各地也不一样。在白银直接输入沿海的地区，白银量大，一两白银兑换的铜钱数量相对较少。但是对于大明王朝的西北地区，白银要流通到那里，得跋涉千山万水，那里的一两白银能兑换的铜钱相对较多。当白银输入锐减后，全国普遍缺少白银，而西北地区尤其严重，农民手中相同量的粮食兑换铜钱，再折合出的白银量下降很快，而官府还按照过去的纳税额来催缴税费，甚至还因战事需要而提高民众的纳税额，民众立刻苦不堪言。

一个叫李自成的米脂农民点燃了西北火药桶，农民起义的熊熊大火烧毁了大明王朝这间在风雨中飘摇的房子。看看李自成同志闹革命前后的一些遭遇，我们就能更清楚地理解，白银锐减带来了多么严重的后果。

李自成早年是驿站的一名驿卒，1628年崇祯皇帝为了削减政府开支，裁减了全国三分之一的驿站，很不幸，李自成在这次减员增效行动中下岗了，这可算是朝廷缺银子惹的祸。李自成是个有为青年，不能就这么闲待着，于是离家从军，很快崭露头角当上了把总。没想到军队里居然也会欠饷，他和许多士兵长期领不到生活费，还是缺银子给闹的。为了生计，李自成率众杀了军官，发动兵变，并投靠了另外一支农民军。

当时明朝尚有余力对付这些农民军，在多次围剿之下，李自成的武装几经沉浮，数次濒临绝境。但民间大量的自耕农已经破产了，他们不仅没有铜钱和白银交给官府，甚至有些地区发生了灾害，民众生存都成了问题。这些破产的农民成了李自成无限的兵源和强大的后盾，李自成的残部逃入河南后，竟然东山再起，在短时间内集结了百万部卒。后面的局势就众所周知了，李闯王一路闯关，最后攻进北京城，崇祯皇帝在煤山自缢而死，大明王朝就这样结束了。

明朝亡了，关于白银的事却还是不明不白的。一些当时的人记载说，李自成从崇祯皇帝的小金库也就是内库中搜出了3700多万两白银，另有说法是这么多的白银单位不是两，而是锭，每锭50两。关于这笔白银最大数目的说法是每锭500两，这简直是一笔天文数字！这些记载成为后人批评崇祯皇帝的证据，说他整天向大臣们哭穷，让大臣们搜刮民脂民膏，而自己却积攒了大量的财富一毛不拔。甚至在李自成就要打到北京，崇祯准备调山海关的吴三桂部队救驾，需要100万两军费时，也不肯自掏腰包，而是希望大臣们集资，结果没有筹集到军费，致使北京城防空虚。果真如此的话，崇祯的确死不足惜，不值得同情。

但这些野史的记述并不足为信，那些记述人基本上都是道听途说，有些是根据李自成撤离北京时运送的大批金银的数量来推断的。实际上，这些金银基本上是李自成纵容部下从明朝官员家中搜刮来的，并非崇祯的私房钱。而且崇祯并不是傻瓜，他固然犯下过杀死明末栋梁袁崇焕的错事，但那也算事出有因。

在兵临城下的关头，只要手头还有银子，任何一个有基本常识的人做皇帝，都会拿出来犒劳三军，鼓舞士气以御敌。崇祯也不会例外，他是真的没钱了。在明朝寿终正寝的那一年，拖欠的军饷累积起来，已经高达几百万两银子，而当时能从南方运来的税款，只有区区几万两。崇祯执政期间励精图治，连生病了都不敢随便休假。可惜，他管得了大明王朝境内的事情，却管不了世界经济局势。美洲白银无法输入明朝，他也没有办法，只能望洋兴叹，坐看东南经济发达地区因通货紧缩和产品滞销而衰落，西北地区因交不起税款而暴动，而东北地区后金铁骑秣马厉兵、频频寇关。

崇祯临死前，痛心疾首地说自己是个好皇帝，但手下的大臣却不是好大臣。其实，他还应该怪罪西班牙人，怪罪白银。

第十五章 | 大海有多宽广，郑氏海商就有多犀利

随着大明皇帝一声令下，三宝太监的船队永远地从烟波浩渺的印度洋里消失了。对于明朝来说，此举应该算是悲剧还是喜剧呢？

木头要了宝船的命

“屁股决定脑袋”，这句俗语在某种程度上可以和政治学上那句“经济基础决定上层建筑”相提并论。如果我们一屁股坐在大明王朝的宝座上，废止下西洋的决策，显然是一个巨大的悲剧。

那时，世界正在进入大航海时代，欧洲列强以西班牙、葡萄牙为先锋，荷兰做接应，英国和法国做中军，德国、俄国殿后，纷纷撑起桅杆，在占地球表面积71%的海洋上纵横捭阖，四处占地殖民。而拥有着当时世界上最大规模舰队、最先进远洋航行技术的大明王朝，却在这个历史的节骨眼上突然自断经脉，片甲不许出海，把辽阔的大海留给了金发碧眼的欧洲人。几百年后，在海洋中做大的欧洲人把坚船利炮摆在东亚的海滩外时，古老的王朝终于为自己对海洋的忽视而受到了惩罚。

坐在吹着空调的房间，喝着欧洲人的咖啡，我们转动地球仪，可以随意地指责大明王朝的愚蠢，明朝禁海令让中国在几百年间陷入了被动挨打的窘境，其罪真是罄竹难书！可是即使没有了禁海令，郑和宝船就真的能继续纵横四海，中国就会先于西欧各国在贸易上称雄海洋吗？

我们也许太想当然了。要了郑和宝船性命的除明朝皇帝外，还有当时造船的主要材料——木材。

小孩子都知道，船是靠水的浮力停泊在水面的，小孩子还会告诉我们，古希腊曾有一个叫阿基米德的大叔，他知道浮力等于物体排开液体的重力。因此从理论上讲，造船的材料不一定非要用木材，用铁皮也可以，只要有足够的排水量就行了。但我们可是回到了明朝的郑和时代，当时中国的造船技术固然发达，却也没有踏入工业革命和科学革命的门槛，还不会用铁板、铁皮来取代木材造船。西方那时自然也没这本事。

情况很明朗了，明朝人造船，就必须砍伐树木。建造的船只体积越大，就越是需要参天古树的树干。糟糕的是，明朝后期，建造船只所用的木材已经开始短缺了。因为在古代，木材除了造船之外，更大的用途是建筑房屋、烧火取暖。从事海上对外贸易的城市若要建造大船，首先会就近砍伐树木，于是海边的优良树种先被伐光。后来，人们又开始沿河砍树，这样可以顺流而下，把好木材通过水路运送到海边的造船厂。再后来，河边的木材也被砍光了，要寻找好的木材，只能去远离水系的深山老林。

如此一来，造船厂获得木材的成本就大大增加了，这个成本包括寻找木材的时间成本，也包括木材的运输成本，还包括好木材因短缺而节节攀升的价格成本。经济学的基本规律教导我们，只有收益大于成本的时候，我们才可以考虑去做。如果成本大于收益，本着“无利不起早”的原则，人们宁可躺在家里睡大觉。就在木材成本不断上升的时候，明朝官方投资郑和宝船获得的收益却并没有增加。

大船适合远洋航行，中小船只适合近海航行。郑和宝船是当时海洋上的巨无霸，本可以用于远洋贸易，赚取暴利。如果明朝真把郑和宝船开到欧洲去，这一票买卖可就做大了。由于阿拉伯人在西亚兴起，切断了东南亚对欧洲的香料出口，香料可是欧洲人加工食物的重要调料，所以他们才拼了命地派舰队去东方寻找印度。以郑和宝船几千吨的排水量，运一批胡椒、肉桂和丁香到欧洲……那会赚得一塌糊涂。

可惜明朝官员不是现代人，没有这么敏锐的商业嗅觉。他们没能发现欧洲市场对香料等产品的狂热需求，所以宝船最终并没有用来做大规模的远洋贸易，更多的是用来彰显国威，让四周小国承认中国是天朝上国，然后小国定期或不定期地拿一些珍禽异宝朝贡。所以，宝船对于贸易并无实质的贡献，不仅没有增加国家的财富，反而消耗了大量财富。

成本既然大于收益，那么从长远看，郑和下西洋就不是个好的商业模式。虽然明朝永乐皇帝出于各种考虑，支持郑和的航海活动，但长此以往，国库难免捉襟见肘，停止下西洋的活动只是时间早晚的问题罢了。

后郑和时代的“海商王”

既然我们能穿越回明朝，接下来，我们不妨再穿越空间，换个座位，坐在东南亚海外华商的椅子上。郑和下西洋，其实给那些海外华商的贸易网络造成了极大的破坏。所以明朝停止了下西洋的活动，对海外华商来说，真是天降喜讯啊！

按照一般人的想法，在郑和时代之后，中国的船只彻底退出了东亚诸海和印度洋，给欧洲人开展跨洋贸易留下了巨大的市场空间。其实，如果我们穿越回郑和时代之后的东海、南海，观察海面之上来来往往的船只，就会发现，大部分船只的主人依然是华人，华人是当时亚洲东部海域当之无愧的“海商王”。

确切地说，那些船只并不是明朝官方的宝船，而是海外华商大大小小的贸易船只。现在问题来了，明朝官方由于木材短缺，不得不放弃了航海事业，这些非官方的海外华商从哪里搞到了造船的木材，并且开工造船的呢？

这些海外华商毕竟出过国，见过世面，不会眼睛只盯着天朝的一亩三分地。在当时东南亚的许多岛屿、半岛上，还生长着茂盛的森林，许多树木可以用来建造船只。于是，这些海外华商就把造船的任务委托给东南亚地区的造船厂，船只建造好后，再开到中国沿海，供自己跨国贸易之用。利用造船外包的方式，华商们成功地解决了郑和时代明朝的造船难题。

为什么大明王朝没有借鉴海外华商的造船模式，发展自己的官方船队呢？

一个是面子问题，另一个是商业模式问题。天朝乃上国，怎么能屈尊为了几块木料向周围的那些蕞尔小国开口，做平等互利的生意呢？谈钱，太伤感情和面子了！最有喜感的场面应该是，天朝圣上还没开口，海外各国已经把木料运到了京城，作为祝贺圣上第21个妃子生日的礼物。然后圣上龙颜大悦，再顺手赏给这些进贡国一批上等丝绸和茶叶。

这就是明朝试图建立的一种“商业”模式——朝贡制度。周边小国承认天朝的宗主国地位，定期不定期地向大明皇帝进贡，然后从大明皇帝那里获得远远超过进贡物品价值的赏赐品。做这样的亏本买卖，明朝并不是为了获得商业利益，而是为了获得周边小国的臣服，至少是表面上的臣服。

反观周边小国，放着这种一本万利的买卖不做，就是傻瓜！进贡就进贡吧，面子是小事，发财是大事。但是怎么做，还是得合计合计。明朝缺好木材，但这些小国却不会拿大量的木材当贡品，万一明朝用这些木材再建立一支航海舰队，耀武扬威，这些小国就麻烦了。所以我们看这些国家的贡品中，有象牙、香料、犀角、玉石、珍贵皮毛，甚至还有美女！许多贡品对于天朝宫廷来说，都属于难得的高级奢侈品。但是关系到海上贸易和海军前途的优良造船木材，贡品的清单上却几乎看不到。

还是让我们回到海外华商那里。虽然手握木材，不过华商们毕竟是商人，他们并没有制造像郑和宝船那样的大船，而是建造了数量众多的中小船只，这其实是当时华商的精明之处。

郑和宝船虽然运载量大，但建造成本高昂，速度缓慢，而且需要配备足够的武装护卫力量，否则只能是官府或海盗口中的一块肥肉。此外，连接太平洋和印度洋之间的马六甲海峡是进行跨洋贸易的重要通道，但那里的热带季风却很强烈，每年会改变一次风向。季风的这个特点让商人们很头疼，在蒸汽机动力还没有亮相海洋的时代，船员们只能依靠风力和人力远航，顶风穿过马六甲海峡做远洋贸易，这是难以实现的。所以，如果这些海外华商一定要建造大船，做远洋贸易，一年就只能来回穿梭马六甲海峡一次，这对于讲求经济效益的商人来说，时间成本也太高昂了。

华商选择了建造中小船只，其经营之道是把中国的丝绸、陶瓷运往马六甲地区的中转站，在那里卖掉货物，然后购买中国所需的印度棉、靛蓝染料，装船返航，运回中国贩卖。这样做的好处是资金流转很快，每年可以往返中国和马六甲地区数次，不必等很长时间才得到收益。商人要追求的是最大的利润，中小船只就可以满足他们的需要，当然没必要建造巨大的郑和宝船。至于那些卖掉的丝绸和陶瓷如何辗转运送到消费地即欧洲，那是南亚商人和欧洲商人的事情了。

郑氏家族赶跑蔗糖救台湾

明朝的禁海令断绝了官方远洋贸易之路，但民间的海外贸易仍然在蓬勃发展，因为海外华商站在市场经济而不是天朝威仪的角度做贸易，他们的经营方式更符合经济规律，即使屡屡遭到大明王朝的打击，他们仍然能把数量大到超出人们想象的商品走私出去。

没有正规途径，那就走私吧。海外对中国的瓷器、丝绸有强烈的需求，而国内又能大量供给这些商品，明朝想凭借国家力量蛮横地禁止人们做跨海生意，只会让需求更加强烈，走私生意的利润率更高，于是走私就成为十分有利可图的行当。这些海外华商一方面依靠走私赚取利润，另一方面用钱买通明朝海防大员们，让他们对自己的走私睁一只眼，闭一只眼。

前面我们在介绍朱元璋的事迹时已经说过，明朝严厉打击贪赃枉法的官员，不惜用剥皮的酷刑恐吓他们。看看明朝官员们的工资单，都是廉洁清贫的高风亮节者，但其实他们中许多人的日子过得很滋润，其中贪污受贿是跑不了的。那些海外华商想搞定海防大员，并不困难。

在明朝海域的走私船队中，我们要介绍一支最有实力的队伍，他们既当江洋大盗，也做走私贸易，还装模作样地接受招安，帮官府剿灭其他海盗，这支队伍的带头大哥都姓郑，不过他们并不是郑和的后人，而是明朝末年叱咤风云的英雄郑成功的家族成员。

郑成功的父亲郑芝龙是明朝末年最具实力的海盗之王，后来主动接受明朝招安，摇身一变，当了个福建总兵，从此垄断了北至江苏吴淞口，南到广东的海上贸易。

有了官府做后盾，郑芝龙大规模组织船队做远洋贸易，从中国的绸缎、瓷器、药品，到南洋等地的红木、胡椒、犀角、象牙，无所不做。东亚的日本人、东南亚的马来人，以及从遥远的西方跑过来的葡萄牙人、荷兰人、西班牙人、英国人，都是他的生意伙伴。当时正值明朝末年，军队各部军饷短缺，只有福建地区兵强饷足，这都是郑芝龙的功劳。

郑氏家族依靠海外贸易的丰厚利润，来支撑军费支出，再用强大的海上武装力量牢牢控制中国沿海乃至东南亚海域的贸易霸权，自中华文明开始以来，这种经营模式算是第一次出现。

中国封建社会的各个王朝，基本上都是通过向农民征税的方式获得收入，维持军事开支，保护自己的领土，本质上走的是土地—农业经济路线。而郑氏家族走的却是海洋—商业经济路线，当时世界正跨入大航海时代，郑氏家族的经营方式与欧洲列强是完全相同的，也更加符合当时的经济潮流。

1644年清军入关，明朝灭亡，郑氏家族的黄金岁月也戛然而止了。郑芝龙当惯了“红顶海盗”，所以还想如法炮制，到大清王朝那里去谋个差事，他的心理期望值甚至比他在大明王朝担任的官职还要高一些。没想到，从白山黑水发家、靠骑射打天下的大清皇帝脑子里根本没有海洋的概念，也还没有领教过郑氏家族的嚣张，竟然扣留了郑芝龙，让其劝降自己的儿子郑成功投靠新主子。

这还不算，清兵还干了一件更加糟糕的事情，在打到福建后，逼死了田川松，也就是郑成功的母亲。具体过程如何，如今已经很难考证，估计当时兵荒马乱，清军并没有觉得这个女人有多么重要。但对于出生于日本，小时候和母亲一同在日本生活的郑成功来说，这个女人无比重要。顺便说一句，郑芝龙有五个老婆，但郑成功只有一个母亲。

囚父杀母，深仇大恨的梁子已经结下了，郑成功出任郑氏家族的新头领，先是鼎力支持南明小王朝的反清斗争，并获得了南明皇帝赐国姓“朱”，从此“国姓爷”的名号不胫而走。南明灭亡后，郑成功又独自扛起了反清的大旗，誓与清廷不共戴天。17世纪50年代，郑成功利用自己在海上的舰船优势，频频攻打沿海各大城市，甚至逆流而上，从长江口进入内陆地区，打击清朝的势力。可以说，大清王朝与海洋文明的第一次交手，并不是近二百年后的鸦片战争，而是与郑氏船队的较量。

虽然也曾一度占据某些城市，但郑成功却始终无法在陆地上真正击败清军，道理很简单，他的队伍是“海军”，在陆地上和擅长弓马的清军较量，还是会落下风。实力所限，他占领的农村地区太少，因此粮食始终不足。战争打的一个是钱，另一个就是粮，只有钱没有粮，郑成功打下了城池也守不住，很快会被清朝收复。

郑成功和清朝就像鲨鱼和猛虎一样，一个在海上称雄，另一个在陆地称霸，一时之间谁也拿不下谁。

多年僵持之后，郑成功真切地意识到，自己必须要建立一个可靠的粮食基地。大陆地区基本上都被清朝拿下了，郑成功于是把目光投向了台湾，那里的气候非常适宜稻米种植。于是在1661年，郑成功率领自己庞大的海上舰队进攻台湾，他这次面对的其实是个老对手——荷兰殖民者。

荷兰人也的确不经打，短短几个月，就被郑成功打得落花流水，跑回了欧洲老家。与荷兰人一起被郑成功赶跑的，还有一种重要的经济作物——甘蔗。

甘蔗和台湾有什么关系呢？这个说来就话长了。

喜欢甜的食物，这是人类的天性。在原始时期，人类就冒着被蜇伤的危险窃取野生蜂的蜂蜜；进入文明社会后，人们开始养蜂，生产蜂蜜，以满足对甜味的嗜好。但蜂蜜的产量始终相当低，无法满足人们的口舌之欲，直到人们发现了一种能大量提炼糖的植物，它就是甘蔗。

从1500年前后开始，人们四处寻找适合种植甘蔗的地方，以大量生产蔗糖。甘蔗这种植物需要种植在日照足够强烈，降雨量又大的地方，而最符合这些要求的地点是热带、亚热带的一些岛屿。于是，一座又一座热带岛屿被当时的欧洲列强攻占，他们砍掉岛屿上的森林，开辟出辽阔的甘蔗园，并强迫当地人或者从非洲运来的人做苦力，种植甘蔗，提炼蔗糖。

随着甘蔗林如雨后春笋般在海洋中一座座岛屿上的涌现，人们对甜食的嗜好得到了满足，可是那些岛屿却遭了殃。甘蔗对于保持水土毫无能力，只种植甘蔗的后果是，岛屿自然环境被破坏，岛屿上的经济严重依赖蔗糖这种单一的产品。即使岛民们赶跑了欧洲殖民者做了主人，岛屿经济也无法转型，只能继续种甘蔗。这样的情形出现在牙买加、海地、古巴、爪哇、菲律宾等国，这些岛屿国家并没有因为蔗糖业致富，反而纷纷位列最贫穷的国家。人们称呼甘蔗林带来的灾难为“甘蔗林魔咒”。

原本17世纪荷兰殖民者占据了台湾后，发现这里的环境非常适合甘蔗的种植，而且蔗糖在当时的欧洲和亚洲都可以卖出高价。自古就有经济头脑的荷兰殖民者顺理成章地把甘蔗引进了台湾，并计划砍伐森林，建设甘蔗园。如果台湾也踏上甘蔗种植的这条道路，那么它的未来命运也许就和前面提到的那些热带岛屿一样了。

就在这时，郑成功来到了台湾，赶跑了荷兰人，郑成功对利用蔗糖发家致富不感兴趣，他又不差钱，差的是粮食，种庄稼才是他心心念念的正经事。就这样，荷兰人的甘蔗园计划由于郑成功的到来而“流产”了。可惜郑成功收复台湾不久后就暴病身亡，并没有实现自己击败清朝的夙愿，但他却不经意间把台湾从“甘蔗林魔咒”的阴暗道路上拉了回来，让台湾躲过了一劫。

正所谓“富不过三代”，郑氏海上贸易集团在前两届头领“离任”之后，继任者缺乏魄力和能力把海洋—商业经济路线发扬光大。而对手大清王朝不惜采取坚壁清野的迁海政策，强迫沿海居民向内陆迁居，并摧毁了沿海的房屋建筑，目的就是打击郑氏家族的“钱袋子”——走私贸易。这一招很见成效，郑氏家族无法获得内陆的商品，经济每况愈下，到后来甚至无力支付部队的军饷。1683年，清朝终于从郑家手中接管了台湾，古代中国海上贸易文明的萌芽就这样枯萎了。

战争结束，发展经济的时期到来了。对于清朝来说，台湾生产的蔗糖同样甜美诱人，男女老少都喜欢，并能带来大量的财富。那么，清朝是否会重启荷兰人没有实现的甘蔗园计划呢?

没有。郑成功利用海上力量抗衡清朝，给清朝留下了太深刻的教训。因此要治理台湾，大清王朝首先想到的不是发展台湾的经济，而是考虑如何不让那里再次成为反清的据点。如果在台湾大量种植甘蔗，台湾就会在一定时期内积累起巨大的财富，台湾经济在整个大清王朝中的分量会举足轻重。一旦当地人造反，清朝又将面临另一个郑成功的挑战。

宁可贫穷，也不能冒着丢掉权力宝座的风险，这就是清朝治理台湾经济的基本原则。具体到经济布局上，就是以种植稻米为主，限制甘蔗的种植面积。清朝最终还是允许当地少量种植甘蔗，毕竟糖的诱惑实在太大了。而且，台湾居民不能摧毁太多的森林，因为清朝统治者的观念是，把森林保护好，然后让台湾居民保持原有的生活方式，他们就不会有反叛的意图和实力了。

就这样，在整个清朝时期，甘蔗从未成为台湾的主要经济作物。

清朝末年，台湾又被另一个侵略者——日本人占据了。日本人十分垂涎蔗糖种植业的高利润，得到宝岛台湾后，他们开始了新一轮的台湾甘蔗园计划。然而很快，日本国内由于人多地少，出现了稻米不足的情况，日本不得已让台湾延续了清朝时期的经济布局，依旧以种植稻米为主，甘蔗次之，生产出的粮食补给日本国内的需要。甘蔗园计划第三次“流产”了。

历史上的阴差阳错就是如此奇妙，今天的台湾同那些曾经种植甘蔗的热带岛屿迥然不同，它环境优美，经济繁荣，宝岛台湾能有今天，郑成功功不可没。

虽然国姓爷郑成功的海上政权消失了，但海外华商的势力仍然在东南亚的大海上驰骋了很久。整个18世纪，东南亚海洋上最强大的商船队属于华人。这是因为华人海商有着几大优势：他们继承了海上丝绸之路开辟以来中国沿海居民的海外贸易传统，并且对航海线路非常熟悉；明清铜钱在东南亚地区是“国际货币”，华人海商能够搞到大量铜钱用于贸易，因此很受东南亚人的欢迎；华人把自己的造船技术带到了东南亚，可以建造廉价且耐用的海船。英国东印度公司的职员就曾经向伦敦总部汇报，加里曼丹岛的华人造船厂只用了两个月、4000多块银圆，就能建造一艘排水量580吨的帆船。华人海商造船成本的优势，以及他们在东南亚广泛的人脉资源，曾经长期让远道而来的欧洲海商难以竞争。到1820年前后，在东南亚海面上扬帆的华人海船接近300艘，总运载量超过8万吨!

然而不久之后，欧洲工业革命一举改变了世界造船业格局。以蒸汽机为动力的欧洲商船和战船把海洋上的木船商队迅速击败。全世界的大海上四处冒着蒸汽和黑烟，古代中国的海商时代永远地结束了。

第十六章 | 谁偷了康乾盛世的馒头

大明朝走了，大清朝来了。白银来了又走，走了又来。

康乾盛世的助推器

从17世纪晚期到18世纪末，中国迎来了古代最后一个盛世——康乾盛世，康熙、雍正、乾隆祖孙三代不仅维护了万里河山的稳定，还使国家出现了欣欣向荣的局面。

康乾盛世期间，人口增长极为迅速。康熙六十一年（1722年），全国人口突破了1亿，恢复到了宋朝时的人口高峰值；五十年后，人口总数竟然飙升到3亿。我们在第一章中已经谈到，明末清初从美洲大陆引进的玉米、土豆、花生、辣椒在中国得到了广泛的种植，这些高产、耐旱的农作物大幅增加了农业种植面积，也养活了更多的人口。这是出现康乾盛世的最重要原因。

曾经让明朝既爱又恨的白银，是康乾盛世的另一个助推器，在明末中断的白银输入，在清初又重新开始了，康熙、雍正和乾隆赶上了一个世界贸易繁荣的好时代。其实清朝初年，这些靠骑马和射箭起家的统治者并不了解海洋的经济意义，为了打击盘踞在海洋上的郑成功等明朝残部，实行了海禁。不过，中国优质的丝绸、陶瓷还是经由民间走私而畅销海外。到了康熙二十三年（1684年），沿海战事平息，海禁得以开放，朝廷准许沿海的民众用500石以上的船只出洋贸易。

此时，昔日强横的海洋霸主西班牙已经衰落了，而新兴的海洋强国英国还没有积累起称霸世界的实力，宽松的国际环境使得清朝的海外贸易出奇顺利。比如景德镇出口的瓷器不仅重新占领了明朝时期就据有的日本、东南亚市场，还远销美洲、非洲、大洋洲。清朝的瓷器在欧洲市场上也占据了相当大的份额，比如乾隆时期，仅荷兰东印度公司一家每年运送到欧洲的中国瓷器就多达300万件。

整个18世纪，洋人们将整船整船的银圆运到广州等东南沿海的通商口岸，购买品质上乘的绸缎、生丝、瓷器、茶叶等中国产品后，启程返航，赚取暴利。广州口岸各国商船连成一片，遮蔽了海面，货物则堆积如山。

参照明朝与白银的关系，我们就可以看出白银对清初康乾盛世的贡献。白银的稳定流入，提供了足够的货币，满足了经济增长的需要。同时，白银不断地轻微贬值，自耕农手中的粮食就可以折算成更多的白银，他们纳税的压力就不那么大了。

白银就像是润滑剂一样，让大清王朝的经济车轮平稳地滚滚向前，在外国对中国商品强烈需求的刺激下，清朝的制造业蓬勃发展。还以景德镇为例，不仅有官窑，还有大量的民窑，整个城镇终年烟火连天，在这里劳作的工匠数以万计。

古老中国的能工巧匠们用他们的智慧和汗水，让中国精美的瓷器风靡欧洲大陆，在18世纪的欧洲掀起了狂热的中国瓷器收藏热。这股收藏热的热度有多高？问问奥古斯都二世就知道了。这个人是萨克森选帝侯，也就是有参选神圣罗马帝国皇帝资格的人，而且兼任波兰国王，地位显赫。他极度痴迷中国的瓷器，拥有20个房间的瓷器收藏品。根据1720年的统计，他个人的收藏总量多达5.7万件。

有一次，他得知普鲁士国王腓特烈一世手中有不少高质量中国瓷器时，竟然开出了一个惊人的价码，用600名全副武装的萨克森龙骑兵，交换腓特烈一世手中的127件中国瓷器！

用骑兵换中国瓷器，连奥古斯都二世自己都觉得太疯狂了。他曾经写信给自己的首相，说自己陷入了“对中国瓷器的狂热追求”中，“正毫无节制、不谙世事地购买和收藏”。

无独有偶，当时许多欧洲显贵都对中国瓷器趋之若鹜，其中还包括法国国王路易十四。由于饮茶和饮咖啡的风气日益流行，欧洲的富人和中产阶级更喜欢使用瓷器而不是木器，因此带动了瓷器的大量进口。这股当年的中国瓷器热说明，当时中国瓷器的制造技术领先全球，中国瓷器在绘画、器形方面精美绝伦，中国的陶瓷文化曾经征服欧洲。

从清初一直到18世纪末期，中国制造业的生产总值远远超过了世界上的任何一个国家，即使是当时欧洲最强大的英国，制造业的产值也只相当于中国的八分之一。当时清朝的国民生产总值占到了世界总和的将近三分之一。

然而，康乾盛世几乎是毫无征兆地停止了。1795年，乾隆皇帝把龙椅让给了自己的儿子嘉庆坐。乾隆刚一归西，嘉庆就一举歼灭了和珅这个大贪污团伙，没收和珅的家产折合白银竟达10亿两之多，相当于当时清政府20年的财政收入！有人戏称乾隆当政期间之所以不拿下和珅这个大贪污犯，就是为了给自己的儿子留一份厚礼。

按说嘉庆应该不缺钱花了。然而国内形势急转直下，各地不断爆发起义，嘉庆忙得焦头烂额。嘉庆元年（1796年），白莲教就在四川、湖北、陕西一带起事，起义持续了九年，波及五省。嘉庆十八年（1813年），天理教起义更是惊心动魄，教众一度攻入了皇宫，在城楼上插了反旗，当时皇子们都不得不在养心殿戎装迎战。

嘉庆在位期间，基本上是在平息各地起义中度过的，且不说起义地区的经济遭到了破坏，无法缴纳税款，单是军费开支，就是天文数字，所以嘉庆纵然刚继位的时候不穷，到后来也穷得叮当响了。据统计，嘉庆元年国库里的存银还有5000多万两，八年之后就锐减到不足2000万两，各地方政府也大量出现赤字。嘉庆不得已，大力提倡勤俭持家，严禁地方官进京的时候劳民伤财地进献宝物，自己过生日的时候，也提前通知地方官员们，送一些字画就行了，珠宝玉器之类还是算了，采购那玩意儿太花钱。

盛世危局：从马可·波罗到马戛尔尼

为什么盛世一到嘉庆皇帝手里就变成了一副破败的景象？是嘉庆皇帝能力远不及康熙、雍正和乾隆吗？非也非也。嘉庆皇帝的遭遇有点儿类似于明朝的崇祯皇帝，王朝的衰落其实并不是从他们这里开始的，在他们的前任那里，国家已经积重难返、日薄西山了。

就在乾隆执政的时候，普通自耕农的生活水平已经大不如前了。清朝自己的官方报道当然不会自曝家丑，尤其乾隆还是个好大喜功、特别爱面子的皇帝。幸好当时英国派到清朝的特使马戛尔尼在来访期间记录了大清王朝民间的点滴生活，让我们对所谓的康乾盛世有更深入的了解。

一踏上大清朝的土地，触目惊心的遍地贫困，让马戛尔尼使团成员们纷纷大跌眼镜。在他们的心目中，中国应该是马可·波罗笔下的那个国度，遍地金银，普通人都穿着绫罗绸缎，有宏伟的城市和美丽的乡村。眼前的一幕和心理期望值的反差实在太强烈了。

使团成员约翰·巴罗记述说："不管是从舟山还是溯白河而上去往京城的三天里，没有看到任何人民丰衣足食、农村富饶繁荣的证明……除了村庄周围，难得有树，且形状丑陋。房屋通常都是泥墙平房，茅草盖顶。偶尔有一幢独立的小楼，但是绝无一幢像绅士的府第，或者称得上舒适的农舍……不管是房屋还是河道，都不能跟雷德里夫和瓦平（英国泰晤士河边的两个城镇）相提并论。事实上，触目所及无非是贫困落后的景象。"

面对洋人，清朝的官员们还是颇有礼数的，他们雇用了许多老百姓来到英国使团的船上，给英国人端茶倒水，扫地做饭。善于观察的英国人又发现了问题，这些老百姓都太消瘦了，显然是营养不良，在他们中间，"很难找到类似英国公民的啤酒大肚或英国农夫喜气洋洋的脸"。每次英国人用餐完毕，把残羹剩饭留给中国老百姓打扫时，他们都要千恩万谢。英国人泡过的茶叶，也遭到了这些老百姓的哄抢，抢到的人会继续煮水泡这些剩茶叶喝。不要说老百姓衣衫褴褛，就是军队的普通士兵也穿得破破烂烂。

中国不是一个盛产瓷器、丝绸和茶叶的国度吗？为什么身处商品产地的普通民众却没有能力消费这些物品呢？

旁观者清，被誉为经济学之父的英国经济学家亚当·斯密就观察到了一个现象，他在论著中写道：

“中国历来就是世界上一个顶富裕，也是一个最肥沃、耕耘最得法、最勤奋而人口最众多的国家。可是看来它长久以来已处在停滞状态。马可·波罗在五百多年前游历该国，盛称其耕种、勤劳与人口众多的情形，和今日旅行该国者所说几乎一模一样。可能远在当日之前，这国家的法律与组织系统容许它聚集财富的最高程度业已到达。”

在断言古代中国经济发展已达极限后，亚当·斯密又发现，至少从他那个时代上溯六百年，中国的农具并没有什么革新，这的确是个发人深思的现象，说明古代中国社会的知识和技术创新即使存在，也不能用于底层的自耕农。

结合清朝前期的征税制度，我们也许能揭开清朝普通民众贫困的谜团。康熙早年政局动荡，他先是扳倒了权臣鳌拜，然后又西灭准噶尔，南平三藩叛乱，北拒沙皇俄国，东南收复台湾，这一圈折腾下来，到了康熙五十一年（1712年），他才有空整顿全国的税收制度。这一年，他把按照人头征收银两的数额固定下来，并宣布“滋生人丁，永不加赋”。

我们当然不能真的相信清朝统治者“永不加赋”的承诺，不过康熙的这个举动，表明长久的和平已经降临到大清王朝，到了该让民众安居乐业、依法纳税的时候了。我们可以很容易地推断出来，康熙年间，清朝绝对不富裕，单是连年的征战，就已经让财政勉为其难了。所以，那个时期中国老百姓的日子也不会好到哪里去。而且，地方官员也更倾向于瞒报人口，少报人数，这样就可以截留许多税收到地方官员腰包，上缴税款的压力就减轻了。这是让皇上很头疼的一件事。

雍正年间，情况有所好转。雍正皇帝一上台，就改革了税收制度，把按照人头征税的方式变成了按照田地征收的方式。跑得了和尚跑不了庙，人口可以隐瞒，但田地固定地摆在那里，是不好糊弄过关的。这个税收的变化让百姓和地方官员都不必隐瞒人口数量了，国家的税收总量也容易控制了。

正是这个"摊丁入亩"的税收制度，在美洲农作物的催生下，清初的人口数量开始急剧增加。想想看，反正朝廷是按照田地的面积征收税款的，那么只要精耕细作，提高的亩产很大一部分就成为自耕农的收入增加值了，而家中劳动力多了，对田地的打理就更加精细。这样一来，即使是过去的农业区，人口也在不断增加，更不用说新开垦的耕地了。

然而，人口却是"双刃剑"，清朝虽然所辖地域广阔，但人口数量的增加速度总归比耕地面积的增加要快，到了康乾盛世的乾隆时期，耕地的增加已经十分有限了，而人口却还是不断增加。因为要精耕有限的农田，于是需要更多的劳动力；吃饭的人多了，平均到家庭中每个人头的口粮就变少了。自耕农的家庭经济陷入了恶性循环之中，越来越多的底层人口陷入了绝对贫困化。同时，由于人口不断增加，经营规模更加细小，农户承担不起饲养耕牛的成本，结果清朝的时候，农业上牛耕的普及程度反而比过去退步了，在唐宋时期比较先进的农具"江东犁"，已经被简陋的"铁搭"所取代，农具的退步实际上是因为人力代替了畜力。

即使清朝的统治者都能遵守康熙定下的永不加赋的承诺，但占全国人口数量十分之九的广大自耕农的生活质量还是不断下滑。更何况清朝贵族经过清初的繁衍，已经形成了一个庞大的阶层，这个阶层是享受朝廷俸禄而不需要劳作的，这个阶层的人数越多，清朝的财政压力就越大，底层民众受到的盘剥也就越大。一些民众不堪穷苦和压迫，开始铤而走险，在湖北、四川、陕西交界的深山老林里，出现了大量的无业游民，他们聚集在白莲教的大旗下，揭竿而起，敲响了康乾盛世的丧钟。

有没有什么办法，可以阻止这种糟糕局面的出现呢？亚当·斯密其实给出了一招，那就是科技进步。农具如果能得到改进，就会让农民的生产效率大大提高，不仅能提高单位亩产量，还能让他们有余力做其他的生意。

然而要有改进农具的动力，前提是出现拥有大量耕地的庄园主，为了高效地耕种自己的广阔土地，他希望发明和使用更有效率的农具。可是清初的情况并非如此，当时每个自耕农拥有的土地面积都不大，而且在税收制度的刺激下，家庭人丁不断增加，于是不大的土地再次被分割成更小的面积，来养活更多的人口。土地的面积越小，农民就越没有动力去使用高效率的农具，因为那些农具的成本是单个小农所无法承受的。如果人人都只有一亩三分地，就没人有动力去买大型联合收割机干活了。

另一个办法是发展其他行业，吸纳大量的农民转行，缓解人口和耕地之间的恶性循环。康乾盛世时期，非农业的行业还颇有起势的苗头，江南地区在海外白银的刺激下，一部分人口转为工匠，生产、贩卖丝绸、陶瓷、茶叶的工场、商行日益兴隆，使得江南虽然人口稠密，却因此成为清朝最富庶的地区之一。

假如清朝统治者能够顺势而为，扶持弱小的工商业立足江南，走向全国，乃至冲向世界，让大量农民转变为工人和商人，就像当时开始工业革命的英国那样，康乾盛世未必不能长久。但是，古代中国固有的皇权与经济的矛盾，再一次跳了出来。

清朝原本就是人数少的满族人，统治人数众多的汉族人和其他民族的朝代，让大量的汉族人发展工商业，拥有强大的经济实力，作为统治者的满族人会立刻感受到严重的威胁。所以，清朝统治者必然对工商业进行严格的限制，只有官办企业或与官方有着利益关系的民营企业，才有机会发展，其他民营企业基本上是随时都可能被宰杀的羔羊。

达尔文家族砸了景德镇的场子

即便如此，清朝前期的出口贸易依然如火如荼，纵然民众很贫穷，但朝廷依靠出口贸易，应该还有油水可捞。然而，大清王朝和大明王朝相比，国际环境已经发生了根本的变化。大明王朝在末年曾经与西班牙人、葡萄牙人和荷兰人在海洋上有所接触，那时的西洋人还只是从美洲挖出一堆黄金白银的暴发户，从政治和经济上来说，他们并不比大明王朝先进。

但是大清王朝面对的西洋人，是在国内开启了工业革命、在国外广建殖民地的大英帝国，这个新对手比过去的那帮西洋人更强悍、更狡猾，也更有智慧。就在康乾盛世的末期，乾隆皇帝还沉浸在下江南的风花雪月中时，英国人先从制造业上打响了对华战争的第一枪。

有没有搞错啊，第一枪不是在1840年鸦片战争中打响的吗？

您的记忆没有错，但这里谈的是经济，而且经济战在残酷性上一点儿都不输于正式的战争。早在英国把鸦片贩卖到清朝之前，经济战就已经打响了，这第一仗的战场，正是古代中国的看家行业——陶瓷业。

欧洲人早就垂涎古代中国精湛的制瓷技术，但是由于地理的阻隔和技术保密，他们迟迟不得要领。16世纪，意大利各地开始仿制中国软质瓷器，1575—1587年，佛罗伦萨的陶工生产出了欧洲的第一批原始瓷器，但是胎质、釉质与中国瓷器相差很大。

直到法国耶稣会士殷弘绪来到中国，才真正了解了中国瓷器的重要奥秘。此人18世纪初在景德镇传教多年，并受法国科学院委托进行科技考察，特别是中国的制瓷技术。殷弘绪发现，欧洲人之前仿制中国瓷器之所以失败，是因为只知道用瓷土而没有添加高岭土。高岭土就像是瓷器的肋骨，与瓷土按照一定比例混合并烧制，才能生产出硬质瓷器。殷弘绪把这些信息通过信件传回欧洲，欧洲人才恍然大悟，开始在欧洲寻找高岭土。

而直到18世纪60年代，英国人才掌握了制造硬质陶瓷的基本方法，也才了解了制造陶瓷需要的原料是什么。当时英国消费的大量瓷器仍然需要从中国进口，但是已经被工业革命武装起来的英国人奋起直追，很快就扭转了这个局面。在这个过程中，一位名叫乔赛亚·韦奇伍德的人起到了关键性作用。

此人出生在英国的一个陶瓷世家，很小的时候就在陶器厂当学徒，年轻时就与人合伙，开办了陶器厂，当然那时他的产品还很粗糙，根本无法与漂洋过海而来的精美中国陶瓷相媲美。韦奇伍德为了改进陶瓷的质量，据说花费了数年的时间，进行了1万多次的试验，其中甘苦非常人所能想象。最后，一种工艺简单但外观新颖、质地坚实、色彩绚丽的陶瓷在他手中诞生了。据说他对产品品质有近乎苛刻的要求，在巡查自己的工厂时，如果看到不合标准的陶瓷，他会抬起手杖直接击碎次品。

与清朝瓷器作坊中燃烧木炭、水碓研磨原料和手工制作瓷器的方式不同，韦奇伍德的工厂可以采用优质的煤炭作为燃料，也开始使用蒸汽机来研磨和搅拌原料。这些工业化的方式是东方的瓷器作坊所不具备的，从生产效率上来说，韦奇伍德已经超越了东方的那些手工同行们。

韦奇伍德还是一位营销高手，他成功地将自己的新型瓷器推销给了英国王后，并逐渐占据了欧洲最上流社会的市场。后世称其为英国瓷业大王，他的努力开创了英国乃至整个欧洲陶瓷制造业的新局面。

中国很少有人知道韦奇伍德，但他的一位外孙就广为人知了，这个外孙继承了殷实的家境，却跑去环球旅行，回家后躲在大庄园里研究科学，并写出了一部《物种起源》，提出了进化论这一学说。是的，他就是查尔斯·达尔文，韦奇伍德的外孙。半开玩笑地说，正是英国的达尔文家族抢了中国的陶瓷生意，砸了景德镇的场子。

韦奇伍德的陶瓷对于中国陶瓷业是一个沉重的打击，从此以后，自己家门口就生产优质陶瓷，欧洲不再需要跨越大洋购买遥远东方的陶瓷了。1783年，韦奇伍德陶瓷厂80%的产品被卖到欧洲各国。1792年，也就是乾隆五十七年，英国东印度公司停止购买中国瓷器。

中国陶瓷的衰败不可避免地来临了，幸好衰败的速度并不快，这主要是当时有一个新兴国家开始取代欧洲各国，成为中国陶瓷的输入大国，它就是美利坚合众国。刚刚独立的美国受到了英国的贸易封锁，急需在经济上找到突破口。

1784年，在美国政府的支持下，商船“中国皇后”号从纽约启程，船上装满了美国人所能想到的有可能卖到中国的杂货——人参、皮革、毛衣、胡椒、棉花、铅等商品，哦，对了，还有银圆。美国官员以为船员可能会和清朝的各级官员打交道，于是在给船员开具的美国政府的证书上，对方的称谓从皇帝、国王，一直写到了男爵、市长、议员。两个彼此陌生的国度开始了第一次亲密接触。“中国皇后”号抵达广州后，清朝人觉得这个国家的国旗过于花里胡哨，一堆星星和线条，于是把这个国家叫作“花旗国”，把他们运来的人参称为“花旗参”。

四个月后，“中国皇后”号的货物全被卖掉，美国船员兴高采烈地采办了茶叶、瓷器、丝绸、象牙雕刻、漆器、桂皮、玉桂和绣金像等中国商品，返航回国。中国货在美国大受欢迎，美国首任总统乔治·华盛顿还开出一张清单，上面列出了自己想从“中国皇后”号上购买的中国商品。有一把绘有中国飞龙图案的茶壶，就被总统先生看中买去了，珍藏起来，这把茶壶现在成为美国国家博物馆的珍藏品之一。

注意！总统是“买”茶壶，而不是让商人“上贡”。

美国老百姓听说中国人酷爱一种“芳香的草根”，于是怀揣发财的梦想，沿着哈得孙河两岸，漫山遍野地挖人参，估计一边挖，一边还嘀咕，这草根有什么好吃的，还不如牛肉有营养呢。1804—1829年，美国平均每年向中国输出人参90吨，自然，许多人参换成了陶瓷之类的中国商品。

可惜的是，从18世纪末到19世纪上半叶，美国的经济实力还很弱小，购买力也十分有限，美国的陶瓷购买量无法弥补中国陶瓷在欧洲市场上败退的巨大损失，即使康乾盛世末期除了陶瓷之外，清朝还可以凭借茶叶、丝绸等产品出口海外换回大量的白银，但一个重要行业的沦陷还是对国家经济造成了严重的影响。

为什么原本技艺精湛、制作精良的中国瓷器会输给英国瓷器？为什么从康乾盛世之后的二百年中，中国瓷器一直没能重振雄风？

从表面上看，英国瓷器在技术上逐渐赶上了中国瓷器，甚至还有了独创的技术。比如在1794年，英国人率先发明了“骨瓷”，不但外观看上去晶莹剔透，而且抗温度变化的性能以及材质硬度都比当时市面上的瓷器好，当然也比中国瓷器要好。曾经有人做过实验，四只骨瓷咖啡杯竟然能托起一辆车。技术上的落后，让中国瓷器再也无法重夺欧洲市场。

但是，如果我们只是看到技术上的此消彼长，就不会对大英帝国在制造业上的崛起有更深刻的认识。英国的瓷器技术能够从无到有，最终把称霸世界数百年的中国瓷器技术甩在身后的推手，是专利制度。

1623年，英国颁布了《垄断权条例》，这是第一部现代意义上的专利法，对发明人的权益从法律的角度进行了保护。从此，英国民众可以放心大胆地投入智力和财力用于技术创新，而不必担心自己的发明会被别人“盗版”。我们看英国的崛起历程，往往会看到无数的发明家和他们的发明，比如瓦特改良了蒸汽机，他们推动的工业革命给英国打下了雄厚的经济和技术基础。可是，如果瓦特改良的蒸汽机得不到专利保护，被他人肆意剽窃和模仿，瓦特投入研发的智力和财力血本无归，他和其他发明人还会有动力去革新技术吗？

如果没有对发明和发明人的专利保护，就不会有工业革命，就不会有大英帝国。技术落后并不可怕，只要有激发创新的制度，民众的才智就会万涓成水，最终汇流成科技之海，托起一个技术强国。英国陶瓷业的崛起，毫无疑问也得益于当时英国对技术创新的专利保护。

反观同时期的大清王朝，在制度上可谓毫无建树，百姓有了一项发明，自然应该奉献给皇上，以报答皇恩浩荡，得感谢皇上给了自己展现才华的机会，谈回报、谈钱，太可耻了吧？！技艺最高的工匠随时可能会被官府调去，给皇上制作一件祝寿瓷器，而不是让工匠把自己的聪明才智用在针对市场需求的创新上。这件作品亮相一次之后，就永远地摆在了皇宫里。也许几百年后，精美的瓷器成了风靡世界的古董，但整个国家的技术，却无可奈何地停滞不前，然后被人超越。

要人命的蚕宝宝

当然，天朝地大物博，家大业大，陶瓷业衰落了，还有其他行业的支撑，似乎也无大碍，至少清朝还有另外两个看家行业——茶业和丝绸业。遗憾的是，这两个行业也步陶瓷业的后尘，逐渐没落了。关于茶业，我们将在下一章中专门介绍，在这里我们来看看清朝丝绸业是如何由盛转衰的，那是与陶瓷业不一样的悲剧故事。

从古到今，丝绸都是中国古代重要的出口产品，丝绸贸易催生了中国通往欧洲的赫赫有名的“丝绸之路”。在公元200年前后，蚕丝技术传入了日本，从此日本人也开始养蚕，缫丝，加工成丝绸。此后，中国的蚕丝技术又向西传播到了阿拉伯地区、地中海地区。不过直到清朝的康乾盛世，中国的生丝、丝绸出口依然在世界上首屈一指。

转眼到了清朝末年，日本的养蚕业异军突起，抢占了中国蚕丝在世界市场上的大片地盘，甚至一跃成为世界第一蚕丝产地和出口国，国力也不断增强；而中国依然在生产蚕丝，但国力却日渐衰落了。

中日两国当时都生产蚕丝，一个是前辈，另一个是后辈，为何后辈蓬勃发展，前辈却日薄西山了呢？难道是中国的蚕丝技术不如人吗？

当时，中国和日本的蚕丝技术相差无几，真正的答案出人意料：中国人不杀蚕蛹，而日本人杀蚕蛹。

从蚕茧中抽出蚕丝的工艺称为缫丝，原始的缫丝方法是把蚕茧浸泡在热汤盆中，手工抽取蚕丝，再卷绕到丝筐上。这种方式抽出的丝粗细不均，断头又多。中国的蚕丝业到清朝末年，依然使用这种简单的缫丝方法。那时欧洲人已经利用机器缫丝，能够把蚕茧加工成明亮均匀的丝线。但新式的缫丝工厂在中国一出现，就遭到了朝廷官员和手工业行会的反对，因为工厂效率高，产量大，抢夺了旧式行会的饭碗，也使民间土法缫丝人的日子难以为继。

而且，中国人遵从佛家和儒家的观念，对蚕宝宝的生命异常看重，因此在缫丝的过程中，尽量不杀死蚕。此时西方养蚕国家在缫丝时，会先把蚕蛹放入烘箱中，将蚕杀死，这样缫制的丝质量更高。中国人保护蚕宝宝生命的做法等于增加了自己加工蚕丝的成本，却只生产出半成品的蚕丝。

当时，中国出口的半成品蚕丝运到国外之后，还要再次缫制一次，立刻能将价格提高三分之一以上。显然，如果在中国就直接把蚕丝加工好，在国际市场上中国丝会更有竞争力。

可是这笔钱在清末的中国人看来，由于要以蚕宝宝的生命为代价，属于“不义之财”。从当时中国的养蚕技术看，他们不是“不能”，而是“不为”。

与中国一衣带水的日本那时也大力发展养蚕业。在日本维新后的六十年里，其进口的产品都是靠出口丝来支付的，1900年，仅是丝这一项产品就占了日本出口额的40%。可以毫不夸张地说，日本当时能够向沙皇俄国以及大清王朝开战并屡战屡胜，其经济基础是建立在以丝为代表的发达产业上的。

日本养蚕业为何能迅猛发展呢？其中一个重要的因素是，虽然古代日本也是个佛教国家，但明治维新后，民众观念日益开放，并不把蚕宝宝的生命看得很重，所以烘箱、缫丝厂这样的现代事物在日本得到了迅速推广，蚕宝宝在烘箱中被无情地杀死了，但日本丝的质量越来越高，很快超越中国生产的丝，成为最受欢迎的亚洲细丝。

日本蚕不仅没能寿终正寝，它们连享受童年的权利也被剥夺了。

养蚕和种稻是当时中国、日本农业最基础的两项产业，两者有一个共同的特点，那就是在一年中的某些时候，农家会格外忙。比如，插秧的时候最需要人手；对于养蚕来说，蚕快要成熟的时候，一天要喂八次，而且每天要清理数次饲料盘，养蚕人基本上要寸步不离蚕的左右。刚好对于日本和中国江南地区来说，养蚕和种稻最忙的时候都是在4月至6月，这使得农民必须为两项产业分别配备人手，要么只养蚕，要么只种稻。

科学技术的进步解决了人手不足的麻烦。人们发现，可以通过控制蚕室的温度，让蚕提早孵化，提早成熟，这样就和种稻错开了需要人手的时间，农户们可以既养蚕，又种稻了。此外，如果给蚕施加一些化学药物，它们可以改在7月到9月孵化，农民们可以从容地完成两项产业。

这些技术都在日本养蚕业中得到了应用，但在中国，依然受到了“道德高尚”人士的强烈阻挠。1880—1930年，日本蚕丝的产量增长了将近9倍，蚕丝的出口为日本带来了大量的外汇，使其可以购买西方的机器设备，提升自己的生产力。反观这期间的中国，“道德人士”保护了蚕宝宝的“动物福利”，中国养蚕业却有日薄西山之感。

生活在当时中国的蚕宝宝真是太幸福了，由于卫道士们的大爱无疆，它们得以长寿善终。可是在当时蚕丝业已经全球化的背景下，蚕宝宝的幸福就意味着中国蚕农的不幸福，至少在经济上中国蚕农处于不利境地。市场经济的车轮碾碎了道德中的脉脉温情，最终既剥夺了中国蚕的幸福生活，也打碎了中国蚕农的饭碗。

第十七章｜
鸦片战争背后的经济博弈

“我每喝一次绿茶，就像喝了一次毒药，肚子里翻江倒海，痛苦万分。更糟的是，我发现小姐们喝了茶以后，都衰老得非常快。主妇们忙着沏茶，连照看孩子都顾不上。不列颠男儿喝饱了茶，连举剑的气力都没有了。

“至于喝茶危害经济，就更是不言而喻了，花那么多白银从那个荒唐的东方国家进口奢侈的茶叶，有百害而无一利。为什么不用这些钱去修路、建农场和果园，把农民的茅舍变成宫殿呢!

“喝茶是一种恶习，不仅危害个人身体、社会经济，还有亡国的危险，想想当年的罗马帝国，商人们用银币去换中国的丝绸，女人都穿起了华贵的丝袍，男人们一天洗五六次澡，国库空了，道德败坏，军事无能，野蛮人入侵，偌大的罗马帝国瞬间分崩离析了！”

是谁如此痛恨茶叶？这段话好像在哪里听过。

这些是18世纪英国一位著名的慈善家兼作家乔纳斯·翰威的一本书中的几个段落，此人对大英帝国拿白花花的银子去买中国茶叶十分不满，认为这是祸国殃民的蠢事。有趣的是，如果我们把这段话中的“茶”字换成“鸦片”，把“喝”改成“抽”，把“不列颠”换成“大清”，这段话活脱脱就是当年林则徐禁烟时对鸦片危害的控诉。

大英帝国和大清王朝，到底谁坑害了谁？如果我们想从经济上追溯鸦片战争的起因，就得从茶叶谈起。

大英帝国被茶叶攻陷了

17世纪初，荷兰的东印度公司最早把东方出产的茶叶带到西欧各国，从此，西欧人就对这种“草药汁液”着了魔，饮茶的风气首先在上层社会中传播，然后就开始蔓延到社会各个阶层。

大英帝国也抵挡不住茶香的诱惑。1699年，英国东印度公司就从中国订购了300桶上等绿茶和80桶武夷茶，因此，有学者认为英语中茶叶一词“tea”就是源于闽南语中“茶”字的读音。此后几十年，英国的茶叶进口量就以火箭速度上蹿。不过在1720年之前，英国每年的茶叶进口量还在1万担以下，而且当时茶叶主要作为药品推销给公众，男性喝茶来提神醒脑，女性则用茶叶来缓解周期性偏头痛、抑郁症和焦虑症。

1720—1800年，英国的年平均进口量增加到2万担，茶叶的形象也摇身一变，成了一种社会时尚消费品，而且饮者以女性居多，社会上围绕着喝茶甚至形成了一些独特的礼仪。也就是在这个时期，围绕着该不该喝茶，英国人展开了激烈的争论。反对者如本章开头谈到的乔纳斯·翰威，再如英国卫理公会的创始人约翰·卫斯理，他声称自己曾经突然出现某种半身不遂的可怕症状，早餐后手就不停地颤抖。后来当他戒茶之后，所有的症状都消失了，因此号召卫理公会的信众们一起戒茶。其实这位仁兄戒茶的情景，就和现在许多意志不坚定的人戒烟一样，屡次反复，戒茶期间无精打采，不久又重新开始喝茶。

卫理公会的创始人都戒不掉茶叶，普通人更是难以抗拒茶叶。1750年前后，在英国中产阶级黄油烤面包的惯常早餐中，已经少不了茶佐。伦敦城里的仆人们，早餐也已经基本上是黄油加面包，配奶茶。尽管在1750年前后反茶呼声高涨，但茶在英国人生活中的地位已经不可撼动了。

1800—1833年，茶叶进口量已经飙升到年均3.5万担，茶叶在英国甚至变成了一种食品。普通大众喝的家庭浓茶中，往往添加了许多牛奶和糖，这样的混合物热量很高，普通英国人把它当作生活中的一种必需营养品，所有的英国人都变成了“茶鬼”。

什么东西一旦成为人们生活的必需品，再想让人们戒掉它，就比登天还难了。在18—19世纪，人们对国际贸易的理解还很初级，认为只要本国的金银在增加，就是好的；如果本国的金银在减少，经济一定是糟糕的，这就是所谓的重商主义思路。其实金银仅仅是货币，不能吃也不能穿，钱是用来花掉满足人们生活需要、改善人们生活品质的，而不是用来储藏的。

重商主义的错误思路在今天也不乏拥趸，比如许多人以为只要出口比进口多，经济就是好的，而出口比进口少，经济就是糟糕的。

随着白花花的银子流出去，绿油油的茶叶流进来，大英帝国心里开始发毛了。如果英国国民的一种生活必需品掌握在遥远的东方国家手中，一旦没有了金银，这日子可怎么过得下去？在这里我们可以看到一个经济规律，在国际贸易中，双方要拿出等价值量的商品互换，如果大英帝国要从中国进口更多的茶叶，它就必须对等地向中国出口更多的商品，或者直接用金银这样双方认可的货币来交换。

英国在国际上拿得出手的商品，是把羊毛加工成毛织品的纺织业，还有就是高档瓷器。这两类商品在欧洲还有一定的竞争力，可是拿到东方的中国来卖，立刻碰得头破血流。

古代中国人本来就崇尚“道法自然”，一听说毛织品是机器生产的，总觉得有点儿别扭，况且古代中国自己的丝绸业兴旺发达，英国最好的毛织品来到中国，等于与上等的丝绸竞争，这怎么会有优势呢？毛织品面向普通大众，但清朝时期大量的民众男耕女织，以家庭为单位用棉花生产土布，且不论普通民众没钱购买洋人的毛织品，就是有钱买，也会觉得土布价格便宜量又足，没必要买洋货。高档瓷器就更不必说了，除了皇家瞧着新鲜买两件摆着外，清朝的富人和穷人都不会考虑买西洋的瓷器。

如果找不到合适的商品出口中国，大量地进口中国货会彻底掏空大英帝国的银库。一旦银库空了，没钱进口茶叶，英国政府就等着面对民众们愤怒的声音吧！不得已，英国乃至全欧洲的商人四处寻找能让中国人接受的商品。

他们发现，中国人对檀香木、燕窝、鱼翅甚是喜好，特别是南亚、东南亚和太平洋岛屿上生长的檀香木，在中国市场上一直是上等的好木材，用于打造高档的家具。于是他们开始在大洋上四处寻找生长了檀香木的岛屿，每发现一处，就把岛上的檀香木砍伐殆尽，装船运送到中国，交换茶叶和瓷器，以此让进出口平衡，使本国白银不至于迅速流失。

许多岛屿上的树木就这样被砍光了，留下生态环境日益恶化的荒岛。如果这种情况持续下去，欧洲商人会把太平洋上所有生长檀香木的岛屿都变成蛮荒之地。就在这时，一种古怪的植物及时出手，拯救了风光旖旎、树影婆娑的太平洋岛屿。

鸦片拯救了太平洋岛屿

一提起鸦片，中国人就火冒三丈，清朝与英国之间的两次鸦片战争是中国近代屈辱历史的开端，鸦片这个东西的罪恶，简直是罄竹难书！

其实在19世纪以前，鸦片的形象远不像后来那么面目狰狞。据考察，早在6000年前的新石器时代，欧洲就有人种植罂粟。既然种植，那一定是罂粟对人有某方面的价值。现在猜测，最早种植罂粟的这批人很可能拿罂粟做镇痛剂，因为当时没什么药品，食用罂粟能缓解疼痛，这样的好东西当然值得种上一垄。

到了距今3000年的时候，从罂粟中提炼出来的鸦片已经广为世人所熟知，当时的人们用鸦片来消脓肿、止头痛、治外伤。后来，欧洲的纺织女工们白天辛苦工作，晚上为了不让哭闹的婴儿打扰自己休息，就给小家伙们吃点儿鸦片，让他们老实一点。

直到19世纪初，鸦片依然和毒品这个名词不沾边。当时许多欧洲国家出台过禁酒令，却没有谁要求禁止鸦片。当时一些著名的作家，比如歌德、司各特、雪莱、拜伦等都享受过鸦片给身体带来的“奇妙”刺激。在许多国家的军队中，鸦片也是好东西，在枪林弹雨之中，鸦片可以有效地治疗和预防流行性痢疾，也可以让士兵们麻醉自己的精神，缓解战争带来的精神压力。除了烈酒外，鸦片大概是当时最受士兵欢迎的补给品了。

为什么在几千年中，人们都对鸦片的危害视而不见呢？那是因为，鸦片长期以来并没有太大的危害。在古代，人们虽然已经认识到了鸦片的成分有麻醉神经的效果，但由于当时的加工和提炼技术很差，所以获得的鸦片中，对神经有伤害作用的生物碱含量不高，因此古代人如果不过量食用的话，并不容易上瘾。这就是为什么直到19世纪初，人们对烈酒危害性的评价比鸦片还高。

鸦片在中国的危害，也有一个从微弱到强烈的过程。明朝时东南亚各国向天朝进贡，其中就有鸦片。据说万历皇帝得到鸦片后，如获至宝，三十年不上朝，躲在后宫里吃鸦片和纵欲。鸦片在古代中国的销售渠道其实并不畅通，最开始只在药铺里销售，后来商人大肆宣扬鸦片具有壮阳的功效，这才在中国打开了局面。

明末清初，很可能是荷兰的东印度公司创造性地发明了把鸦片和烟草混合在一起，用烟枪吸食的方法，以扩大鸦片的销量。鸦片从药物和保健品，又变成了和烟草并列的消费品。其实从化学角度看，鸦片和烟草混合吸食，在一定程度上降低了鸦片对人体的伤害，至少比单独吸食鸦片在危害程度上要低得多。可是，由于烟草名声不好，于是连带着鸦片的名声也不好了。

因为消费量逐渐增大，种植烟草有利可图，所以许多自耕农放弃种植粮食，转而大量种植烟草。当时中国人对鸦片、罂粟还不是很熟悉，所以种植面积很有限，对耕地的占用也就很少。但是烟草种植却占用了大量的耕地，这让雍正皇帝很不爽。这位勤俭持国的皇帝和许多古代中国的皇帝一样，对种粮食有着异乎寻常的偏好，他对烟草挤占农作物耕地的现象十分忧虑，于是亲自下达了禁烟令。

许多人都说，雍正皇帝是中国历史上第一个禁烟的皇帝，这里的“烟”指的是鸦片烟。但其实，雍正五年（1727年）的时候，这位皇帝首先颁布的禁烟令是针对烟草的，而不是鸦片。到了雍正七年（1729年）的时候，才下达了针对鸦片的禁烟令，打击贩卖鸦片和私开鸦片烟馆者。从这个打击的顺序我们就可以明白，雍正考虑问题的角度并不是民众的身心健康，而是国家的粮食安全是不是受到了威胁。烟草对粮食生产的威胁最大，所以首当其冲地受到了打击，其次才是和烟草“一路货色”的鸦片。

雍正的禁烟令区分了药用鸦片和毒品鸦片烟，允许正当药用鸦片的输入，只要贩卖者能够按照药材依法纳税，官府就允许进口。制度听上去很好，但执行起来麻烦就大了。一些人打着“药材之用”的幌子，名正言顺地进口鸦片来倒卖。

更糟糕的是，禁烟令在一定程度上改变了社会上吸食鸦片的方式。烟草彻底被禁，国内不生产，而鸦片走私者更多地选择纯度高的鸦片走私入境，反正也是违法，还不如选择利润高的商品。于是，人们吸食鸦片的方式从鸦片—烟草混合吸食，变成了纯粹吸食鸦片。这下毒性可就大了，吸食者上瘾很快，身心受到的伤害也更大。此时鸦片已经变成了毒品，清朝开始出现大量的鸦片上瘾者，非鸦片不能解救他们的痛苦。

清政府禁烟禁鸦片，主要还是从保障粮食的角度考虑的。到了乾隆和嘉庆年间，禁烟令多次颁布，可是鸦片走私活动却愈演愈烈了。嘉庆皇帝明确禁止从外洋输入鸦片和在国内种植罂粟，可是却郁闷地发现，大清国的海关竟然有人私征鸦片税银，中饱私囊，让鸦片畅通无阻。

清朝前期，鸦片每年的输入量不到200箱；到了1821年，鸦片输入量已达5959箱；十二年后的1833年，输入量飙升到了20486箱；在鸦片战争前的几年，每年输入的鸦片已达40000箱左右。大清国的无数子民都变成了吞云吐雾的“烟鬼”，他们吸食鸦片上瘾后，鸦片也就成为他们的日常必需品，就像茶叶在英国子民生活中的地位一样。

输往中国的鸦片，基本上都来自英国的东印度公司，英国人在印度等地广种罂粟，提炼成鸦片后输出到中国，从中牟利。鸦片的出现让那些太平洋岛屿上的檀香木开始变得无人问津了，这主要是成本和收益造成的。

史料记载，1817年一箱印度鸦片的生产成本仅有两三百卢比，而在中国的卖价可以高达2600卢比，鸦片贸易可谓暴利。相比之下，从遥远的太平洋岛屿上砍伐檀香木并运送到中国市场，虽然利润也可以翻番，但和鸦片利润翻十倍的收益一比，却是小巫见大巫了。太平洋海岛上乱砍滥伐的木材生意就这样戛然而止，海岛的自然风光得以保全，这多少算是罪恶的鸦片给世界带来的一点小贡献。

鸦片对于中英贸易的影响却是巨大的。鸦片贸易量的不断增加，让大英帝国终于有银子购买更多的中国茶叶了。两国之间的贸易额高速增长，到鸦片战争前夕，清朝已经由一个白银净输入国，变成了白银净输出国，国内的白银总量在不断减少。

清朝统治者终于坐不住了。

白银大量外流，的确动摇了清朝的根基。我们已经知道，在古代中国这样一个以自耕农和农业为主的国家，白银不断地输入对国家的经济是有利的，而白银短缺会立刻给国家带来通货紧缩的灾难，明朝的灭亡很大程度上就是因为白银短缺。由于鸦片贸易，清朝现在也开始面临明朝末年的窘境。

其实，清朝统治者最愤怒的是每年中英贸易额那么大，但许多鸦片都是走私入境，官方根本就捞不到什么好处，如此一来，国库日渐空虚，当然管理国家的费用也捉襟见肘。

大清国“烟鬼”与大英帝国“茶鬼”之间的关系剑拔弩张，事情已经到了非解决不可的地步。愤怒的“烟鬼”要采取行动了。他们会怎么做呢？

清政府觉得被侮辱了

鸦片战争前夕，大英帝国“茶鬼”用印度鸦片换中国茶叶，日子过得很不错，并没有意识到“烟鬼”已经出离愤怒了。不过，英国国民中一些道德感很强的人还是对鸦片贸易予以了谴责。就连在第一次鸦片战争前夕出任英国驻华商务监督的义律，也觉得贩卖鸦片这种毒品是一种罪行，是大英帝国的耻辱。

在英国国内一些人士的压力下，英国东印度公司也曾有所收敛，在1820年之前，他们很小心地把输往中国的鸦片量控制在5000箱以内，并通过中间商来销售鸦片，以避免各国人士的批评。但是1833年，英国议会做出了一项决议，取消了东印度公司独占对华贸易的特权，允许其他公司也介入对华贸易。这下可捅了大娄子，鸦片贸易最赚钱，许多公司开始疯狂地向中国倾销鸦片，根本不顾各方人士的反对。

贸易逆差越来越大，大清王朝终于下决心要禁烟了，1838年12月，林则徐被道光皇帝任命为钦差大臣，到广州开展官方禁烟运动。临行之前，朝廷曾经就禁烟的方式进行讨论，到底是应该从禁止鸦片进口入手，还是禁止民众吸食鸦片入手呢？林则徐当时倾向于让民众不再吸食鸦片，这样就无人购买鸦片，也就不会再有人贩卖鸦片了，可谓从根本上解决了鸦片问题。道光皇帝很认同这个看法。

不知何故，林则徐到达广州后，却决定收缴洋人的鸦片，采用禁止鸦片进口的手段解决问题。想想倒也合情合理，毕竟从民众的角度来禁烟，并非一朝一夕就能见效，而且枪口对准自己人，会给自己在朝廷和民间树立许多敌人，不论是对林则徐的禁烟行动，还是对他的官帽，都会有相当不利的影响。而枪口对准洋人，效果立竿见影，而且人们普遍有排外的心理，林则徐如果真和洋人叫板，甚至还会得到许多人的支持。

大清王朝打出了林则徐这枚棋子，而英国方面则是义律这枚棋子。前面已经提到了，义律此人并不喜欢鸦片贸易，但人在江湖身不由己，吃官家俸禄，只能给官家办事。在林则徐扣押商馆中的洋人，并强迫他们交出所有鸦片的时候，义律亲自去商馆试图与清朝官员交涉，结果也被扣留了。

事情到了这一步，已经酿成了一个外交事故。义律相当于英国派来的使臣，古语云“两国交兵，不斩来使”，在英国方面看来，这是对他们的严重挑衅。不过，我们站在林则徐和大清王朝的角度看，这件事似乎没什么严重的。因为在那个时候，清朝依旧以天朝自居，把包括英国在内的所有外国一律视为番邦小国，在外交上本来就不是对等的，因此扣押义律只是威慑一下这些小邦，让他们知道一下天朝的威严而已。

义律此时决定息事宁人，对林则徐收缴鸦片的命令还相当配合。他命令英国商人把手中的所有存货交出来，并自作主张，代表英国女王答应这些商人，国家会赔偿他们的损失。结果，2万多箱鸦片摆在了林则徐的面前，这个数目令林则徐都吃了一惊，因为他原来期望这次收缴行动能收上来“六七千箱就足矣”。没想到啊没想到，这帮洋人居然藏着这么多货！

林则徐这下子满意了，而万里之外的“茶鬼”们却炸了锅。英国朝野一片哗然，不过议员们愤怒的焦点却还不是清朝的挑衅，而是这些毒品贩子的损失，为什么要国家来赔偿呢？

义律单方面答应鸦片商人说政府会给赔偿，实际上却没有征得议会的同意，这是一种欺骗行为，议会自然是不答应的。事已至此，那些被收缴了鸦片的英国商人只能自认倒霉，而大英帝国这个“茶鬼”对待大清王朝这个“烟鬼”的态度，还算面子上过得去，并没有过激的态度。

首战告捷的林则徐再接再厉，要求这帮洋商签署保证书，保证他们不再向中国贩卖鸦片。这本来也无可厚非，类似于行业自律准则性质的东西。问题的关键在于，保证书里有这么一条，如果违背了保证书上的条款，“人即正法”。

站在林则徐和清朝的角度，这条是顺理成章的，因为清朝基本上是长官说了算的，林则徐既然全面负责广东地区的爱国卫生禁烟工作，他同时也是这个片区的片警、居委会大爷兼人民法官，所以他在出台洋商自律保证书的时候，直接把法律惩罚条款也列上了，这也是他的职责所在。

可林则徐的对方却是已经进入法治社会的大英帝国，义律再糊涂，也不敢答应林则徐可以对英国商人“人即正法”。

义律不敢答应林则徐的要求，双方就此事陷入了僵局。僵局就僵局，事情似乎也没到不可收拾的地步。要说历史就是这么怪诞，1839年7月7日，一伙英国水手划船到九龙尖沙咀的小酒馆喝酒，醉酒后闹事，打死了一位当地村民。林则徐按照清朝“杀人偿命”的惯例，要求交出一个凶手来抵命。义律抓了几名犯罪嫌疑人，然后拉开架势说自己要亲自审理，只要确定了凶手，一定处死。

这伙水手本来就是被断了鸦片生意的商船上的人，这些英国商人因为上缴鸦片损失颇多，已经对义律很不满。义律在承受了很大压力的情况下，对嫌犯从轻处罚，并没有拉出一个人来抵命，而且义律也根本不敢把一个英国公民送上清朝的刑场。

这样的判决直接挑战了大清王朝的尊严，也挑战了林则徐的权威。愤怒的林则徐开始把外商驱逐出广州、澳门，并派出水师攻击停泊在大海上的英国商船，因为他确信那些船上还有鸦片。

但林则徐的做法，同样激怒了另一个傲慢的家伙——大英帝国。英国国内并不十分清楚英国水手杀人案，舆论的焦点集中在林则徐的做法上，认为他没有走正常的外交程序，就强行驱逐在广东的全部英国臣民，这是对大英帝国的极大侮辱。鸦片贸易其实是小事，不让卖鸦片这种毒品，就不卖好了，大英帝国为了鸦片贩子打仗，不值得。但是，破坏了两国的自由贸易可是大事，一部分英国人觉得，是该用大英帝国的炮舰教训一下东方"烟鬼"了。其实，英国之所以这么看重"自由贸易"，恐怕还是因为怕自己的国民喝不到中国茶吧！

打仗也需要钱，大英帝国打仗，必须要得到议会的批准，并给这场战争拨款。议员在对战争拨款法案投票时，271票赞同，262票反对，赞同票仅以9票的微弱优势胜出。就是这微不足道的9票，决定了历史将上演第一次鸦片战争，决定了一个古老的东方国家被迫打开了国门。

假如当时的清朝能够派出一个申辩团，把英国水手杀人案在英国议会那里陈述清楚，或者清朝皇帝写一封措辞和缓的信，告知对方本国一向热爱和平，愿意为世界和平贡献自己的力量，给自己多拉几票，这场战争未必就不能避免。可惜大清王朝只是一味地按照自己的规矩出牌，不可能按照大英帝国认同的常理出牌。这是战争爆发的深层次原因。

鸦片战争的具体细节我们就不啰唆了，在前面我们曾经谈到，当皇家海军的炮舰攻陷镇江，掐死大运河漕运后，"烟鬼"终于低下了自己高昂的头颅，全部接受了“茶鬼”提出的各项要求：双方停战，缔结和平、对等的外交关系；中国开放5处港口通商；中国把香港岛割让给英国管理；中国赔偿英国的战争军费和商人损失；双方各自释放对方军民；英军撤出南京等地的江面和沿海。

条约中除了提到要补偿商人被烧的鸦片货物的损失外，再也没有任何涉及鸦片贸易的内容。贩卖鸦片到底合法不合法，也没有个明确的说法，而大清王朝的白银也依旧奔流出海不复回。

这事还没完呢。

种植园里的烟茶暗战

十几年之后，鸦片贸易变成了合法生意，这一方面是鸦片走私贸易继续猖獗，清政府依然只能看着白银在自己眼皮子底下滚来滚去，就是不滚进自己的荷包，感到有必要截留一些白银给自己；另一方面清政府更缺钱了，因为太平天国起义席卷中国的南方，北伐的太平军甚至还剑指北京城，镇压这场起义需要大把的银子。

1858年，清政府与英国人签署条约，允许鸦片作为“洋药”进口，每百斤纳税银30两。英国“茶鬼”欢欣鼓舞，这下既可以堂而皇之地用鸦片换茶叶，又不用负担道义上的责任了，这买卖现在合法了。

“茶鬼”高兴得太早了，枪炮要是能摆平所有问题，各国政府都让军人管理算了。就在清政府签署了鸦片贸易条约后的第二年，皇帝诏曰，云南省要对所产土药收税、抽厘，税金上交国库，厘金充作本省“剿匪”经费。

什么是土药？土药是与洋药相对的，洋药是进口的鸦片，土药则是本土的鸦片。其实早在鸦片战争前，由于市场需求不断扩大，种植罂粟成为相当有利可图的营生，于是在云南这种与印度气候类似的热带地区，人们已经开始尝试着种植鸦片。鸦片战争之后，内陆各省也纷纷引进这种堪称暴利的作物，罂粟开始在全国遍地开花。既然对进口的洋药开始收税，那么对本地的土药一视同仁地收税，补充国库，也就顺理成章了。

既然土药也得交税，那自然种植罂粟也就合法化了。中国农民自古勤劳，人数又多，土药合法的口子一开，大家纷纷种植，国产鸦片立刻冲击了进口鸦片的市场。进口鸦片量在1879年的时候达到了高峰，年进口8.3万担，此后却逐年递减，到中日甲午战争时，进口鸦片已经减少到5万担，到了大清王朝的最后一年，已经减少到2.7万担。进口鸦片在国产鸦片的紧逼之下节节败退（编者注：鸦片的计量单位1担约为100斤，而箱则因为鸦片产地不同而重量不一，基本上1箱鸦片比1担鸦片要略重一些）。

清朝末年，每年从土药、洋药上收上来的税金、厘金加起来，超过了2000万两。大清王朝能够经历两次鸦片战争和太平天国起义的摧残却衰而不倒，在很大程度上是依靠了鸦片烟的税收收入，甚至后来各地训练新军的银子，也大都来自鸦片税收。

“烟鬼”开始自产自销鸦片烟，不用从“茶鬼”那里进口大量的鸦片了。“茶鬼”其实也没闲着，大英帝国作为海上贸易的霸主，自然也不愿意每天喝的茶叶垄断在手下败将——清朝的手中。

早在1793年马戛尔尼访华时，英国人就从中国带走了一些茶树和种子，希望能够引种到大英帝国去。在那个地理阻隔很严重的时代，英国人对茶树可谓一知半解，他们长期以为，绿茶是从绿茶树上长出来的，红茶是从红茶树上长出来的。甚至到了1778年的时候，一位植物学家向东印度公司提交种植茶树的报告时，还言之凿凿地说红茶适宜种植在北纬26度到30度之间，绿茶的种植范围在北纬30度到35度之间。

就在那位植物学家提交报告的时期，一位名叫罗伯特·福琼的英国植物学家历尽艰辛地在中国考察，把采集到的茶树种子放入用玻璃制成的便携式保温箱中，偷偷地带上了开往印度的轮船，那里是大英帝国的殖民地。很快，这珍贵的茶树种子在印度繁衍出10万株以上的茶树苗，一片片翠绿的茶园在印度的山岭上蔓延开来，大英帝国终于看到了打破清朝茶叶垄断的希望。

19世纪初，英国驻尼泊尔的领事发现，东南亚地区的阿萨姆人有饮茶的习惯，倍感奇怪，这帮穷乡僻壤里的人难道也从中国进口茶叶？后来才知道，原来阿萨姆人生活的地区临近中国云南，本来就生长着茶树，这就是所谓的印度茶树。此后，通过与缅甸的战争，英国最终吞并了长着茶树的那片地区。英国人在印度同时种植印度茶树和中国茶树，还从中国招募有经验的采茶工人到印度茶园劳作。此外，英国人还把茶树引种到了斯里兰卡，也就是当年郑和下西洋的经停之处锡兰。斯里兰卡如今是世界上数一数二的茶叶出口国。

19世纪后期，另一个茶叶消费大国沙皇俄国也开始积极发展本土茶叶种植，从中国引进了茶苗，在高加索地区开辟出了茶园。直到今天，高加索地区仍然是欧洲的重要产茶地。

世界茶叶格局正在发生深刻的变化，可是大清王朝却无力做出应对。其实被鸦片战争砸开国门之后，中国茶业一时之间竟然被大奖砸中了，欧美列强垂涎茶叶贸易的高利润，纷纷在几个开放口岸设立据点，大量收购中国茶叶，茶叶出口量几乎年年破纪录。到1886年，茶叶出口量达到了268万担，折算一下有13.4万吨。考虑到一百多年前世界人口比现在少许多，消费力有限，中国茶叶当时真是风光无限。

清末茶业的繁荣不过是回光返照而已。当时的世界，苏伊士运河已经通航，分处大洋两边的国家已经被海底电缆紧密地联系起来，伦敦的商人可以随时了解中国、印度、斯里兰卡甚至非洲的茶叶行情，茶叶运输也更加快捷。在这样一个风风火火的世界茶业领域中与各种肤色的商人竞争，需要具备现代经营的理念和智慧，那些拖着辫子的中国商人虽然聪明睿智，但还没有学会站在世界市场的角度去经营。

鸦片战争后茶业出口量大增，激发了中国人广辟茶园的热情。就在英国人紧锣密鼓地在印度、斯里兰卡扩大茶叶种植面积的时候，中国人也扩大了自己的茶叶种植面积。茶叶市场的过剩迅速降临了，大家开始打质量战、成本战和价格战。

论质量，没有经过工业革命洗礼的中国茶叶无力与印度红茶抗衡；论成本和价格，印度、斯里兰卡的茶园不仅规模大，生产效率高，而且用工都是当地苦力，勤劳程度丝毫不逊色于江南茶农。在1886年达到顶峰后，此后的十几年，清朝的茶叶出口量迅速减少了约40%。继陶瓷业率先败退后，茶业也携手丝绸业一起从顶峰坠落到谷底。

古代中国三大出口创汇行业全军覆没，大清王朝依靠国产鸦片苟延残喘，这终究不是长久之计。

在当铺里彻底沉沦

让大清王朝后期由富转穷的事件之一是太平天国起义。即使是打输了第一次鸦片战争，当时清政府的国库也并非空空如也，在1850年的时候，国库存银800余万两，虽然比起雍正皇帝的时候差了不少，但咱天朝好歹也还有积蓄。即使从1853年到1863年，在太平天国起义搅得天下大乱期间，国库中的存银平均下来，每年还能增加近20万两。

不过，表面上的盈余不代表国家经济的健康。大清王朝在太平天国起义期间，应对危机的办法是“狂印钞票”。当然，那时候市面上流通的货币不是纸币，而是铜钱和白银。

金属货币也是货币，它一样也会贬值的。从1853年开始，清朝开始铸造大量重量轻而面值大的铜铁大钱。当时面值1000文、500文的铜钱，其实原料加上铸造的总成本分别只有114文、90文，这样的货币流通出来，相当于清政府只需要花114文钱，就可以从民间获得1000文的毛利。

1853—1861年，清政府总共铸造了相当于面值826万两白银的铜铁大钱，同时还发行了大量的宝钞，也就是纸币。通货膨胀的结果就是物价飞涨。短短十年间，大清王朝的茶叶价格上涨了5倍，猪肉上涨了6倍，香油上涨了3倍多，煤上涨了4倍。百姓的财富大幅度缩水，民怨沸腾。

清政府看到西洋人的政府经常发国债，自己也依样画葫芦，太平天国起义爆发的时候，清政府也尝试着发行国债。1853年，国债发行试点在山西、陕西、广东展开，美其名曰“劝借”，其实就是向殷实之家“暂时挪借，以助国用”。借到钱后，发给出资人凭票，约定分年归还。甚至还规定，出资数额较大的民众，不仅要把本金返还，当地官府还要予以嘉奖，建坊给匾，这算是一种荣誉。

平定了太平天国起义后，按理说官府该还钱了。结果各省纷纷借口财政没钱，只愿意给出资人一些虚的名声，或者给个官府闲职当当。借款变成了捐款，这些民众被大清王朝结结实实地忽悠了一把。

靠通货膨胀和赖账获得的财政盈余，根本不具有可持续性，国库中的银子只代表过去收上来的钱，并不代表未来的经济运转可以带来财富。在茶叶出口和国产鸦片税收的助力下，清政府又过了一段好日子。1894年甲午战争爆发，清政府立刻陷入了财政赤字的泥潭之中。1896年，政府赤字高达1292万两白银。接下来又发生了义和团运动和八国联军侵华战争，战后的赔款让财政赤字再上新台阶，1903年，财政赤字达到了3000万两！

要不要再试试通货膨胀和借款呢？在三大出口创汇行业接连倒下后，即使乱发钞票，从陷入贫困的民众那里也已经搜刮不到什么钱财了。借款的方案清政府不是没有做过，1898年推出了“昭信股票”，面向国内发行1亿两银子的债券，利息为5%，以解燃眉之急。但是中国有句老话，有借有还，再借不难，太平天国起义的时候，清政府已经忽悠了一把民众，把借款变成了捐款，此时再推出昭信股票，当民众是傻瓜吗？

清政府的人品已经败光了、透支了，昭信股票几乎无人问津，只销售了1000万两银子就草草停止。

有人指责清政府不懂金融，只知道搜刮了银子放在国库里，不知道以这些钱和未来的国家税收作为本金，去积极借款发展经济和军事，从而导致清朝最后垮掉了。同时期，大英帝国的国债占国家年收入的70%，人家越借钱越强大，而守财奴清朝却越攒钱越衰落。

这种指责只是看到了问题的表象，清政府在末年其实很有金融意识。清政府陷入赤字泥潭，本质上是诚信问题。一个没有国会限制其权力的皇帝和朝廷，难免会被权力冲昏了头脑，拿诚信问题不当回事，肆意掠夺、强占民众的财富，最后弄得信用透支，再想从民众那里举债，门儿都没有。

清朝末年，清政府唯一能做的，就是出卖国家的主权，把国家的矿产、土地和其他资源作为抵押物，从洋人那里换来贷款，维持自己的一口气。它就像是一个破落家庭的子孙，频频出入当铺之中，把祖上留下的家产一件件地当掉，“烟鬼”在鸦片的烟雾中麻醉着自己，1911年辛亥革命爆发，持续了两千多年的帝制曲终人散，“烟鬼”终于走到了尽头，一了百了。

附记：棉花挑起了鸦片战争

从名称上看，鸦片战争的起因似乎是鸦片走私贸易。但是如果我们把这场战争放入当时全球的经济和贸易大势中，就会发现，引发战争的原因并不简单。

当时英国政府主要通过自己的东印度公司来和清朝做贸易，这家公司有详细的进出口贸易记录，可以给后人提供第一手的分析素材。

通过东印度公司的记录，我们会惊讶地发现，在很长一段时间内，鸦片并不是英国出口中国的最重要货物，英国的主打商品其实是产自印度殖民地的棉花。比如1820年英国通过广州口岸卖给中国的货物中，棉花总计价值3200多万银圆；排在第二位的是毛织品，价值也有3100多万银圆；鸦片650万银圆，只是棉花价值的五分之一而已。

当时贩卖棉花的利润也非常高，并不比种罂粟生产鸦片后卖给中国的利润低。所以东印度公司即使不贩卖鸦片，也一样可以收支平衡，并不像过去人们所说的，英国不卖鸦片就没有东西可以卖给中国，就没有钱买中国的丝绸和茶叶了。

实际上，东印度公司在1820年的时候，自身的确不卖鸦片！记录中的鸦片是英国的私人商贩卖给中国的，虽然也算到英国的账上，却并不是东印度公司所为。这其实也和英国贸易政策的变化有关。

1834 年，东印度公司的贸易垄断权被废除，东印度公司的船舶被出售或者转而作为煤炭运输船，印度航线允许进行自由贸易。

东印度公司经营印度殖民地多年，有充足的棉花货源。那些私人商贩能搞到的棉花货源不多，但却可以在世界上许多鸦片产地搞到鸦片货源，于是他们开始疯狂地向中国倾销鸦片。正是这些英国私人商贩肆无忌惮地走私鸦片，让清朝的白银外流，海关还收不到关税，这才引发了林则徐虎门销烟，以及后来英国为了保护这些私人商贩的利益而与清朝之间爆发的第一次鸦片战争。

一个不可否认的事实是，根据东印度公司的记录，鸦片战争前夕随着输入中国的鸦片不断增加，输入中国的棉花和毛织品在不断减少。比如 1833 年的记录显示，英国通过广州口岸卖给中国的货物中，棉花总计价值 670 多万银圆，毛织品 250 多万银圆，而输入的鸦片总计价值 1100 多万银圆。

短短十几年时间，棉花、毛织品的输入价值锐减，鸦片虽然跃居第一，但是从价值上看，根本不能和 1920 年棉花或毛织品的输入价值相比，鸦片增加的价值完全不能弥补棉花和毛织品减少的价值。所以，说英国为了倾销鸦片、为了扩大在清朝的市场而打仗的结论，是站不住脚的。

为什么卖给清朝的棉花和毛织品大幅度下降了？是清朝不需要棉花了，还是印度棉花减产了？都不是，那个时期棉花依旧是清朝需要的商品，虽然自己也种植棉花，但印度棉花是重要的补充。印度棉花也没有减产，而是更多地卖给了另一个国家，也就是它的宗主国——英国。

18 世纪末到 19 世纪初，英国的棉纺织工业在科技进步的推动下，取得了突飞猛进的成绩。但是英国本土气温低，光照少，不适合大量种植棉花；棉花这种原材料必须靠进口解决，除了从新兴的美国大量进口棉花外，英国从自己的殖民地印度进口的棉花也在不断增加。在此消彼长之下，能够卖给清朝的棉花自然就减少了。

而且英国对棉花的大量需求，提高了棉花的价格，这让那些靠倒买倒卖赚钱的英国私人商贩发现，倒卖棉花到清朝的利润下降了，相对来说，倒卖鸦片更赚钱。于是许多私人商贩放弃了倒卖棉花，转而倒卖鸦片到清朝。输入清朝的鸦片越来越多，大祸就这么酿成了。

后记｜钱眼里的历史风景

古代中国，从地理上粗线条地讲，就是被一圈高原、山脉围起来的两条东流入海的大河，以及大河两岸的耕地。

世界上没有任何两个国家的疆域是完全相同的，而中国尤其独特。古代印度虽然也是国土辽阔的农业国家，但这个印度次大陆上的古老国度，东面和西面都是大海，国境线的大部分都是海岸线，中部却又有德干高原。古代欧洲的法国也算是个农业大国，但不论国土面积还是人口数量，比起古代中国的规模只能算是微缩景观。

所以，当我们打量古代中国的历史时，不能完全照方抓药，拿其他国家崛起或衰亡的经验教训套用到中国身上。古代中国从一开始，就面临着与其他古国不同的地理格局。国家的疆域基本上被局限在那一圈高原、山脉和东南海岸线之间，内部可能会分裂、会割据，但即使是统一的朝代，也基本上无法把自己的疆域扩张到那圈高原、山脉之外。

唐朝最强盛之时，曾经向西越过亚洲之巅帕米尔高原，与兴起的阿拉伯帝国鏖兵于中亚，最终败退回高原—山脉圈以内；明朝曾经多次北伐蒙古，结果越打国力越衰，瓦剌一个防守反击，竟然兵临北京城下，差点儿要了明朝的命。元朝和清朝虽然帝国疆域越过了高原—山脉圈，但这两个朝代本来就是游牧族群建立的，它们的老家就在高原—山脉圈上，帝国扩大出来的领土只能算是他们入主中原时自带的行李。

地理格局决定了各个王朝只能在高原—山脉圈的内部折腾，一个由农业和大量农民支撑起来的国度，从经济上说，并不具备翻山越岭开疆拓土的物质条件。

所以，中国虽然经历了许多朝代，但有一个大体上的共同特点，凡是活得比较长的朝代，即使建立之初也曾四处出击，但很快就会全面转向国内经济建设，尤其是农业建设，对外只是被动地防御。这其实和“气节、勇气、雄心”之类的气质没有关系，即使皇帝才智平庸，只要他还算有理智，就会明白攻向蒙古高原或青藏高原太浪费钱粮物了，所得却微不足道。这就是所谓的经济理性，就像我们会在附近的农贸市场买棵大白菜，而不会穿越半个中国去买大白菜一样，经济理性这玩意儿，你懂，一般的皇帝们也都懂。

透过经济理性铸造的钱眼，我们观察到了古代中国内敛的性格。所以秦始皇那样的旷世帝王才会在席卷六国之后，压抑住心中狂野的激情，在北方国境的山脉上默默地修建起长城，冷冷地与匈奴人对峙。这堵大墙给各个王朝的北方边疆立下了界碑，也在古代中国人的心中筑起了一堵低调的墙。

一方水土养一方人，这种内敛性格正是高原—山脉圈塑造的，从古代中国人的身上一直流淌到今天你我的身上。也正是这堵大墙所代表的理性思维，庇护了四大文明古国之一的中华文明在几千年中维持着自己的鲜明个性和文化血脉。

然而从秦始皇到清朝末年，历时两千多年，如果古人们都只是老老实实地待在围墙之中，循规蹈矩地种庄稼，生儿育女，那么中国历史也就没有什么可以书写的精彩了，写来写去不过是高原—山脉圈里一些内容雷同的朝代更替而已。

历史并非如此，围墙之内，总有烦恼。古代中国不仅有筑墙的人，也有破墙的人，而破墙而出，开辟一片新天地，才是历史的精彩之处，也使得古老的中国并没有陷入死循环之中，它其实也在不断地调整自身，试图突破束缚自己的围墙，那些自然的围墙或是人为的围墙。

比如隋炀帝和大运河，为了整合长江和黄河这两条大河滋养的经济板块，杨广用举世无双的大运河打通了中华文明的任督二脉，一举弥合了高原—山脉圈内长时间存在的南方和北方的裂痕。倘若没有杨广这种青春飞扬的君主，没有大运河构造的全国一盘棋的格局，王朝时不时地南北分裂是避免不了的。不仅全国的经济由大运河连成一片，南方人和北方人的文化、思维也被连成一片，大家都对大一统的国度有了认同感。南北分裂问题基本解决了。

但高原—山脉圈的高墙岂是随意可以破解的？杨广的悲剧就在于屡次头撞北墙，非要霸王硬上弓地出击高句丽。此后，唐太宗李世民也尝试着破墙，攻打高句丽，结果也是惨败。由地理环境孕育的农业经济模式，不允许王朝的君主在白山黑水、雪域高原之上肆意驰骋。破墙的任务留给了后来人。

明朝永乐皇帝朱棣与郑和君臣联手，尝试了另一种破墙的模式，那就是面向海洋，从海洋上寻找突破口。其实我们不能把破墙的创意完全归功于台上的帝王将相，早在郑和下西洋之前，民间商人为了发财的梦想，已经在海洋上打拼了几百年，这些无名英雄驾船驶向茫茫大海的冒险远航，给后人突破王朝的围墙提供了宝贵的借鉴经验。

很可惜，郑和下西洋并没能开辟出一条直达欧洲的贸易路线，王朝甚至还有长期的闭关锁国之举，自断财路。于是中华文明仍然只能继续内敛、低调。

不过，从宋朝开始出现的钱荒烦恼，倒是真的从海洋方向得到了解决。美洲白银通过一次次的倒手，源源不断地从海外涌入了古代中国，暂时消除了长期困扰各个王朝的通货紧缩顽疾，激发了大明王朝后期江南的繁荣，以及后来的康乾盛世。这可以算是一种另类的破墙方式，西班牙人以及后来的英国人用舰船和枪炮在古代中国厚厚的围墙上凿开了窟窿，虽然充满了苦涩，毕竟东方古国的经济终于与全球经济开始联通了。等到清朝末年，洋务运动中各个仁人志士变法图强的行为，则是古代中国人主观上尝试着破墙而出，融入世界。

纵观中华文明五千多年的历史，筑墙和破墙是永恒的主题。在大多数的岁月中，人们不断地筑墙，维持王朝的稳定，但稳定的同时，隐疾也会逐渐积累，直到不可收拾。比如从汉朝开始的名门望族垄断仕途并瓜分税收权的局面，就曾掀翻了两汉一团和气、任人唯亲的牌桌，引发王朝长时间的大分裂和大动荡。

不在围墙中爆发，就在围墙中灭亡。隋唐时期，任人唯贤的科举制改变了官僚体系的选拔机制，提高了王朝内部的管理水平，旧墙倒掉，新墙砌起，古代中国继续前行，也继续沉沦，等待着一次新的破墙行动从天而降。

铜钱，外圆内方，代表了古代中国人天圆地方的宇宙观。古代中国的历史似乎也浓缩在了小小的铜钱之上，在四方高墙之外，是可以让梦想自由飞翔的广阔天地，就看我们能不能、愿不愿、敢不敢突破围墙了。